中国教育财政
家庭调查报告(2021)

魏易 ◎ 著

图书在版编目 (CIP) 数据

中国教育财政家庭调查报告.2021/ 魏易著. — 北京：北京大学出版社，2023.10

（北京大学教育财政研究丛书）

ISBN 978-7-301-34592-4

Ⅰ.①中… Ⅱ.①魏… Ⅲ.①家庭教育–教育投资–调查报告–中国–2021 Ⅳ.①G526.7

中国国家版本馆 CIP 数据核字（2023）第 197392 号

书　　名	中国教育财政家庭调查报告（2021） ZHONGGUO JIAOYU CAIZHENG JIATING DIAOCHA BAOGAO（2021）
著作责任者	魏　易　著
责任编辑	刘　军
标准书号	ISBN 978-7-301-34592-4
出版发行	北京大学出版社
地　　址	北京市海淀区成府路 205 号　100871
网　　址	http://www.pup.cn　　新浪微博：@北京大学出版社
微信公众号	通识书苑（微信号：sartspku） 科学元典（微信号：kexueyuandian）
电子邮箱	编辑部 jyzx@pup.cn　　总编室 zpup@pup.cn
电　　话	邮购部 010-62752015　发行部 010-62750672 编辑部 010-62753056
印　刷　者	大厂回族自治县彩虹印刷有限公司
经　销　者	新华书店
	650 毫米 ×980 毫米　16 开本　22.25 印张　380 千字 2023 年 10 月第 1 版　2023 年 10 月第 1 次印刷
定　　价	110.00 元

未经许可，不得以任何方式复制或抄袭本书之部分或全部内容。
版权所有，侵权必究
举报电话：010-62752024　电子邮箱：fd@pup.cn
图书如有印装质量问题，请与出版部联系，电话：010-62756370

目 录

导 论 ……………………………………………………………………… 1

第一编 综述报告

第一章 构建中国家庭教育投入指数体系 ……………………… 21
第二章 中国家庭教育支出概况:学前到高等教育 ……………… 45

第二编 义务教育阶段

第三章 2017—2019年义务教育阶段家庭教育支出变化 ……… 85
第四章 义务教育阶段公共财政教育投入的分配效应
　　　　——基于家庭调查和学校经费数据相结合的分析 …… 97

第三编 非义务教育阶段

第五章 学前教育入园机会和家庭教育支出 …………………… 119
第六章 学前教育家庭经济负担及学生资助情况 ……………… 143
第七章 高中阶段入学机会和家庭教育支出 …………………… 165
第八章 普通高中阶段学生资助情况分析 ……………………… 192

第四编 民办学校、校外培训和课后服务

第九章 基础教育阶段的民办学校在服务于谁? ……………… 215
第十章 中小学生校外培训参与者和提供者都是谁? ………… 247
第十一章 2018年的校外培训机构治理是否有效? …………… 275

第十二章　谁在享受课后服务？ …………………………………………… 294

第五编　家庭教育投资决策

第十三章　谁在"鸡娃"？谁在"躺平"？ ………………………………… 315
第十四章　父母代际和生育早晚如何影响对子女的教育投入？ …… 337

导　论

改革开放四十多年来,中国基础教育的政策目标已经从"有学上"转变为"上好学"。九年免费义务教育全面实现,义务教育的结构性质量有明显改善,学生的学习效果有了明显提升,为高等教育发展、人力资本积累和国民经济发展打下了坚实基础。经过几十年的高速增长,中国经济已进入新常态,2019年经济增长率从1992年的14.2%降至27年来的最低点5.95%。今后一个时期,宏观经济增长将继续保持这一趋势,中央和地方财政收入将面临更大挑战,各级教育经费保障压力将进一步增加,其中学前教育和高中教育投入最为薄弱。同时,快速的城市化进程加剧了现有的城乡差距。虽然城乡在学校基础设施和资金方面的差距已大大缩小,但在教师素质、课程内容和课后服务等方面仍存在差距。快速城市化还造成了大量留守儿童和流动儿童,加剧了旧有的城乡教育不平等鸿沟,对教育和子女抚养制度提出了新的挑战。

过去四十多年中,全球范围内收入不平等程度呈不断上升的趋势。[①] 在收入差距扩大和高等教育回报率上升的双重影响下,家庭在育儿上的投入不断增加,对优质教育资源的竞争日益激烈。中高收入群体试图通过增加对子女的教育投入来维持自身原本的优势,而中低收入群体也希望通过投入子女教育来获得向上流动的机会,教育资源和机会不平等仍

---

① PIKETTY T,SAEZ E. Inequality in the Long Run[J]. Science,2014,344(6186):838—843.

将存在。[1][2] 随着校外培训机构的迅速发展,尤其是以应试、升学为目标的课外补习的发展,出现了"校内减负、校外增负""教师减负、家长增负"的问题。2018年2月,教育部办公厅等四部门发布《关于切实减轻中小学生课外负担开展校外培训机构专项治理行动的通知》,开展了校外培训机构专项治理工作。2018年12月底,教育部等九部门联合发布《中小学生减负措施》(减负三十条),从学校办学行为、校外培训机构管理、家庭教育监护等方面针对减轻学生学业负担做出规定并提出建议。对校外培训机构的监管力度持续加强,学校作为教育主阵地的作用不断被强调。然而,由于基础教育阶段的均衡化与高等教育阶段的分层发展模式,家庭仍然有动力不断通过增加校内和校外教育投入,以获得更高的升学竞争力和选择权。

目前我国家庭教育支出水平、支出结构和负担如何?非义务教育阶段的入学机会是如何分布的?公共教育政策和财政投入是否瞄准了弱势的学校和学生?对于家庭来说,将面临着什么样的挑战?本书中,我们将利用2019年中国教育财政家庭调查(China Institute for Educational Finance Research-Household Survey,CIEFR-HS)数据来探讨这些问题。该数据是国内首个专门针对家庭教育支出的全国家庭追踪调查数据,提供了全国范围内家庭教育支出等方面的丰富信息。2017年,北京大学中国教育财政科学研究所与西南财经大学中国家庭金融调查与研究中心合作进行了第一轮调查。调查覆盖除西藏、新疆和港澳台地区外的29个省(自治区、直辖市,以下合称"省份",不再另注)、355个区县(区、县级市,以下合称"区县",不再另注),共涉及40011户的127012个家庭成员,其中农村12732户、城镇27279户,0—6岁及16岁以上在校生2.1万人,中小学在校生1.4万人。调查内容包括0—3岁幼儿早教情况、3—6岁幼

---

[1] RAMEY G,RAMEY V A. The Rug Rat Race [R]. NBER Working Paper No. w15284, 2009.
[2] SCHNEIDER D,HASTINGS O P,LABRIOLA J. Income Inequality and Class Divides in Parental Investments[J]. American Sociological Review,2018,83(3):475—507.

儿入园情况,6—16岁以及16岁以上在校生的在读情况、入学选择、家庭教育支出和政府补贴。2019年第二轮中国教育财政家庭调查(CIEFR-HS)覆盖了全国29个省份、345个区县、34643户家庭、107008个家庭成员。其中,幼儿园到高等教育在校生样本总数为18418人,学前阶段占比为19.8%,小学阶段占比为33.7%,初中阶段占比为15.3%,普通高中占比为11.4%,中职占比为3.4%,高等教育占比为16.4%。

本书基于2019年CIEFR-HS调查数据,分析全国、城乡、地区和不同发展水平的城市的家庭子女教育支出水平、结构、差异和经济负担,主题不仅包括传统的各学段的入学机会分布和家庭教育支出,也关注中小学生参与校外培训的情况和家庭在学校之外的教育支出。在此基础上,本书结合教育事业经费统计数据,分析基础教育阶段公共教育投入在不同学生群体之间的分配,以及公共教育投入是否影响不同学生群体的入学机会、校内外教育选择和家庭教育支出。

从学术角度而言,家庭对子女教育投入一直是人力资本投资研究的一个重要议题,本书将微观的家庭教育支出与宏观的公共教育财政投入结合起来,是对国内家庭教育支出研究的丰富和发展。从政策角度而言,一方面,本书基于CIEFR-HS调查数据,对全国不同地区、家庭和学校类型覆盖学前到大学的家庭教育支出进行刻画,为了解新时期民众的教育需求、教育负担和教育公平现状提供了详细的数据支持;另一方面,通过对家庭入学机会、校内外教育选择和家庭教育支出进行深入分析,本书可以识别家庭背景如何通过家庭对子女的教育投入影响子女的教育机会获得,公共政策和教育财政投入如何改变基于家庭背景而产生的教育不平等,从而为探索实现教育均衡发展的政策工具提供有效的实证依据。

一、主要内容

第一编为"综述报告"。第一章介绍2019年中国教育财政家庭调查(CIEFR-HS)的总体样本和在校学生样本分布,阐述了家庭教育支出的内涵、家庭教育支出指数和全社会教育投入指数的定义,并根据定义估计全国家庭教育支出的水平和结构、家庭教育支出相关指数和全社会教育投入水平。第二章对全国各学段家庭教育支出的水平、结构和负担进行分析,具体包括幼儿园、小学、初中、普高、中职和大学阶段家庭生均教育支出水平、校内外各项教育支出结构以及各学段家庭生均教育负担;在此基础上,总结了每一个学段家庭教育支出的特征。

第二编为"义务教育阶段"。第三章根据2017年和2019年两轮调查采集的家庭教育支出数据,对2017—2019年义务教育阶段学生家庭,尤其是贫困地区和低收入家庭的子女教育支出水平、支出结构以及支出负担的变化情况进行描述和分析。第四章在回顾国内外教育财政投入公平性内涵的基础上,分析义务教育阶段公办、民办学校的家庭教育支出和学校经费投入在城乡不同收入群体之间的分布情况,估计国家财政性教育投入在不同收入群体之间的分配效应,并进一步对比了2017年和2019年公办、民办义务教育学校生均教育事业性经费的变化情况。

第三编为"非义务教育阶段"。第五章主要聚焦于3—6岁儿童和幼儿园在园儿童两个群体,分析了3—6岁未入园儿童的基本情况,以及幼儿园在园儿童的基本情况,包括入园类型和不同类型幼儿园在园儿童的家庭社会经济背景,并进一步分析了学前家庭教育支出。第六章主要聚焦于2019年幼儿园在园儿童群体。首先,分析不同类型幼儿园、不同地区和不同经济条件家庭的学前教育经济负担;其次,对不同地区、不同经济条件的家庭在园子女获得学生资助的情况,包括学生资助的覆盖面以及资助分配是否瞄准了目标人群进行分析。第七章对目前高中阶段(包括普通高中和中职学校、重点高中和一般高中、公办高中和民办高中)入学机会的城乡、地区和家庭背景的分布进行描述,回答以下三个问题:谁在上高中?谁上什么类型的高中?家庭教育负担如何?第八章基于CIEFR-HS数据,从家庭端估计了普通高中阶段学生获得各类奖助学金的情况,并进一步分析了资助分配是否瞄准了目标人群。

第四编为"民办学校、校外培训和课后服务"。第九章描述了学前、义务教育和普通高中阶段民办学校发展的地区和城乡差异,基于家庭经济条件、学生就读学校的学费、对学校质量的评价等维度来分析家庭如何在公办学校和民办学校之间进行选择;在此基础上,总结了每一个学段民办学校的供求特征。第十章基于2019年CIEFR-HS数据和网络抓取的校外培训机构数据,对农村地区校外培训的参与和支出情况、不同学段和家庭背景的学生校外培训参与和支出差异以及校外培训的提供者、校外培训市场发展进行分析。第十一章基于CIEFR-HS调查在2017年和2019年采集的家庭入户追踪调查数据,对2017—2019年中小学生家庭校外学科类补习和兴趣类培训的参与率及家庭校外教育支出的变化情况进行分析,旨在回答"2018年开始的一轮校外治理对家庭校外培训参与和投入有何影响"的问题。第十二章以2019年CIEFR-HS数据中有效回答了校内课后服务相关问题的中小学生作为分析对象,分析了城乡、地区和家庭背景不同的学生所在学校课后服务提供、收费和参与情况,并提出了在"双减"政策背景下不同地区、类型的学校可能面临的问题和挑战。

第五编为"家庭教育投资决策"。第十三章聚焦于家庭教育投入中不同于一般趋势的"异常值",尤其是低收入家庭中对子女教育高投入的"鸡娃"家庭,以及高收入家庭中对子女教育低投入的"躺平"家庭,分析这些家庭具备怎样的特征。第十四章在低生育率正在成为中国当前需要关注的重要问题之一的背景之下,基于从学前到高中阶段在校生家庭样本,分析了父母的年龄(代际效应)和生育子女的年龄(生命历程效应)如何影响家庭对子女的教育投入。

二、主要发现

(一)中国家庭教育投入指数体系

本书在中国教育财政家庭调查(CIEFR-HS)数据的基础上构建了家庭教育投入指数体系,对家庭和全社会的教育投入情况进行估计。指数体系包括三个维度:一是家庭教育支出水平,包括以家庭为单位的子女教育支出(家庭教育支出)、单个子女的教育支出(生均家庭教育支出)、全学段家庭教育投入;二是家庭教育负担水平,包括家庭教育支出占人均可支配收入的比例、家庭教育支出占家庭总支出的比例、家庭教育相对支出比;三是全社会教育投入水平,包括财政性教育经费占GDP的比例、家庭教育支出占GDP的比例、全社会教育投入占GDP的比例。①

首先,从家庭的教育支出水平来看,2018—2019学年全国普通全日制教育各学段家庭教育支出平均为11297元,家庭在每一个孩子身上平均花费8139元。一个孩子从学前三年到大学本科毕业平均花费一个家庭23.3万元左右,其中家庭支出水平最低的20%家庭花费约18万元,家庭支出水平中等的20%家庭花费约22.4万元,而家庭支出水平最高的20%家庭花费约42.4万元。

其次,从家庭教育负担水平来看,家庭教育支出占人均可支配收入的比例为40%,农村为56.1%,城镇为36.2%。家庭生均教育支出占人均可支配收入的比例为28.8%,农村为37.5%,城镇为28.1%。从家庭教育支出占家庭总支出的比例来看,全国平均为14.9%,农村为15.8%,城镇为14.1%。此外,从家庭教育相对支出比来看,大部分家庭支出水平在中等及以下家庭将更高比例的家庭支出用于子女教育。

最后,从全社会教育投入水平来看,2018年全国财政性教育经费为36995.77亿元,占GDP比例为4.11%。估算全国普通全日制教育各学段家庭教育支出总体规模约为21632.1亿元,占GDP比例为2.40%。在此基础上,初步估计全国普通全日制教育各学段的全社会教育投入为61879.26亿元,占GDP的比例为6.87%(详见本书第一章)。

---

① 中国教育财政家庭调查中对于家庭教育支出的测量口径主要参考的是《UOE教育数据收集手册》(UOE Data Collection Manual)的框架和分类方法,将家庭的教育支出分为在学校发生的核心和外围教育产品和服务支出,以及在校外发生的与核心教育产品和服务相关的支出。详见本书第一章。

(二) 家庭教育支出水平、结构和负担

1. 家庭教育支出平均水平为 11297 元，家庭在每一个孩子身上平均花费 8139 元

根据调查数据，2018—2019 学年全国学前到高等教育阶段全国家庭教育支出平均为 11297 元，其中农村家庭平均教育支出为 8205 元，城镇为 1.42 万元。家庭在每一个孩子身上平均花费 8139 元，其中农村为 5482 元，城镇为 1.1 万元，城镇是农村家庭的 2 倍。分学段来看，学前阶段全国平均为 7402 元，高于小学和初中，其中，农村为 4195 元，城镇为 1.05 万元。小学阶段全国平均为 4014 元，农村为 1905 元，城镇为 6578 元。初中阶段全国平均为 6103 元，农村为 3820 元，城镇为 9199 元。高中阶段，普通高中全国平均为 1.02 万元，农村为 7771 元，城镇为 1.23 万元；中职阶段全国平均为 6873 元，农村为 7517 元，城镇为 6038 元。高等教育阶段全国平均为 2.24 万元，农村为 2.04 万元，城镇为 2.39 万元。各学段城乡家庭教育支出差异最大的是小学阶段，其次是学前和初中阶段，高中阶段差异逐渐缩小，中职甚至还出现了城乡倒挂，而大学阶段城乡家庭教育支出差异甚至要小于高中阶段。

2. 家庭教育负担率平均为 14.9%，生均家庭教育负担率为 10.8%

家庭教育负担率是指每生每年教育支出占家庭总消费支出的比例。根据本次调查数据，全国家庭教育支出平均为 11297 元/年，占家庭总支出的 14.9%；家庭在每一个孩子身上平均花费 8139 元/年，占家庭总支出的 10.8%。分学段来看，各学段家庭教育负担率最低的是义务教育阶段，平均为 4.3%。其次是学前教育阶段，平均为 8.9%。非义务教育的高中学段，家庭负担率上升。普高为 14.1%，中职为 14.8%。到大学阶段，家庭教育负担率超过了 30%。尤其是农村家庭，平均每一个大学在校生的教育支出占全家总支出的 36%。

3. 义务教育阶段家庭校外支出占比较高，城乡之间的差异大于地区和城镇内部差异

首先，基础教育阶段家庭校外教育支出比例较高，平均占家庭生均教

育支出的1/5左右,农村地区校外支出占比为10.7%,而城镇地区为32.2%。分地区来看,东北部地区远高于其他地区,达到31.1%,东部地区为23.6%,中、西部地区分别为18.6%和15.9%。从城镇内部来看,一线城市高达42.8%,二线城市超过城镇平均水平,为34.4%,三线及以下城镇地区为25.8%。

分学段来看,小学阶段校外支出占教育支出的26.2%,初中阶段校外支出占教育支出的18.4%,普高阶段校外支出占教育支出的11.7%。分城乡来看,小学阶段农村地区校外支出占比为13.5%,而城镇地区校外支出占比达41.2%。初中阶段农村地区校外支出占比为9.6%,而城镇地区校外支出占比达30.1%。普通高中阶段农村地区校外支出占比为5.5%,而城镇地区校外支出占比达17.4%。

4. 学前到高等教育阶段家庭教育支出特征

学前阶段:一是由于学前教育属于非义务教育阶段,家庭教育支出普遍高于义务教育阶段同等支出水平的家庭;二是低收入家庭学前教育支出负担较重,尤其是农村低收入家庭。城乡幼儿园供给和早教市场供给的差异,使得农村不同支出水平的家庭之间在学前教育上的支出水平差距较小,而城镇地区不同支出水平的家庭之间则根据其收入和支出水平选择了不同收费的幼儿园以及校外早教服务。

义务教育阶段:一是家庭教育负担普遍较低,城乡差异小;二是农村内部不同支出水平家庭之间的支出水平差异小,而城镇内部不同家庭之间的支出水平差异大。城镇地区由于校外教育资源较为丰富,家庭在校外教育上的花费整体上高于农村地区,尤其是中高收入阶层家庭,家庭教育支出一半以上都投入在校外教育。这是造成城乡家庭和不同支出水平的家庭在教育支出方面差距的主要原因。

高中阶段:一是农村和城镇家庭教育支出均高于义务教育阶段;二是低收入家庭负担较重,尤其是农村地区达到了30%左右;三是普高阶段家庭在校内和校外的教育支出均随着家庭收入和支出水平的提高而逐渐增加,没有出现义务教育阶段高收入家庭与其他群体两极分化的趋势。

大学阶段:一是家庭教育支出水平高,低收入家庭负担较重;二是由于高等教育收费受到了较为统一的管制,城乡家庭和地区之间并没有拉开较大差距,但家庭负担率的城乡和地区差异高于其他教育阶段;三是由于我国高等教育系统具有明显的分层特征,C9 高校、985 高校和一流大学建设高校中家庭背景较好的学生占比超出其在人群中的比例,因此尽管这几类学校在校生的家庭教育支出更高,但学生的家庭教育负担低于其他高校的学生。

(三)学前和高中阶段入学机会和家庭负担

1.学前入学机会和家庭负担

根据 2019 年 CIEFR-HS 调查数据计算,儿童毛入园率为 83.6%,与官方毛入学率 83.4%相近。从净入园率来看,全国 3-6 岁儿童净入园率为 68.5%。从入园类型来看,幼儿园的分类包括两类,一类是公办和民办幼儿园,另一类是根据幼儿园的隶属和举办者性质分类,大致分为大学附属和政府机关园、小区配套园、乡镇中心园、小学附属学前班和普惠性民办园。从第一种分类来看,随着家庭消费水平的提升,民办幼儿园在园儿童的比例逐渐上升,公办幼儿园在园儿童的比例逐渐下降。从第二种分类来看,来自优势家庭的孩子有更大可能进入体制内的和办学质量较好的幼儿园。

如果将家庭学前教育支出占其总支出 10%及以上定义为学前教育负担过重的家庭,那么大约 34.2%的家庭在学前教育上的经济负担过重。在送孩子上民办园的家庭中,学前教育负担过重的家庭占比为 40.8%,高于送孩子上公办园的家庭(25.4%)。城市家庭(37%)和农村家庭(29.1%)之间的差距也很明显。整体上,幼儿园在园儿童获得保教费减免或资助的占比为 11.2%。公办园在园儿童获得资助的占比(13.5%)要高于民办园在园儿童(9.6%),农村家庭的学生获得资助的占比(14.2%)高于城镇地区(9.6%),西部地区的学生获得资助的占比(16.2%)高于其他地区。

2.高中入学机会和家庭负担

以 16-18 岁为高中阶段学龄人口计算毛入学率,2019 年全国平均毛入学率为89.1%。分城乡来看,城镇地区为95.7%,农村地区为79.4%。分区域来看,东部地区最高,为90.1%。根据2019年CIEFR-HS全部高中在读学生样本估计城乡和不同地区普高和中职在校学生占比,在农村地区就读于普通高中的学生占比为71.7%,在城市地区就读于普通高中的学生占比为77.7%。分区域来看,东北部地区普通高中占比最高(81.7%),其次是西部和中部地区,分别为77.9%和74.6%,普通高中占比最低的是东部地区,为72%。进一步分析显示,高中入学机会根据成绩和家庭经济条件发生分层。首先,教学质量和大学升学率最高的重点普通高中的入学机会更加偏向于家庭经济条件和父母受教育水平双高的家庭。其次,因为成绩原因无法进入重点普高以及普通高中的家庭中,有经济条件的家庭倾向于将子女送入民办高中就读。最后,那些因为成绩无法进入普通高中,又没有经济条件选择民办高中的家庭子女,则进入中职学校就读。

从家庭教育负担来看,首先,普通高中阶段全国家庭教育支出平均为1.02万元/年,占家庭总支出的14.1%。分公办、民办来看,民办学校就读的学生每年家庭教育支出为1.81万元,是公办学校平均支出的2倍,教育负担达到20.4%。就公办高中来说,不同收入水平的家庭子女所在的学校收费差异不大。而民办学校低收入和高收入家庭子女所在学校收费差距可达2倍以上。整体来说,中职阶段家庭教育支出水平低于普通高中,但其家庭教育负担与普高家庭较为接近。根据CIEFR-HS调查估计的家庭经济困难补助覆盖率(17.2%)略低于《2018年中国学生资助发展报告》的全国覆盖率(20.5%)。对资助瞄准的分析显示,针对经济困难家庭学生的资助瞄准有一定误差。资助不精准存在两种情况:第一,部分家庭经济不困难的学生得到了资助;第二,部分家庭经济困难的学生未获得资助。

(四)基础教育阶段校外培训和校内课后服务

1.中小学生学科类和兴趣类校外培训参与率分别为24.4%和15.5%,参与的学生家庭年平均支出分别为8438元和5340元

根据2019年CIEFR-HS中小学在校生样本估计,全国平均有

24.4%的中小学生在2018—2019学年参加过学科类校外培训。城乡差异显著,城镇地区参与率为31.4%,而农村地区为14.1%。从城镇内部来看,一线城市中小学生学科类校外培训参与率高达46.2%,二线城市为34%。参与学科类校外培训的学生家庭年平均支出为8438元(中位数为3000元),城镇地区年平均支出接近1万元,为农村地区的3倍左右。各地中学阶段的补习支出普遍高于小学,高中普遍高于初中。

全国平均有15.5%的中小学生在2018—2019学年参加过兴趣类校外培训。城乡差异显著,城镇地区参与率为22.2%,而农村地区仅为5.5%。从城镇内部来看,一线城市中小学生的兴趣类校外培训参与率高达34.9%,二线城市为20.8%,县城参与率不到一线城市的一半。参与兴趣类校外培训的学生家庭年平均支出为5340元(中位数为3000元),城镇地区年平均支出为5612元,为农村地区的1.5倍左右。尽管初中和高中阶段校外兴趣班的参与率远低于小学,但在参与兴趣班的学生中,高中阶段支出最高,其次是小学阶段,初中阶段支出最低。

2. 小学和高中阶段,学科类校外培训兼具"培优"和"补差",初中阶段则以"培优"为主

分学段来看,小学阶段学科类校外培训的参与率为25.3%,初中为27.8%,高中为18.1%,各学段参与率均在升学前期出现高峰,说明学科类校外培训仍以升学为主要驱动。根据学生成绩来看,整体上成绩越好的学生群体参与率越高。在农村地区,在班级成绩中上的学生家庭对学科类校外培训的投入最积极。在城镇地区,小学阶段学科类校外培训兼具"培优"和"补差",初中阶段学科类校外培训的"培优"倾向更加凸显。到了高中阶段,尽管学科类校外培训的平均参与率低于小学和初中,但成绩在中下的学生参与率回升,学科类校外培训再次呈现出"培优"和"补差"兼具的特征。

3. 小学和初中阶段,兴趣类校外培训主要发挥素质拓展作用,而高中阶段兴趣类校外培训开始显现出升学作用

兴趣类校外培训则呈现出不同的趋势,小学生参与率为22.3%,初

中为9.6%,高中为5.8%。农村地区兴趣类校外培训参与率一直处于低位,而城镇地区在小学一到三年级达到35%以上,三年级后迅速下降,重点转向学科类校外培训。根据学生成绩来看,在小学阶段,城乡地区各类兴趣班的参与率都随着成绩提高而增加。初中阶段,成绩中下的学生艺术类和体育类的兴趣班参与率增加,尤其是在农村地区,开始超过成绩中等和中上的学生。高中阶段这个趋势更加明显:农村地区成绩中等的学生艺术类参与率高于其他学生,而成绩中下的学生体育类参与率高于其他学生;城镇地区成绩中下的学生,艺术类和体育类参与率都要高于其他学生。这说明在小学阶段,家庭为子女选择兴趣类校外培训更加倾向于学生在学有余力的情况下进行素质拓展,而从初中阶段开始,通过投入非学科类的校外培训在升学过程中取得相对优势的倾向逐渐出现,在高中则更加明显。

4.不同家庭背景校外培训支出差异极大,同时也受到学制、财政投入等制度因素影响

根据家庭全年消费总支出,由低到高将家庭分为五组(最低20%组,20%—40%组、40%—60%组、60%—80%组和最高20%组)。最高收入组家庭年生均校外培训支出为7447元,最低收入组家庭支出为209元。而最高5%家庭年生均校外培训支出为13675元,最低5%家庭支出为171元。从校外培训支出占生均家庭教育支出的比例来看,随着家庭经济实力的提高,这一比例不断提高,最低5%组仅为6%,而最高5%组为47.9%。就城乡差异来看,小学和初中阶段,农村地区的校外培训支出维持在较低的水平,而城镇地区校外培训的投入在各个学段都维持着较高的水平。到高中阶段,农村地区的课外补习开始与城镇靠拢,家庭消费处于中低水平的农村家庭校外培训支出甚至要高于城镇家庭。

5.超过70%的中小学生主要参与由个人提供的学科培训,在职教师给本校学生提供课外补习的情况仍然存在

本书主要关注了商业公司和个人两类学科类校外培训提供者。参与商业公司提供的学科培训的学生占所有参加校外学科培训学生的

26.6%,而超过70%的学生主要参与个人提供的学科培训。农村地区参与商业公司和个人提供的学科培训的学生占比分别为8.1%和87.6%,城镇地区分别为32%和65.7%。2018年以来对校外培训机构的治理和监管主要针对的是商业公司类培训机构,而大量个人提供的学科培训则并不容易被监管。

在个人提供者中,在职教师是一个特殊群体。根据CIEFR-HS调查数据分析发现,在职教师给本校学生提供课外补习的情况仍然存在,且不同的地区程度不同。从学段来看,小学阶段由本校教师提供补习的占比最低,其次是初中阶段,高中阶段占比最高。从地区来看,农村地区由本校教师提供补习的占比高于城镇地区,一线城市低于二线城市和县城,而县城则与农村地区的平均水平接近。结合机构的地区分布来看,可能是因为部分地区课外补习的资源较少,在职教师仍然是满足家长和学生校外学习需求最可得的选择。

6.中小学阶段约有36%的学校提供至少一类课后服务,在参加课后服务的学生群体中,总费用平均为1018元/年

以2019年CIEFR-HS调查数据中有效回答了校内课后服务相关问题的中小学生作为分析对象,我们发现,首先,中小学阶段约有36%的学校提供至少一类课后服务,其中提供课后托管服务的学校不到6%。其次,平均来看,在参加课后服务的学生群体中,总费用平均为1018元/年。由于财力的限制,经济较为发达地区有更多学校提供免费的课后服务,而农村地区和经济较为不发达地区有更高比例的学校向学生收取托管费和课后补习费。最后,优势家庭不仅更有经济实力在校外教育培训市场中选择相应的教育服务,其子女所在学校也有能力提供更多的基础性和拓展性的课后服务。尽管中小学阶段属于就近入学,一些地区执行了义务教育阶段学校"零择校"的政策,但从不同家庭收入水平和家长受教育水平的孩子所能够获得的学校课后服务来看,家庭经济背景较好的孩子所在学校一方面能够提供更多的基础性托管服务,另一方面能够提供更加丰富的课后活动。可见,优势家庭不仅更有经济实力在校外教育培训市

场中选择相应的教育服务,其子女所在学校也有能力提供更多的基础性和拓展性的课后服务。

(五)基础教育阶段民办学校就读情况

1. 民办学校学生占比的地区差异受到经济发展水平的影响,也受到公办教育供给的影响

根据2019年CIEFR-HS各学段在校生样本估计,从全国平均来看,幼儿园、小学、初中和普通高中就读民办学校的学生占比分别为58.2%、10.1%、12.9%和12.8%。与2019年教育统计公报数据相比,按照抽样比例进行加权之后,各学段民办学校学生占比与统计公报数据较为接近。分地区、城乡和城镇内部来看,民办学校学生占比呈现出不同的趋势。

首先,将2019年CIEFR-HS覆盖的29个省份分为东部、东北部、中部和西部四个地区,中部地区基础教育阶段民办学校学生所占比例都是最高的,而西部地区民办学校学生占比基本上都是最低的。中部地区分别有70.8%、14%、16.8%和19.2%的在校生就读于民办幼儿园、民办小学、民办初中和民办普通高中。除学前阶段外,东部地区民办学校学生占比接近于中部地区,东北部地区民办学校学生占比接近于西部地区。

其次,就城乡来看,民办学校的学生占比在城乡间的差异小于地区之间和不同类型的城市之间的差异。在学前和初中阶段,城镇和农村民办学校学生占比非常接近;在普高阶段,城镇地区略高于农村地区。主要的城乡差异出现在小学阶段,农村地区民办学校在校生占比达到13%,而城镇地区为6.6%。

最后,相对于城乡差异,城市内部的差异更大。在幼儿园和高中阶段,随着经济发展水平的提高,就读于民办学校的学生比例在降低。在小学和初中阶段,随着经济发展水平的提高,就读于民办初中的学生比例则在提高。总的来看,较为发达的城镇地区义务教育阶段民办学校学生占比相对较高,非义务教育阶段则相反。

2. 民办学校内部功能分化,不同教育层级民办学校侧重不同

在地区性差异之外,民办学校内部也存在很大的差异,既存在收费高

达数万元的高质量的民办学校,也存在收费几百元的低质量的民办学校。在不同层级的教育中,民办学校的功能有所不同。

在学前教育阶段,公办幼儿园不能完全满足居民的受教育需求,民办幼儿园主要是为了满足家庭的超额教育需求。与此同时,政府通过多种途径促进普惠性民办幼儿园的发展,从而抑制了公办、民办幼儿园的收费差异。此外,也有部分高收费民办幼儿园的存在是为了满足家庭的差异化教育需求。

在义务教育阶段,民办学校的主要功能呈现出两极分化的态势。部分民办学校的存在是为了满足高收入群体的差异化教育需求。对于这部分家庭和学生而言,就读民办学校意味着更多的教育支出,但可能接受到更高质量和更加多元化的教育。同时,部分义务教育阶段的民办学校则承担着满足超额教育需求的功能。

在高中阶段,民办高中的定位随经济发展水平而不同。在一线城市,民办高中的定位产生了两极分化,部分民办高中满足家庭的超额需求,而部分满足收入相对较高家庭的差异化需求。在二线城市、其他县市和农村地区,受地方政府财力的限制,部分公办高中的质量较低,民办高中反而起到了满足家庭和学生对较高质量教育需求的作用。

3. 学生和家庭普遍认为公办学校质量更好,同时收入较高家庭更倾向于因差异化需求而选择民办学校

从学生和家庭对公办、民办学校质量的评价来看,整体上,无论是公办学校在校生家庭,还是民办学校在校生家庭,都倾向于认为本地的公办学校质量好于民办学校。在义务教育阶段,平均有 78.6% 的公办学校在校生家庭和 36.5% 的民办学校在校生家庭认为公办学校更好,这个比例随着家庭经济水平上升而略有下降。相对于义务教育阶段,高中阶段有更多的家庭认为本地的公办普高质量更好,即便是孩子选择民办普高的家庭,也有更高比例的家庭认为公办普高更好。

从学生和家庭选择民办学校的原因来看,在义务教育和普高阶段,低收入家庭子女中分别有 11.7% 和 40.7% 的学生因为上不了公办学校而

选择民办学校,就读于民办学校仅仅是为了满足他们基本的受教育需求。随着家庭经济条件上升,因为差异化需求而选择民办学校的学生占比相应提高。总的来说,学前阶段家庭的需求和民办幼儿园的定位相对单一,而随着学段逐渐升高,到了高中阶段,家庭的需求和民办学校的定位逐渐多元化。

(六)公共教育投入、教育政策对家庭的影响

1.公共教育投入显著缩小了地区、城乡学校之间以及不同收入群体子女所享受到的教育资源差距

根据2019年CIEFR-HS数据中小学阶段在校生就读学校的信息,将家庭调查数据与学校经费数据进行匹配,得到了样本学生的家庭教育支出和学校投入的情况。在此基础上对公共教育投入在不同家庭群组间的分配进行分析发现,在考虑了公共财政投入之后,公办学校的不同收入家庭群体子女所享受到的教育总投入差距显著缩小。相较于2017年,2019年城乡公办义务教育学校的生均教育事业性经费整体上实现了显著增长。农村地区低收入家庭子女所在的学校,其生均教育事业性经费增长幅度高于最高收入组家庭。总体来看,多年来公共财政对义务教育学校和农村地区学校的重视和投入,使得地区之间、城乡之间和不同收入水平的家庭子女所在的学校之间的教育经费差异大大缩小,且出现了向农村和低收入家庭倾斜的趋势。

2.与2017年相比,2019年义务教育阶段家庭校内和校外教育支出下降,家庭负担减轻

根据2017年和2019年两轮CIEFR-HS调查数据,对2017—2019年义务教育阶段学生家庭教育支出水平、支出结构以及支出负担变化情况的分析发现,2019年义务教育阶段家庭校内和校外教育支出相对2017年有所下降,家庭负担减轻。家庭教育支出下降的原因之一是学校各类收费减少和收费水平降低,原因之二是校外补习的参与率下降。值得注意的是,农村地区和低收入家庭学生参与率下降更大,城乡家庭间校外教育资源的差距扩大。此外,义务教育阶段收入高的家庭更倾向于选择民

办学校,同时民办学校内部存在两极分化,高收费和低收费的民办学校共存。

3.校外培训机构治理降低了校外培训的参与率,但同时家庭校外培训平均支出上升,不同群体在校外投入方面呈两极分化趋势

2018年12月底,教育部等九部门联合发布《中小学生减负措施》,从学校办学行为、校外培训机构管理、家庭教育监护等方面提出了减轻学生学业负担的规定和建议。本书基于CIEFR-HS调查数据,对2017—2019年中小学生家庭校外学科类补习和兴趣类培训的参与率和家庭校外教育支出的变化情况进行分析。结果发现:第一,2019年中小学生校外补习班和兴趣班的参与率下降,同时城乡家庭之间、高低收入和父母不同受教育水平的家庭之间差距有所扩大;第二,2019年生均家庭教育总支出较2017年下降,但家庭校外补习班和兴趣班平均支出上升;第三,学科类的校外补习班主要受到升学需求的影响,而校外兴趣班则没有明显的升学需求驱动,也没有受到校外治理行动的明显影响;第四,在校外培训参与率下降的同时,需注意到不同群体在校外培训投入方面的两极分化趋势,那些家庭经济资源和社会文化资源较多的学生不仅更多地参与校外培训,而且家庭的投入也在不断增加。

第一编

综述报告

第一章 构建中国家庭教育投入指数体系

一个国家在教育上投入了多少钱？谁为获得什么教育产品和服务支付了多少费用？公共教育投入的最终受益者是谁？为了能够深入了解发生在教育部门的活动和教育资金的流动，推动公共教育资源的分配更加透明、公平和有效，需要全面的数据支持。然而，联合国教科文组织（UNESCO）对214个国家和地区2005—2013年的教育数据的分析显示，超过50%的国家缺少全面的财政性教育经费数据，超过60%的国家缺少私人性的教育投入数据。由于缺乏政府以外的资金提供者和非学校机构的教育提供者的信息，许多国家对全国教育投入总量和结构的估计存在偏差。其中，家庭教育是公共财政投入之外最为重要，同时也是最容易被忽略和低估的部分。①

为了对教育实践和政策制定提供数据支持和科学依据，一些国家建立起了较为完善的教育信息系统，收集了丰富的教育数据。例如，美国教育科学研究所下属的全国教育统计中心投入大量研究经费，积累了从学前教育到高等教育的学生、家庭、学校和教师数据，建立了公立学校数据库、教育财政统计数据库，还建立起快速反应调查系统，目的是为了回答教育政策制定者关注而全国教育统计中心现有数据无法回答的问题。还有一些国家为了全面了解教育领域发生的活动和资金流，尝试将分散在不同部门和机构的教育相关数据整合到一起。例如，法国早在20世纪70年代就开始着手建立国家教育账户，将分散在各个机构的与教育投入

---

① UNESCO-UIS. A Roadmap to Better Data on Education Financing[R/OL]. [2022-05-10]. Canada: UNESCO Institute for Statistics, 2016. http://uis.unesco.org/sites/default/files/documents/a-roadmap-to-better-data-on-education-financing-2016-en.pdf.

和支出相关的数据,包括中央和地方政府教育财政投入数据、学校财务数据、家庭调查数据、机构账户数据和企业纳税数据等按照统一的框架整合到一起。① 到目前为止,已经有多个国家在UNESCO的支持下全部或部分建立起国家教育账户,将教育的投入者、提供者和受益者联系起来,回答谁投入、谁提供、谁受益的问题,为评估教育政策的公平和效率提供数据支持。②

自2005年以来,在促进公平这一主导性政策目标的指引下,我国公共财政对教育的投入力度不断增加,在2012年实现了国家财政性教育经费支出占国内生产总值比例达到4%的目标。2012年至2021年,国家财政性教育经费由2.22万亿元增长到4.58万亿元。在财政性教育经费快速增长的同时,根据官方统计数据,非财政性教育经费占GDP比重有所下降。2005年非财政性教育经费占全国教育经费总投入的38.7%,占GDP比重为1.78%。2021年非财政性教育经费占全国教育经费总投入的20.8%,占GDP比例为1.05%。一方面,从教育机构端的统计数据来看,财政性教育经费和非财政性教育经费呈现"一条腿粗、一条腿细"的格局。另一方面,随着我国社会经济的发展、家庭结构的变化,尤其是高等教育回报率的上升,家庭对优质教育资源的竞争日益激烈,子女教育投入不断增加。UNESCO的数据也显示,家庭教育投入实际上构成了教育总投入的很大部分,只有同时考虑政府公共投入、其他机构投入以及家庭私人投入之后,才能够对教育总投入有更加全面的了解。而目前家庭调查是了解家庭私人教育投入同时又具有足够信息厚度的最佳选择。

本章在中国教育财政家庭调查(China Institute for Educational Fi-

---

① JELJOUL M, DALOUS J, BRIÈRE L. The French Education Account: Principal and Methods [R/OL]. [2022-05-10]. France: Department of National Education, Youth and Associations Evaluation, Prospective and Performance Directorate, 2011. https://www.education.gouv.fr/media/10727/download.

② 20世纪90年代贝宁、多米尼加、马达加斯加和毛里塔尼亚等国开始参与建设国家教育账户,2000年之后萨尔瓦多、肯尼亚、摩洛哥、泰国、土耳其、尼日利亚等国开始参与。最新一批国家包括科特迪瓦、几内亚、尼泊尔、老挝、塞内加尔、乌干达、越南和津巴布韦。

nance Research-Household Survey，CIEFR-HS)数据的基础上，对家庭和全社会的教育投入情况进行估计：CIEFR-HS对家庭教育支出的定义主要参考的是《UOE教育数据收集手册》(UOE Data Collection Manual)对教育支出的分析框架，将家庭的教育支出定义为在学校发生的核心和外围教育产品和服务支出，以及在校外发生的与核心教育产品和服务相关的支出。首先，基于以上定义，本章估计了以家庭为单位的子女教育支出（家庭教育支出）和单个子女的教育支出（生均家庭教育支出）。其次，本章基于三个指数来衡量家庭教育支出的负担情况：家庭教育支出占人均可支配收入的比例、家庭教育支出占家庭总支出的比例、家庭教育相对支出比。最后，本章基于三个指数来衡量全社会教育投入的情况：国家财政性教育经费占GDP的比例、家庭教育支出占GDP的比例、全社会教育投入占GDP的比例。

一、2019年调查和样本分布

中国教育财政家庭调查（CIEFR-HS）是中国教育财政科学研究所开展的全国范围内的抽样调查，旨在收集家庭子女教育选择和教育投入相关的信息，推动教育财政问题的跨学科研究。2017年第一轮调查覆盖除西藏、新疆和港澳台地区外的29个省份、355个区县、1428个村（居）委会、40011户家庭，调查内容包括0—3岁幼儿早教情况、3—6岁幼儿入园情况、6—16岁及16岁以上在读生情况，以及中小学阶段入学选择、家庭教育支出和政府补贴情况。2019年第二轮调查覆盖全国29个省份、345个区县、1360个村（居）委会、34643户家庭、107008个家庭成员。其中，农村12336户，占比为35.6%；城镇22307户，占比为64.4%。访问社区样本共计1365个，其中农村社区605个，占比为44.3%；城镇社区760个，占比为55.7%。表1-1为2019年调查样本的地区分布。

表 1-1 2019 年调查样本地区分布

省份	家庭样本	
	样本数	百分比（%）
广东省	1907	5.5
四川省	1662	4.8
湖南省	1528	4.41
浙江省	1447	4.18
河北省	1431	4.13
辽宁省	1401	4.04
河南省	1377	3.97
江苏省	1374	3.97
黑龙江省	1362	3.93
重庆市	1291	3.73
湖北省	1287	3.72
海南省	1265	3.65
安徽省	1250	3.61
山东省	1209	3.49
上海市	1200	3.46
山西省	1162	3.35
云南省	1124	3.24
北京市	1112	3.21
陕西省	1111	3.21
广西壮族自治区	1107	3.2
福建省	1053	3.04
吉林省	947	2.73
天津市	932	2.69
江西省	928	2.68
内蒙古自治区	900	2.6
贵州省	893	2.58
甘肃省	881	2.54

续表

省份	家庭样本	
	样本数	百分比(%)
青海省	815	2.35
宁夏回族自治区	687	1.98
总计	34643	100

表1-2为2019年调查样本的年龄分布。0—5岁的样本占比为4.6%,6—11岁的样本占比为5.9%,12—17岁的样本占比为6%。

表1-2 2019年调查样本年龄分布

	样本量	未加权样本百分比	加权后样本百分比
0—2岁	2155	2.0%	1.9%
3—5岁	3014	2.8%	2.7%
6—8岁	3234	3.0%	2.9%
9—11岁	3266	3.1%	3.0%
12—14岁	3379	3.2%	3.2%
15—17岁	2971	2.8%	2.8%
18岁以上	88939	83.2%	83.5%
总计	106958	100.0%	100.0%

表1-3为2019年调查样本中在校学生分布情况。幼儿园到高等教育在校生样本总数为18418人。其中,学前阶段在校生数为3415人,占比为19.8%;小学阶段在校生数为6495人,占比为33.7%;初中阶段在校生数为3175人,占比为15.3%;普通高中在校生数为1969人,占比为11.4%;中职在校生数为639人,占比为3.4%;高等教育在校生数为2725人,占比为16.4%。

表1-3 2019年调查各学段在校学生样本分布

	样本量	未加权样本百分比	加权后样本百分比	2019年教育部统计数据[a]
幼儿园	3415	18.5%	19.8%	17.3%
小学	6495	35.3%	33.7%	38.7%

续表

	样本量	未加权样本百分比	加权后样本百分比	2019年教育部统计数据*
初中	3175	17.2%	15.3%	17.7%
普通高中	1969	10.7%	11.4%	8.8%
中职	639	3.5%	3.4%	5.4%
高等教育	2725	14.8%	16.4%	12.2%
总计	18418	100.0%	100.0%	100.0%

* 资料来源：《2019年全国教育事业发展统计公报》。[1]

二、家庭教育支出的定义

CIEFR-HS对家庭教育支出的定义主要参考的是《UOE教育数据收集手册》。UOE手册是联合国教科文组织统计研究所（UNESCO-UIS）、经合组织（OECD）和欧洲统计局（EUROSTAT）三个机构联合开发的采集教育财政数据的联合工具。[2] UOE手册从教育、教育机构、教育产品及服务三个方面的界定范围和分类标准来界定教育财政统计覆盖范围。首先，教育的界定范围是根据国际教育标准分类（ISCED 2011）确定的。[3] ISCED 2011标准按照纵向的教育层级和横向的教育导向两个维度对教育体系进行了界定和划分。其次，教育机构包括教学型教育机构和非教学型教育机构，前者指的是那些为学生提供纳入ISCED 2011标准的教育项目的机构，后者指的是那些为个人或其他教育机构提供与教育有关的行政、咨询和职业方面服务的教育机构。最后，教育产品和服务包括核

---

[1] 根据教育事业综合统计调查制度，教育事业数据的统计时期为上年9月1日至本年8月31日。

[2] UNESCO-UIS, OECD, EUROSTAT. Data Collection on Formal Education: Manual on Concepts, Definitions and Classifications [R/OL]. [2022-05-10]. Montreal, 2020. http://uis.unesco.org/sites/default/files/documents/uoe-data-collection-manual-2020-en.pdf.

[3] UNESCO-UIS. International Standard Classification of Education (ISCED) 2011 [R/OL]. [2022-05-10]. Montreal, Canada, 2012. https://uis.unesco.org/sites/default/files/documents/international-standard-classification-of-education-isced-2011-en.pdf.

心和外围教育产品和服务。核心教育产品和服务指的是与教育教学活动直接相关的支出,包括对教师、学校建筑、教学材料、书本、学校管理和校外教育费等方面的支出。外围教育产品和服务主要包括研究和开发(R&D)和"非教学性"产品和服务,前者主要包括所有教育机构中进行的研究和开发的支出,后者包括一般意义上与学生生活费用相关的所有支出或教育机构为一般公众提供的社会服务。

UOE手册将公共教育支出定义为政府对所有层级和各类型学校以及教育行政管理机构的投入(包括政府对个人和家庭的补贴),将私人教育支出定义为个人和家庭以及其他私人机构在教育系统内部的支出,包括学费、课本和材料费、生活费等支出。由于数据的可得性和可比性,传统的教育支出指数的计算一般只包括教育系统内部发生的支出,而不包括教育系统外部的支出。又因为私立学校数据可得性的问题,一些研究仅计算了公立教育系统内部发生的公共和私人支出。然而,随着家庭教育需求和投入多样化,全球范围内非学校教育系统不断扩张,仅包括公立教育系统支出将低估家庭隐藏的教育成本,同时也会低估不同收入的家庭在教育投入上的差距。

国内对家庭教育支出的内容和涵盖范围没有统一的标准。有一部分研究将家庭教育支出分为基本的、非选择性的教育支出和扩展性、选择性的教育支出。前者指的是为了接受学校教育需要支付的最基本的教育支出,包括学费、杂费、书本文具资料费,也包括在学校发生的食宿费和交通费。后者指的是基本教育支出之外家庭额外为子女付出的教育支出,包括择校费、课外辅导和兴趣班、课外书籍文具资料等。[1][2][3][4] 有研究将择

---

[1] 北京大学教育学院"中国教育和人力资源研究"课题组.2004年中国城镇居民教育与就业情况调查报告[J].国家教育行政学院学报,2006(05):75—82.

[2] 雷万鹏,钟宇平.中国农村家庭教育支出的实证研究:1985~1999[J].教育理论与实践,2003(07):38—42.

[3] 孙彩虹.重庆市中小学生家庭教育消费支出差异分析[J].重庆工商大学学报(西部经济论坛),2003(01):37—40.

[4] 王崇举,陈新力,刘幼昕.重庆市学生教育消费对经济增长的带动作用[J].数量经济技术经济研究,2003(05):34—37.

校费单独归为一类,与基本教育支出和扩展性教育支出并列为三类。[①]也有研究将家庭教育支出分为教育类、生活类和机会成本类支出,其中教育类支出包括学校收取的各类教育费用和发生在学校之外的各类教育费用。[②] 总的来说,大部分研究倾向于根据校内支出和校外支出将家庭教育支出分为两大类。

综上所述,根据《UOE教育数据收集手册》,教育支出的分析框架可分为三个维度(见表1-4):第一个是机构维度,包括在教育机构内部发生的支出和在教育机构外部发生的支出,其中教育机构指的是正规学校系统(包括公办和民办学校)以及与提供学校教育直接相关的行政管理机构;第二个是产品和服务类型维度,分为核心教育产品和服务、外围教育产品和服务两类,其中外围教育产品和服务包括研发活动和非教学性的产品和服务两类;第三个是资金来源维度,包括公共资金、私人资金以及给私人部门的公共补贴。表1-4中私人资金示例为来自中小学生家庭维度的支出。

表1-4　教育支出的分析框架[③]

产品和服务类型	位置	
	在教育机构内部	在教育机构外部
核心教育产品和服务	公共资金[a]	对私人的公共补贴[c]
	对私人的公共补贴[c]	私人资金[b](家庭购买的与核心教育相关的产品和服务,如校外补习、学习资料等)
	私人资金[b](如家庭向学校支付的学杂费等)	

[①] 丁小浩,薛海平.我国城镇居民家庭义务教育支出差异性研究[J].教育与经济,2005(04):39—44.

[②] 楚红丽.基础教育阶段家庭教育消费支出内容与结构的研究述评[J].教育科学,2007(02):1—4.

[③] UNESCO-UIS, OECD, EUROSTAT. Data Collection on Formal Education: Manual on Concepts, Definitions and Classifications[R/OL].[2022-05-10]. Montreal, Paris, Luxembourg, 2020:p14. http://uis.unesco.org/sites/default/files/documents/uoe-data-collection-manual-2020-en.pdf.

续表

产品和服务类型		位置	
		在教育机构内部	在教育机构外部
外围教育产品和服务	研发活动（R&D）	公共资金[a]	d
		私人资金[b]	
	非教学性	公共资金[a]	对私人的公共补贴[c]（生活费用、交通等）
		对私人的公共补贴[c]	私人资金[d]
		私人资金[b]（如家庭向学校支付的食宿、交通费等）	

a. 公共资金；b. 私人资金；c. 给私人部门的公共补贴；d. 数据采集范围外的支出。

CIEFR-HS调查遵循表1-4的分类方法，将家庭的教育支出分为在学校发生的核心和外围教育产品和服务支出，以及在校外发生的与核心教育产品和服务相关的支出。具体来说，调查的主要内容包括一个家庭学龄儿童的教育机会、家庭教育支出和政府补贴三方面情况。

第一，教育机会包括孩子当前和曾经接受过的教育、学校类型，在入学过程中遇到的阻碍以及家庭为得到入学机会而投入的金钱和其他资源。

第二，家庭教育支出方面，调查关注的是以家庭为单位的子女教育的支出，其中既包括在正规学校系统的教育支出，也包括在非学校机构等其他校外教育支出。支出的内容既包括与核心教学服务相关的费用，也包括与教学没有直接关系的外围教育产品和服务。根据问卷对教育支出问题的分类，首先，我们将子女教育支出分为校内支出和校外支出。其次，将校内支出分为学费和其他校内支出，其他校内支出中主要包括三个部分：(1)学校提供的服务性收费，例如伙食、住宿、交通；(2)学校代收费用，例如教材教辅、校服、医保体检、考试等费用；(3)学校增值性收费，也有研究称之为发展性收费，例如校内的补习班、兴趣班、校外活动。最后，将校外支出主要分为两个部分：(1)校外培训支出，包括学科类和兴趣类校外培训；(2)其他学习资料和用品。

第三,政府补贴方面,调查询问了获得的包括减免学费、助学金、奖学金在内的学生资助情况。

2019年CIEFR-HS还覆盖了全日制高等教育阶段的家庭教育支出。出于高等教育在校生学生经费来源的多元化,调查聚焦于高等教育在校生家庭每年为子女上大学所支付的包括学费、住宿费、生活费等在内的总费用。除了与子女教育相关的家庭支出之外,CIEFR-HS调查数据还提供了较为丰富的家庭背景信息,包括受访户家庭成员的年龄、受教育程度、婚姻情况、户籍、家庭规模和结构、家庭年收入和消费支出等。

三、家庭教育投入指数体系

本章在CIEFR-HS数据的基础上构建了家庭教育投入指数体系,包括三个维度:一是家庭教育支出水平,包括以家庭为单位的子女教育支出(家庭教育支出)、单个子女的教育支出(生均家庭教育支出)、全学段家庭教育投入;二是家庭教育负担水平,包括家庭教育支出占人均可支配收入的比例、家庭教育支出占家庭总支出的比例、家庭教育相对支出比;三是全社会教育投入水平,包括财政性教育经费占GDP的比例、家庭教育支出占GDP的比例、全社会教育投入占GDP的比例(表1-5)。

表1-5 家庭教育投入指数体系

维度	具体指标
家庭教育支出水平	家庭教育支出
	生均家庭教育支出
	全学段家庭教育投入
家庭教育负担水平	家庭教育支出占人均可支配收入的比例
	家庭教育支出占家庭总支出的比例
	家庭教育相对支出比
全社会教育投入水平	财政性教育经费占GDP的比例
	家庭教育支出占GDP的比例
	全社会教育投入占GDP的比例

(一)家庭教育支出水平

基于 CIEFR-HS 调查对家庭教育支出的定义,表 1-6 估计了以家庭为单位的子女教育支出(家庭教育支出)和单个子女的教育支出(生均家庭教育支出)。2018—2019 学年,全国家庭教育支出平均为 11297 元,家庭在每一个孩子身上平均花费 8139 元。城镇家庭教育支出平均为 14197 元,是农村家庭的 1.7 倍。城镇家庭在每一个子女教育上的支出平均为 11038 元,是农村的 2 倍。分地区来看,东部家庭教育支出水平平均最高(12999 元),而生均支出则低于东北部地区。西部地区家庭教育支出和生均支出均低于其他地区,分别为 9224 元和 6443 元。

表 1-6 2018—2019 学年全国家庭教育支出水平

		平均每户在读人数	家庭教育支出(元)	样本量	生均家庭教育支出(元)	样本量
全国		1.4	11297	12944	8139	17745
城乡	农村	1.5	8205	4511	5482	6755
	城镇	1.3	14197	8433	11038	10990
地区	东部	1.4	12999	4499	9547	6120
	东北部	1.2	12338	1069	10753	1217
	中部	1.5	10701	2910	7389	4104
	西部	1.4	9224	4466	6443	6304

注:平均每户在读人数、家庭教育支出均进行了加权处理。

分学段来看家庭生均教育支出水平(表 1-7),从支出水平上来看,2018—2019 学年义务教育阶段平均支出要低于其他非义务教育学段,小学和初中的全国平均支出分别为 4014 元和 6103 元。非义务教育学段中,大学阶段最高,全国平均为 2.24 万元(根据表中相关数据取整,下同,不再另注)。其次是普通高中,平均为 1.02 万元。而中职阶段全国平均为 6873 元,不仅低于普高,也略低于幼儿园(7402 元)。

从城乡差异上来看,各学段城乡家庭教育支出差异最大的是小学阶段,城镇为 6578 元,是农村的 3.5 倍。其次是学前和初中阶段,学前阶城镇为1.05万元,是农村的2.5倍,初中阶段城镇为9199元,是农村的2.4倍。高中阶段差异逐渐缩小,普通高中阶段农村为7771元,城镇为1.23万元。中职甚至还出现了城乡倒挂,农村为7517元,城镇为6038元。而大学阶段城乡家庭教育支出差异甚至要小于高中阶段,农村为2.04万元,城镇为2.39万元。

从学前和基础教育阶段校外教育支出占比来看,基础教育阶段家庭校外教育支出比例较高,尤其是小学和初中阶段,平均占家庭生均教育支出的26.2%和18.4%。其中城镇地区远高于农村地区,小学和初中阶段农村地区校外支出占比分别为13.5%和9.6%,而城镇地区分别为41.2%和30.1%,为农村的3倍。高中阶段校外支出占比大幅下降,普通高中平均占比为11.7%,中职2.6%。普通高中仍旧存在城乡差异,农村校外支出占比为5.5%,城镇占比为农村的3倍。

表1-7 2018—2019学年各学段家庭生均教育支出水平和结构

	幼儿园		小学		初中		普高		中职		大学	
	家庭生均教育支出(元)	校外支出占比	家庭生均教育支出(元)	校外支出占比	家庭生均教育支出(元)	校外支出占比	家庭生均教育支出(元)	校外支出占比	家庭生均教育支出(元)	校外支出占比	家庭生均教育支出(元)	校外支出占比
全国	7402	5.7%	4014	26.2%	6103	18.4%	10156	11.7%	6873	2.6%	22370	—
农村	4195	2.0%	1905	13.5%	3820	9.6%	7771	5.5%	7517	2.4%	20397	—
城镇	10511	9.2%	6578	41.2%	9199	30.1%	12347	17.3%	6038	2.9%	23918	—

注:家庭教育支出、占比均进行了加权处理。

基于各学段家庭教育支出水平(图1-1),本节进一步估计了全学段家庭教育投入。需要说明的是,学前阶段按照学前三年计算。此外,根据2009—2019年十年平均通胀率(2.38%),以2019年为学前的最后一年计算一个孩子从学前入学到大学毕业的支出。一个孩子从学前三年到大学本科毕业平均花费一个家庭23.3万元左右,其中家庭支出水平最低的20%家庭花费约18万元,家庭支出水平中等的20%家庭花费约22.4万元,而家庭支出水平最高的20%家庭花费约42.4万。

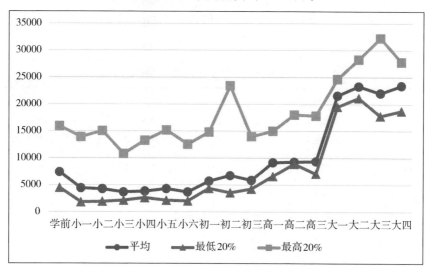

图 1-1 2018—2019 学年各学段家庭教育支出水平

(二)家庭教育负担水平

1.家庭教育支出占人均可支配收入的比例

表1-8为全国家庭教育支出占人均可支配收入比例。根据表1-8,全国2018年人均可支配收入为28228元,家庭教育支出占人均可支配收入的比例为40%,而家庭在每个子女教育上的支出占人均可支配收入的比例为28.8%。分城乡来看,农村人均可支配收入为14617元,家庭教育支出的占比为56.1%,在每个子女教育上的支出占比为37.5%。城镇人均可支配收入为39251元,家庭教育支出的占比为36.2%,在每个子女教育上的支出占比为28.1%。尽管城镇家庭教育支出是农村的1.7倍,但其家庭教育支出占比低于农村地区。分地区来看,东部地区的人均可支配收入和家庭教育支出最高,其次是东北、中部和西部。而从家庭教育支出占人均可支配收入的比例来看,最高的是东北地区,分别为48.3%

和30.1%,其次是中部地区和西部地区,而东部地区的占比要低于其他地区。按收入五等份分五组来看不同收入水平的家庭,收入最低的20%家庭教育支出和生均教育支出分别占人均可支配收入的80.9%和52.7%。随着收入水平的上升,家庭教育支出的占比下降,收入最高的20%家庭教育支出和生均教育支出分别占31.2%和25.4%。

表1-8 全国家庭教育支出占人均可支配收入比例

	人均可支配收入（元）	家庭教育支出（元）	家庭生均教育支出（元）	家庭教育支出/人均可支配收入	家庭生均教育支出/人均可支配收入
全国	28228	11297	8139	40.0%	28.8%
农村	14617	8205	5482	56.1%	37.5%
城镇	39251	14197	11038	36.2%	28.1%
东部地区	36298	12999	5983	35.8%	16.5%
东北地区	25543	12339	7686	48.3%	30.1%
中部地区	23798	10701	5261	45.0%	22.1%
西部地区	21936	9224	4787	42.1%	21.8%
第1五分位	6441	5211	3392	80.9%	52.7%
第2五分位	14361	8263	5592	57.5%	38.9%
第3五分位	23189	10659	8005	46.0%	34.5%
第4五分位	36471	13996	10866	38.4%	29.8%
第5五分位	70640	22024	17962	31.2%	25.4%

数据来源:2018年全国和城乡人均可支配收入来自《中国统计年鉴(2019)》。

注:2019年调查询问的是2018—2019学年的支出情况,因此采用2018年的家庭收入和支出数据。

图1-2为按地区分组的农村和城镇家庭教育支出占人均可支配收入的比例。根据图1-2,首先,整体上城镇家庭的人均可支配收入、家庭教育支出都高于农村家庭,而家庭教育支出占比则低于农村地区。其

次,无论农村还是城镇,东部家庭的人均可支配收入都要高于东北和中西部家庭,而其家庭教育支出占人均可支配收入的比例则低于其他三个地区的家庭。最后,东北地区家庭的人均可支配收入与中西部接近,但其家庭教育支出水平和占人均可支配收入的比例都高于中西部地区的家庭。

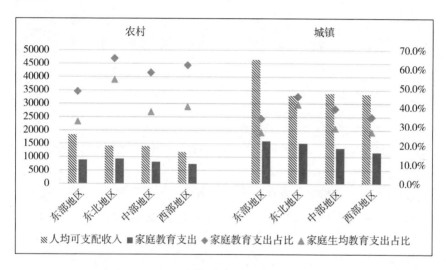

图 1-2 按地区分组的农村和城镇家庭教育支出占人均可支配收入的比例

图 1-3 为按收入五等份分组的农村和城镇家庭教育支出占人均可支配收入的比例。根据图 1-3,随着收入水平的上升,家庭教育支出占比下降。农村各分组家庭教育支出占比均高于城镇家庭,除了收入最高的 20% 与城镇接近(38.2%),其余收入组占比均超过了 50%。尤其是收入最低的 20% 组,其家庭教育支出和生均教育支出占比分别为 115.9% 和 73.9%。而城镇收入最低的 20% 组的家庭教育支出和生均教育支出占比也没有超过 50%,分别为 47.4% 和 33.1%。

中国教育财政家庭调查报告(2021)

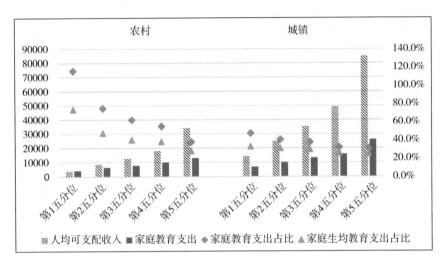

图 1-3　按收入五等份分组的农村和城镇家庭教育支出占人均可支配收入的比例

图 1-4 为分省份家庭教育支出占人均可支配收入的比例,均经过了加权处理。最高的是陕西省(52.7%),最低的是青海省(29.6%)。人均可支

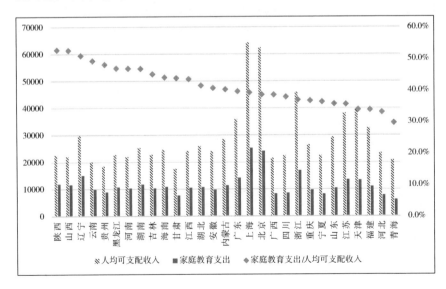

图 1-4　分省份家庭教育支出/人均可支配收入比例

数据来源:2018 年各省份人均可支配收入来自《中国统计年鉴(2019)》。

配收入和家庭教育支出较高的省份,例如上海、北京和浙江,家庭教育支出占人均可支配收入的比例在中等偏下,分别为39.3%、38.6%和37%。

2.家庭教育支出占家庭总支出的比例

表1-9初步估计了家庭教育支出占家庭总支出的比例,全国家庭教育支出占比为14.9%,农村为15.8%,城镇为14.1%。分地区来看,东北部家庭教育支出的占比明显高于其他地区(18.8%),其次是中部和西部地区,分别为15.7%和14.4%,而东部地区最低,为14%。

表1-9 全国家庭教育支出水平和占家庭总支出比例

		家庭教育支出(元)	占家庭总支出比例	生均家庭教育支出(元)	占家庭总支出比例
全国		11297	14.9%	8139	10.8%
城乡	农村	8205	15.8%	5482	10.6%
	城镇	14197	14.1%	11038	11.0%
地区	东部	12999	14.0%	9547	10.3%
	东北部	12338	18.8%	10753	16.4%
	中部	10701	15.7%	7389	10.8%
	西部	9224	14.4%	6443	10.1%

注:家庭教育支出、占比均进行了加权处理。研究表明,由于普遍的非正规经济,中等收入和低收入国家的家庭调查往往低估了家庭收入,因此本书在计算教育支出占比的时候使用家庭支出作为计算的分母。

表1-10为不同消费水平的家庭教育支出水平和占家庭总支出的比例。第1—2列将样本按家庭人均消费支出水平由低到高排序并划分为十个等分组,分别计算各组家庭生均教育支出和占总支出的比例(本书对表中数据的描述以数据第1列为起始列,下同,不再另注)。第3—4列和5—6列分别将农村和城镇家庭样本按照人均消费支出划分为十组进行计算。随着家庭消费水平的提高,家庭教育支出明显增加,而教育支出负担率则随之降低。从全国范围来看,最富裕的(消费水平最高)10%组的家庭教育支出水平为2.73万元/年,是最贫困的(消费水平最低)10%组

(4122元/年)的6.6倍。农村家庭中,最富裕的10%组的家庭教育支出水平为1.4万元/年,是最贫困的10%组(3732元/年)的3.7倍。而城镇家庭中,最富裕10%组的家庭教育支出水平为3.1万元/年,是最贫困10%组(5008元/年)的6.2倍左右。可见,城镇内部不同群组的家庭之间的差异要大于农村内部的差异。从家庭教育支出占总支出的比例来看,随着家庭消费水平的上升,城乡的教育支出占比均呈现下降趋势。低收入家庭的教育支出占比较高(21.2%),尤其是农村地区,最贫困10%组的家庭教育负担率达24.6%。而最富裕的10%组的家庭教育支出占比为8.4%,农村家庭则更低,为7.3%。

表1-10 不同消费水平的家庭教育支出水平和占家庭总支出比例

	全国			农村			城镇		
	家庭人均支出水平(元)	家庭教育支出(元)	占家庭总支出比例	家庭人均支出水平(元)	家庭教育支出(元)	占家庭总支出比例	家庭人均支出水平(元)	家庭教育支出(元)	占家庭总支出比例
第1十分位	4333	4122	21.2%	3240	3732	24.6%	6029	5008	18.1%
第2十分位	7686	6331	18.2%	5539	4809	19.1%	10712	8499	19.0%
第3十分位	10441	7574	16.4%	7164	5471	16.5%	14393	9098	16.0%
第4十分位	13373	8976	16.0%	8810	7366	19.1%	18153	11131	15.8%
第5十分位	16830	9846	14.8%	10584	6709	14.1%	22260	11734	14.5%
第6十分位	20996	11557	14.5%	12709	8922	15.9%	27037	14464	14.4%

续表

	全国			农村			城镇		
	家庭人均支出水平（元）	家庭教育支出（元）	占家庭总支出比例	家庭人均支出水平（元）	家庭教育支出（元）	占家庭总支出比例	家庭人均支出水平（元）	家庭教育支出（元）	占家庭总支出比例
第7十分位	26310	13455	13.3%	15337	9093	14.3%	33270	14856	12.3%
第8十分位	34105	14591	11.6%	19176	10802	14.2%	41783	16610	11.4%
第9十分位	47733	16671	10.0%	25743	12105	11.7%	57761	20840	10.3%
第10十分位	115996	27304	8.4%	55483	13966	7.3%	141701	31031	8.4%

注：家庭教育支出水平、占比均进行了加权处理。

表1-11呈现了分学段的占比。由于需要进行分学段的计算，因此采用的是家庭生均教育支出，而非家庭全部在校子女的教育支出。从生均家庭教育支出占总支出的比例来看，各学段占比最低的是义务教育阶段，小学阶段城乡分别为5.1%和3.7%，初中阶段城乡分别为8.1%和7.9%。其次是幼儿园阶段，城乡分别为9.3%和8.5%。而非义务教育的高中学段，占比开始上升，普高阶段城乡分别为13%和15.2%，中职城乡分别为10%和18.5%。到大学阶段，占比达到30%左右，城乡分别为28.3%和35.9%。可见高等教育收费受到了较为统一的管制，因而城乡家庭之间的差距没有拉大。同时，由于不同地区的家庭收入和消费水平差异，高等教育支出的家庭负担率的城乡和地区差异明显高于其他教育阶段。

表 1-11 各学段家庭生均教育支出水平和占总支出的比例

	幼儿园		小学		初中		普高		中职		大学	
	家庭生均教育支出（元）	占总支出比例	家庭生均教育支出（元）	占总支出比例	家庭生均教育支出（元）	占总支出比例	家庭生均教育支出（元）	占总支出比例	家庭生均教育支出（元）	占总支出比例	家庭生均教育支出（元）	占总支出比例
全国	7402	8.9%	4014	4.3%	6103	8.0%	10156	14.1%	6873	14.8%	22370	31.6%
农村	4195	8.5%	1905	3.7%	3820	7.9%	7771	15.2%	7517	18.5%	20397	35.9%
城镇	10511	9.3%	6578	5.1%	9199	8.1%	12347	13.0%	6038	10.0%	23918	28.3%

注：家庭生均教育支出、占比均进行了加权处理。

3. 家庭教育相对支出比

家庭教育相对支出比的定义为两个比率之比：一个是某一类家庭在教育上的支出与全国平均的家庭教育支出的比值，一个是某一类家庭年消费支出与全国平均的消费支出的比值（即，家庭教育相对支出比＝（家庭组 i 的家庭教育支出/全国平均家庭教育支出)/(家庭组 i 的家庭总支出/全国平均家庭总支出))。如果比率为1，那么家庭组 i 在子女教育上的支出在全国的相对水平与其总消费支出在全国的相对水平一致。如果高于1，则说明家庭组 i 的教育支出高于其总消费支出在全国的相对水平。如果低于1，则说明家庭组 i 的教育支出低于其总消费支出在全国的相对水平。

表 1-12 计算了不同消费支出水平的家庭教育相对支出比，第 1—3 列采用的是家庭人均支出，第 4—6 列采用的是家庭总支出。第 2 列和第 5 列为农村样本的估计结果，第 3 列和第 6 列是城镇样本的估计结果。根据这一标准，家庭消费支出偏低的群体（0－39%）、中等群体（40%－59%）和中高群体（60%－79%）在子女教育上的支出都高于其家庭的相对消费水平。尤其是最低的 10% 家庭，其家庭的教育支出是其相对消费水平的 1.98 倍。仅支出水平最高的 20% 家庭的教育支出低于其相对消费水平，尤其是最高

的10%家庭,其教育支出是其相对消费水平的55%。可见,中国大部分中等收入及以下家庭将家庭支出更多的部分用于子女教育。

表1-12 不同消费支出水平的家庭教育相对支出比

	家庭教育支出相对水平/人均消费支出相对水平			家庭教育支出相对水平/总消费支出相对水平		
	全国	农村	城镇	全国	农村	城镇
第1十分位	2.24	2.23	2.18	1.98	2.01	1.87
第2十分位	1.94	1.68	2.08	1.78	1.58	1.87
第3十分位	1.70	1.48	1.66	1.59	1.42	1.52
第4十分位	1.58	1.62	1.61	1.48	1.59	1.55
第5十分位	1.38	1.23	1.38	1.33	1.19	1.42
第6十分位	1.29	1.36	1.41	1.29	1.34	1.47
第7十分位	1.20	1.15	1.17	1.23	1.13	1.25
第8十分位	1.01	1.09	1.04	1.06	1.09	1.11
第9十分位	0.82	0.91	0.95	0.89	0.90	1.04
第10十分位	0.55	0.49	0.58	0.55	0.51	0.55

(三) 全社会教育投入水平

根据教育部官方的教育经费统计数据,在财政性教育经费快速增长的同时,非财政性教育占GDP比重有所下降:2005年为1.78%,占全国教育经费总投入的38.7%;2012年为1.05%,占全国教育经费总投入的19.7%;2021年为1.05%,占全国教育经费总投入的20.8%。同时,随着我国社会经济的发展、家庭结构的变化,尤其是高等教育回报率上升,家庭在子女教育上的投入不断增加,对优质教育资源的竞争日益激烈,孩子越来越成为家庭消费的核心。为了对教育投入有全面的了解,不仅需要收集政府和学校教育机构的数据,还需要收集政府和学校之外的私人教育投入数据。如果缺乏对私人教育投入的统计,则无法对后4%时代教育领域的新变化有全面的把握。本节基于三个指数来衡量全社会教育投入的情况:国家财政性教育经费占GDP的比例、家庭教育支出占GDP

的比例、全社会教育投入占 GDP 的比例。

表 1-13 为各学段家庭教育总投入的估计。第 1 列为从幼儿园到大学阶段家庭生均教育支出,全国家庭生均教育支出平均为 8139 元/生。其中,幼儿园平均为 7402 元/生,小学平均为 4014 元/生,初中平均为 6103 元/生,普高平均为 10156 元/生,中职平均为 6873 元/生,大学本科及以上平均为 22370 元/生。第 2 列根据《2019 年全国教育事业发展统计公报》[①]各学段的学生规模数据,估计了各学段家庭教育投入规模和总体投入规模。根据《2018 年全国教育经费执行情况统计公告》[②],2018 年全国财政性教育经费为 36995.77 亿元,占 GDP 的比例为 4.11%。估算全国普通全日制教育各学段家庭教育支出总体规模约为 21632.1 亿元,占 GDP 的比例为 2.40%。

表 1-13 各学段家庭教育总投入的估计

	各学段家庭生均教育支出 (元/生)	各学段家庭教育总投入 (亿元)
幼儿园	7402	3447
小学	4014	4150
初中	6103	2839
普通高中	10156	2413
中职	6873	1069
大学及以上	22370	6944
	全国家庭生均教育支出 (元/生)	家庭教育总投入 (亿元)
	8139	21632.10

注:需注意的是各学段家庭教育总投入的估计是基于 CIEFR-HS 对家庭教育支出的定义进行的估计,包括在正规学校系统的支出,也包括非学校机构以及其他校外教育支出(并不包括例如购买学区房的成本、养育孩子的机会成本)。

---

① 根据教育事业综合统计调查制度,教育事业数据的统计时期为上年 9 月 1 日至本年 8 月 31 日。

② 根据全国教育经费统计调查制度,教育经费统计时间从本年 1 月 1 日至 12 月 31 日。

根据《中国教育经费统计年鉴(2019)》,2018年全国教育经费总投入为46143.00亿元,其中国家财政性教育经费(主要包括一般公共预算安排的教育经费、政府性基金预算安排的教育经费、国有及国有控股企业办学中的企业拨款、校办产业和社会服务收入用于教育的经费等)为36995.77亿元,非财政性教育经费(民办学校举办者投入、捐赠投入、事业收入及其他教育经费)为9147.23亿元。非财政性教育经费中,事业收入(学校开展教学、科研及其辅助活动依法取得的、经财政部门核准留用的资金和从财政专户核拨回的资金)为7738.25亿元,占非财政性教育经费的84.6%。事业收入中的学费收入为5895.83亿元,占事业收入的76.19%。将其中来自家庭的学费收入去掉,初步估计全国普通全日制教育各学段的全社会教育投入为61879.26亿元,占GDP的比例为6.87%。

四、本章小结

本章在中国教育财政家庭调查(CIEFR-HS)数据的基础上,构建家庭教育投入指数体系,对家庭和全社会的教育投入情况进行估计。首先,本章估计了以家庭为单位的子女教育支出(家庭教育支出)和单个子女的教育支出(生均家庭教育支出)。2018—2019学年,全国普通全日制教育各学段家庭教育支出平均为11297元,家庭在每一个孩子身上平均花费8139元。城镇家庭教育支出平均为14197元,农村家庭为8205元。分学段来看,学前阶段全国平均为7402元,高于小学和初中的平均支出(分别为4014元和6103元),普通高中全国平均为1.02万元,中职阶段为6873元,高等教育阶段全国平均为2.24万元。各学段城乡家庭教育支出差异最大的是小学阶段,其次是学前和初中阶段,高中阶段差异逐渐缩小,中职甚至还出现了城乡倒挂,而大学阶段城乡家庭教育支出差异甚至要小于高中阶段。基于此,本章进一步估计,一个孩子从学前三年到大学本科毕业,平均花费一个家庭23.3万元,其中家庭支出水平最低的20%家庭花费约18万元,家庭支出水平中等的20%家庭花费约22.4万元,而家庭支出水平最高的20%家庭花费约42.4万。

其次,本章基于三个指数来衡量家庭教育支出的负担情况:家庭教育支出占人均可支配收入的比例、家庭教育支出占家庭总支出的比例、家庭教育相对支出比。从家庭教育支出占人均可支配收入的比例来看,全国2018年人均可支配收入为28228元,家庭教育支出占人均可支配收入的比例为40%,农村为56.1%,城镇为36.2%;家庭生均教育支出占比为28.8%,农村为37.5%,城镇为28.1%。分地区来看,东北地区家庭的教育支出占比高于东部和中西部地区。分家庭收入水平来看,农村低收入家庭教育支出占比较高,家庭教育支出和生均教育支出占比分别达到115.9%和73.9%;城镇低收入家庭教育支出和生均教育支出占比分别为47.4%和33.1%。从家庭教育支出占家庭总支出的比例来看,全国家庭教育支出占比为14.9%,农村为15.8%,城镇为14.1%。此外,为了衡量不同经济条件家庭的教育支出的相对水平,本章还估计了家庭教育相对支出比。结果显示,家庭支出水平偏低的群体(0—39%)、中等群体(40%—59%)和中高群体(60%—79%)在子女教育上的相对支出比都大于1。尤其是最低的10%家庭,其家庭的教育支出是其相对消费水平的1.98倍。可见,大部分家庭支出水平在中等及以下家庭将家庭支出更多的部分用于子女教育。

最后,本章基于三个指数来衡量全社会教育投入的情况:国家财政性教育经费占GDP的比例、家庭教育支出占GDP的比例、全社会教育投入占GDP的比例。结合《中国教育经费统计年鉴(2019)》,根据本次调查数据估算,2018—2019学年全国学前到高等教育阶段家庭教育支出总体规模约为21632.1亿,占2018年GDP的比重达2.4%,总量上相当于财政性教育经费的58.47%。在此基础上,初步估计全国普通全日制教育各学段的全社会教育投入为61879.26亿元,占GDP的比例为6.87%。

第二章 中国家庭教育支出概况：学前到高等教育

本章基于 2019 年 CIEFR-HS 调查数据,对全国各学段家庭教育支出的水平、结构和负担进行分析,具体包括幼儿园、小学、初中、普高、中职和大学阶段家庭生均教育支出水平、校内外各项教育支出结构以及各学段家庭生均教育的负担。①在此基础上,本章总结了每一学段家庭教育支出的特征。

一、学前教育阶段
(一) 家庭教育支出水平和结构

学前教育阶段,全国家庭每个孩子的教育支出平均为 7402 元,占家庭总支出的 8.9%。其中校外兴趣班/早教班支出平均为 1023 元,占教育支出的比例平均为 5.7%。分公办、民办来看,在民办园就读的孩子的家庭每年支出平均为 8202 元,比就读公办园的家庭高 2000 元。其中,校外早教班支出和占比均低于就读公办园的家庭。分城乡来看,城镇家庭教育支出为 1.05 万元/年,是农村家庭(4195 元/年)的 2.5 倍,平均负担率高于农村家庭。其中,城镇家庭校外早教班的支出是农村家庭的 12 倍,占教育支出的比例也明显高于农村家庭。分地区来看,东北部平均家

---

① 本章采用两个指标来衡量家庭教育负担:一是负担率,指每生每年教育支出占家庭总消费支出的比例;二是家庭教育相对支出比,指家庭教育支出的相对水平与家庭总支出的相对水平之比。家庭教育相对支出比=(家庭组 i 的家庭教育支出/全国平均家庭教育支出)/(家庭组 i 的家庭总支出/全国平均家庭总支出)。家庭教育相对支出比是一个综合指标,衡量的是与家庭总支出在全国、农村和城镇家庭中的水平相比,家庭在子女教育支出上的相对水平的高低。如果高于 1,则说明家庭在子女教育上的支出高于其总支出相应的水平;如果低于 1,则说明家庭教育支出低于其总支出相应的水平。

庭教育支出水平最高(9848元/年),其负担率也要高于其他地区,达到13.2%。西部地区最低为5951元/年,负担率仅次于东部地区,为9%。东北部地区校外早教班的支出水平和占比同样均高于其他地区。从城镇内部来看,学前教育阶段一线城市的家庭教育支出远高于全国平均水平,达到1.76万元/年,是二线城市的1.5倍,二线以下城镇的2.3倍。其中,一线城市家庭在校外兴趣班/早教班方面的花费占比高达12.6%,二线城市也超过了10%(见表2-1)。

表2-1 2018—2019学年学前教育阶段家庭教育支出水平和结构

		家庭生均教育支出		家庭生均校外教育支出	
		均值(元/年)	占家庭总支出比例(%)	均值(元/年)	占生均教育支出比例(%)
全国		7402	8.9%	1023	5.7%
举办者	公办	6320	8.0%	1297	7.8%
	民办	8202	9.6%	820	4.2%
城乡	农村	4195	8.5%	151	2.0%
	城镇	10511	9.4%	1867	9.2%
地区	东部	8575	8.6%	1419	6.6%
	东北部	9848	13.2%	1573	6.6%
	中部	6900	8.5%	681	4.7%
	西部	5951	9.0%	769	5.6%
城镇	一线城市	17599	9.6%	3695	12.6%
	二线城市	11754	10.5%	2295	10.7%
	其他城镇	7741	8.5%	1037	6.8%

注:家庭生均校外教育支出计算的是有家庭生均校外教育支出观测值的样本的均值,其中包括校外教育支出为0的家庭。

图2-1将家庭教育总支出、校内学费、校内其他收费和校外教育费用按照0元、0—1000元、1000—5000元、5000—10000元、10000元以上分

第二章 中国家庭教育支出概况：学前到高等教育

为五组,分别来看几项支出的结构。整体上,家庭教育支出为 0 元的家庭占比为 4.6%,支出不到 1000 元的家庭占比为 5.9%,支出在 1000—5000 元之间的家庭占比为 38%,支出在 5000—10000 元的家庭占比为 27.9%,而支出在 1 万元以上的家庭占比为 23.6%。分不同支出内容来看,家庭学前教育支出以校内支出为主,而校内又以学费为主。有 5.9% 的家庭学费支出为 0,6.8% 的家庭学费支出在 1000 元以下,42.9% 的家庭在 1000—5000 元之间,29.5% 的家庭在 5000—10000 元之间,而学费支出在 1 万元以上的家庭占比为 14.9%。从其他收费来看,有 70.4% 的家庭支付的学费中包括了食宿费、代收费等,而 27.8% 的家庭支付的其他收费在 5000 元以下。从校外教育支出来看,有 80.2% 的家庭校外支出为 0。而在发生校外支出的家庭中,更高比例的支出在 1000—5000 元之间(9.4%)。总的来看,学前教育阶段家庭教育支出主要看校内收费水平,尤其是学费水平,其中最大比例的家庭所在幼儿园学费水平在每学年 1000—5000 元之间。

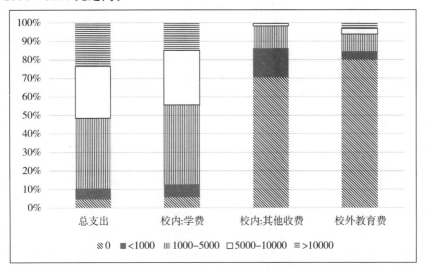

图 2-1　2018—2019 学年学前教育阶段家庭教育支出结构

注:校内其他收费包括住宿费、伙食费、校车费、代收费、学校提供的早教班等。

(二) 家庭教育支出负担

将样本按家庭人均消费支出水平由低到高排序并划分为五个等分组和十个组,分别计算各组家庭学前生均教育支出占家庭总支出的比例,也即家庭生均教育负担率,以及校外教育支出占生均教育支出的比例。表2-2呈现的是最低10%组、最高10%组和五分位组的家庭生均教育支出水平和结构。从全国的水平来看,随着家庭支出水平的提高,家庭教育支出明显增加,校外支出占教育支出的比例迅速增加,而教育支出负担则随之降低。最富裕(支出水平最高)10%组的家庭教育支出水平为1.8万元/年,是最贫困(支出水平最低)10%组(2841元/年)的6.3倍。而家庭负担则相反,最贫困10%组的负担率为13.59%,而最富裕10%组的负担率为5.1%。

表2-2 不同支出水平的家庭学前教育阶段教育支出水平和结构

	全国			农村			城镇		
	家庭生均教育支出(元)	占家庭总支出比	校外支出占比	家庭生均教育支出(元)	占家庭总支出比	校外支出占比	家庭生均教育支出(元)	占家庭总支出比	校外支出占比
最低10%	2841	13.6%	1.9%	2638	17.0%	2.0%	4180	12.7%	2.8%
第1五分位	3646	12.7%	1.9%	2711	13.7%	1.6%	4900	11.6%	3.4%
第2五分位	5027	8.3%	2.2%	4284	11.0%	1.6%	7816	10.6%	3.4%
第3五分位	6538	7.8%	4.4%	4078	6.6%	1.4%	10408	9.5%	9.2%
第4五分位	10137	7.8%	9.0%	4472	5.3%	2.7%	12329	8.5%	12.5%
第5五分位	15379	6.2%	15.2%	6193	3.9%	3.5%	17940	6.2%	18.6%
最高10%	18039	5.2%	19.8%	6592	3.2%	3.4%	19017	4.7%	19.8%

分城乡来看,尽管整体趋势相似,但仍具有如下不同的特点。

(1)从家庭教育的支出水平来看,城镇家庭的支出水平是农村家庭的 1.5—3 倍,而且城乡差距随着支出水平的提高而拉大。农村地区不同支出水平的家庭学前教育支出水平的差距并不大,最富裕 10% 组的家庭比最贫困 10% 组的家庭平均多支出 4000 元。而城镇地区最富裕 10% 组的家庭比最贫困 10% 组的家庭平均多支出 1.4 万元。根据表 2-2 可以看出,中等收入农村家庭学前教育支出水平非常接近。反观城镇家庭,随着支出水平的上升,家庭学前教育支出水平也随之增加。

(2)从家庭负担来看,农村地区学前教育支出水平的差距不大,负担轻重主要取决于家庭的收入和支出水平。因此,尽管农村的第二、三、四、五分位组学前教育支出水平非常接近,但家庭负担从 11% 下降到 5.3%。而城镇地区家庭教育负担随着支出水平提升的下降程度则趋缓。

(3)从校外教育支出占比来看,农村地区校外支出占比均在 3.5% 以下,而城镇地区则相差较大。最富裕 10% 组的家庭校外教育支出占比为 19.8%,是最贫困 10% 组的 7 倍(2.8%)。由此可见,农村的学前教育资源相对低价而单一,城镇的学前教育资源相对多元,既有低价园,也有高价园,同时校外的教育资源也相对丰富。这样的供给情况,一定程度上造成了城乡家庭学前教育支出水平、负担和校内外结构方面的差异。

除了负担率和校外支出占比之外,表 2-3 还计算了全国、农村和城镇不同支出水平的家庭在子女学前教育阶段的教育相对支出比。就全国整体来看,支出水平最低 20% 组家庭的教育支出的相对水平高于其家庭支出的相对水平,尤其是最低 10% 组家庭,其家庭的教育支出的相对水平是其支出相对水平的 1.2 倍。具体来说,这部分家庭的生均教育支出是全国平均水平的 38.4%,而其家庭支出是全国平均水平的 32%。而支出水平最高 10% 组家庭的教育支出的相对水平只是其支出的 15%,远低于其家庭支出在全国所处的水平。具体来说,这部分家庭的生均教育支出是全国平均水平的 2.4 倍,而其家庭支出是全国平均水平的 16.4 倍,教育支出的相对水平低于其家庭总支出的相对水平。分城乡来看,农村各组家庭之间的教育相对支出比差异略大于城镇各组家庭之间的差异,尤其是中等偏下的家庭,其教育相对支出比高于城镇中等偏下的家庭。

表 2-3　不同支出水平的家庭学前教育阶段教育相对支出比

	全国	农村	城镇
最低 10%	1.20	1.57	1.15
第 1 五分位	1.13	1.28	1.06
第 2 五分位	0.82	1.11	1.02
第 3 五分位	0.75	0.72	0.90
第 4 五分位	0.76	0.57	0.80
第 5 五分位	0.22	0.38	0.18
最高 10%	0.15	0.33	0.11

注:家庭支出相对水平使用的是家庭总支出在全国、农村和城镇家庭中的相对水平。

二、义务教育阶段

(一)小学阶段

1. 家庭教育支出水平和结构

根据表 2-4,小学阶段全国家庭教育支出平均为 4014 元/年,占家庭总支出的 4.3%。其中,小学校外教育支出占教育支出的 26.2%。分公办、民办来看,民办学校就读的孩子每年支出为 7325 元/年,比公办学校平均支出高 3700 元。分城乡来看,城镇家庭教育支出为 6578 元/年,是农村家庭(1905 元/年)的 3.5 倍,平均负担率高于农村家庭 1.42 个百分点。其中,校外教育支出占到 41.2%,高于农村家庭 27.7 个百分点。分地区来看,东北部平均家庭教育支出水平最高(5603 元/年),其负担率也要高于其他地区,达到 7.8%。西部地区最低为 2211 元/年,负担率最低,为 2.8%。从城镇内部来看,小学阶段一线城市的教育支出远高于全国平均水平,达到 1.64 万元/年,是二线城市的 2.3 倍,二线以下城镇的 4.4 倍。其中,一、二线城市家庭在小学阶段在校外教育方面的花费占比分别达到 48.1%和 43.5%。

表 2-4　2018—2019 学年小学阶段家庭教育支出水平和结构

		家庭生均教育支出		家庭生均校外教育支出	
		均值（元/年）	占家庭总支出比例(%)	均值（元/年）	占生均教育支出比例(%)
全国		4014	4.3%	2244	26.2%
举办者	公办	3640	3.7%	2347	27.9%
	民办	7325	9.5%	1326	12.1%
城乡	农村	1905	3.7%	485	13.5%
	城镇	6578	5.1%	4381	41.2%
地区	东部	5524	4.5%	3365	30.7%
	东北部	5603	7.8%	3503	36.6%
	中部	3414	4.7%	1502	24.1%
	西部	2211	2.8%	1196	19.8%
城镇	一线城市	16435	7.7%	11392	48.1%
	二线城市	7118	6.1%	4819	43.5%
	其他城镇	3702	3.9%	2196	34.4%

图 2-2 将家庭教育总支出、校内学费、校内各类收费（服务费、代收费、其他选择性收费）和校外教育费用按照 0 元、0—1000 元、1000—5000 元、5000—10000 元、10000 元以上分为五组，分别来看几项支出的结构。整体上，家庭教育支出为 0 元的家庭占比 11.6%，支出不到 1000 元的家庭占比为 38.8%，支出在 1000—5000 元之间的家庭占比为 28.1%，支出在 5000—10000 元的家庭占比为 10.3%，而支出在 1 万元以上的家庭占比为 11.2%。与学前教育阶段相比，小学阶段支出较低的家庭占比高，而支出超过 1 万的家庭占比较低。在有支出的家庭中，较高比例（67.9%）的家庭支出在 5000 元以下。

分不同支出内容来看，小学阶段校内收费的差异不大。从学费来看，95.3% 的家庭学费支出为 0 元，仅有 1% 的家庭学费支出在 1 万元以上。从校内服务型收费来看，69.1% 的家庭没有任何食宿等服务性费用，12.4%

的家庭支付的费用在1000元以下,17.4%的家庭支付的费用在1000—5000元之间。从校内代收费来看,29.5%的家庭没有支付任何代收费,66.9%的家庭支付的费用在1000元以下。从校内其他收费来看,74.2%的家庭没有支付包括课后服务在内的其他费用,20.8%的家庭支付的费用在1000元以下。

从校外教育支出来看,65%的家庭支出为0元。6.6%的家庭支付的校外教育费在1000元以下,15.6%的家庭支付的费用在1000—5000元之间,6%的家庭支付的费用在5000—1000元之间,而支付1万元以上的家庭占比为6.9%。总的来看,小学阶段家庭教育支出水平主要看校内的服务性收费、代收费和其他选择性收费的水平。尽管只有35%的家庭有校外教育费,但其收费水平普遍在1000元以上,是小学阶段家庭教育支出差异的重要来源。

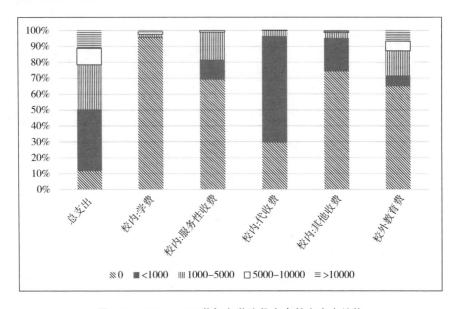

图2-2 2018—2019学年小学阶段家庭教育支出结构

注:服务性收费包括住宿费、伙食费、校车费等;代收费包括课本/作业班/教辅等费用,校服、体检、医保等费用;其他收费包括借读费/赞助费、校内课后托管班、课后补习班、兴趣班、社会实践活动等费用。

2.家庭小学教育支出负担

表2-5呈现的是小学阶段最低的10%组、最高的10%组和五分位组的家庭教育支出水平和结构。从全国水平来看,随着家庭支出水平的提高,家庭教育支出明显增加。最贫困的(支出水平最低)10%组的家庭平均教育支出为998元/年,最富裕的(支出水平最高)10%组的家庭为16306元/年,是前者的16倍,差距远高于学前阶段。同时,随着家庭支出水平的提高,教育支出负担率呈现出先减后增的趋势,但是变化的幅度不大,基本不超过5%;而校外支出占教育支出的比例迅速增加,最贫困的10%组的家庭校外支出占比为9.8%,而最富裕的10%组的家庭占比超过50%。

分城乡来看,农村家庭教育支出水平远低于城镇家庭,而且随着家庭支出水平的提升,城乡家庭在小学阶段子女教育支出上的差距逐渐拉大。最贫困的10%组的城镇家庭教育支出是农村家庭的1.4倍,而最富裕的10%组的城镇家庭教育支出是农村家庭的4.2倍。

从城乡内部来看:(1)在家庭教育的支出水平方面,农村地区不同支出水平的家庭教育支出水平的差距并不大,最富裕的10%组的家庭比最贫困的10%组的家庭平均多支出4050元。而城镇地区最富裕的10%组的家庭比最贫困的10%组的家庭平均多支出1.9万元。中上及以下支出水平的农村家庭教育支出水平非常接近。而反观城镇家庭,随着支出水平的上升,家庭教育支出水平迅速增加。

(2)在家庭负担方面,农村地区教育负担随着家庭的收入和支出水平的提高而下降,从5.6%下降到2.2%。而城镇地区家庭教育负担随着家庭收入和支出水平提升而增加,从4.1%增加到5.2%。

(3)在校外教育支出占比方面,城乡家庭的校外支出占教育支出的比例随着收入和支出的提升均有所增加,但城镇校外支出占比增加幅度远高于农村地区。农村地区,最富裕10%组的家庭校外教育支出占比为28.1%,是最贫困10%组的2.5倍(11.2%);而城镇地区,最富裕10%组的家庭校外教育支出占比为58.8%,是最贫困10%组的3.4倍(17.1%)。由此可见,小学阶段家庭教育支出的负担较低,城乡均在6%以下。城镇地区由于校外教育资源较为丰富,家庭在校外教育上的花费整体上高于农村地区,尤其是中高收入阶层家庭,家庭教育支出超过一半以上都投入在校外教育。这是造成城乡家庭在教育支出方面差距的主要原因。

表2-5 不同支出水平的家庭小学教育支出水平和结构

	全国			农村			城镇		
	家庭生均教育支出（元）	占家庭总支出比	校外支出占比	家庭生均教育支出（元）	占家庭总支出比	校外支出占比	家庭生均教育支出（元）	占家庭总支出比	校外支出占比
最低10%	998	5.1%	9.8%	846	5.6%	11.2%	1223	4.1%	17.1%
第1五分位	1193	4.5%	10.4%	1025	5.3%	8.8%	1714	4.4%	23.7%
第2五分位	2104	3.9%	18.8%	1492	3.7%	9.6%	3274	4.8%	33.2%
第3五分位	2955	3.8%	28.9%	1898	3.5%	11.0%	5116	5.1%	40.8%
第4五分位	5490	4.6%	39.4%	2021	2.6%	17.8%	8389	5.8%	55.1%
第5五分位	13075	5.0%	52.1%	3822	2.4%	24.4%	16881	5.7%	59.1%
最高10%	16306	4.6%	53.8%	4897	2.2%	28.1%	20459	5.2%	58.8%

根据表2-6,小学阶段全国整体来看,从支出水平最低10%组家庭到最高10%组家庭,其教育支出的相对水平均低于其家庭支出的相对水平。分城乡来看,农村最低20%组家庭的教育支出的相对水平高于其家庭支出的相对水平,尤其是最低10%家庭,其家庭教育相对支出比是1.23。具体来说,这部分家庭的生均教育支出是农村平均水平的44.4%,而其家庭支出是农村平均水平的36.2%。城镇地区各组家庭的教育支

出的相对水平均低于其家庭支出的相对水平。与农村地区不同,相对于最低20%家庭组,城镇的中等和中上支出水平的家庭教育相对支出比更高,中上水平组(60%—80%)最高为0.9,而最富裕20%组则仅为0.12。可见,城镇中上收入家庭更加倾向于增加对小学阶段的教育投入。

表 2-6 不同支出水平的家庭教育相对支出比

	全国	农村	城镇
最低 10%	0.87	1.23	0.63
第 1 五分位	0.75	1.17	0.69
第 2 五分位	0.68	0.89	0.72
第 3 五分位	0.66	0.80	0.78
第 4 五分位	0.81	0.59	0.90
第 5 五分位	0.25	0.52	0.18
最高 10%	0.17	0.50	0.12

(二) 初中阶段

1. 家庭教育支出水平和结构

根据表 2-7,初中阶段全国家庭教育支出平均为 6103 元/年,占家庭总支出的 8%。其中,校外教育支出占教育支出的 18.4%。分公办、民办来看,民办学校就读的孩子每年支出为 1.4 万元,是公办学校平均支出的 3 倍。分城乡来看,城镇家庭教育支出为 9199 元/年,是农村家庭(3820 元/年)的 2.4 倍,城乡家庭负担较为接近。其中,城镇家庭校外支出占到 30.1%,远高于农村家庭(9.6%)。分地区来看,东部平均家庭教育支出水平最高(8068 元/年),而东北地区的支出水平虽然略低于东部地区(7436 元/年),但家庭教育支出的负担率高于东部地区,达到 12.3%。可以看出,东北地区家庭有更高比例的支出用在了校外教育支出上,达到了 32.8%,远高于东部地区。从城镇内部来看,初中阶段一线城市的教育支出远高于全国平均水平,达到 2.2 万元/年,是二线城市的 2 倍,二线以下城镇的 4 倍。其中,一、二线城市家庭在校外教育方面的花费占比分别达到44.5%和32.2%。

表2-7 2018—2019学年家庭初中阶段教育支出水平和结构

		家庭生均教育支出		家庭生均校外教育支出	
		均值 （元/年）	占家庭总 支出比例(%)	均值 （元/年）	占生均教育 支出比例(%)
全国		6103	8.0%	2608	18.4%
举办者	公办	4905	6.8%	2643	19.6%
	民办	14034	15.6%	2376	10.1%
城乡	农村	3820	7.9%	744	9.6%
	城镇	9199	8.1%	5137	30.1%
地区	东部	8068	7.4%	3947	20.4%
	东北部	7436	12.3%	3989	32.8%
	中部	5289	8.5%	1766	16.2%
	西部	4169	6.9%	1481	14.0%
城镇	一线城市	22003	9.7%	13914	44.5%
	二线城市	10658	10.1%	6524	32.2%
	其他城镇	5655	6.5%	2322	23.6%

根据图2-3,初中阶段家庭教育支出为0元的家庭占比8.9%,支出不到1000元的家庭占比为25.9%,支出在1000—5000元之间的家庭占比为35%,支出在5000—10000元的家庭占比为13.6%,而支出在1万元以上的家庭占比为16.6%。与小学阶段相比,小学阶段支出较低的家庭占比略低,而支出超过1万元的家庭占比略高。

从学费来看,91.4%的家庭学费支出为0元,仅4%的家庭学费支出在1万元以上。从校内服务型收费来看,54.2%的家庭没任何食宿等服务性费用,10.2%的家庭支付的费用在1000元以下,31.1%的家庭支付的费用在1000—5000元之间,只有少数家庭校内食宿等费用超过5000元。从校内代收费来看,29%的家庭没有支付任何代收费,62.6%的家庭支付的费用在1000元以下,只有少数家庭有超过1000元的代收费。从校内其他收费来看,66.4%的家庭没有支付包括课后服务在内的其他费用,28.5%的家庭支付的费用在1000元以下,同样也只有少数家庭有超过1000元的其他校内收费。

从校外教育支出来看,70.2%的家庭支出为0元,高于小学阶段。4%的家庭支付的校外教育费在1000元以下,12.9%的家庭支付的费用在1000—5000元之间,5.4%的家庭支付的费用在5000—10000元之间,而支付1万元以上的校外教育费的家庭占比为7.5%。总的来看,初中阶段家庭教育支出水平主要看校内的服务性收费、代收费和其他选择性收费的水平。除了校内收费之外,校外教育也是初中阶段家庭教育支出差异的重要来源。尽管只有29.8%的家庭有校外教育费,但其收费水平普遍在1000元以上。

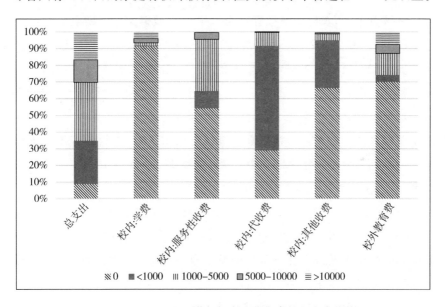

图 2-3 2018—2019 学年初中阶段家庭教育支出结构

注:服务性收费包括住宿费、伙食费、校车费等;代收费包括课本/作业班/教辅等费用、校服、体检、医保等费用;其他收费包括借读费/赞助费,校内课后托管班、课后补习班、兴趣班、社会实践活动等费用。

2.家庭教育支出负担

表2-8呈现的是初中阶段最低10%组、最高10%组和五分位组的家庭教育支出水平和结构。从全国水平来看,随着家庭支出水平的提高,家庭教育支出明显增加。最贫困(支出水平最低)10%组的家庭平均教育支出为2172元/年,最富裕(支出水平最高)10%组的家庭为25568元/年,是前者的12倍,差距远高于学前阶段,但低于小学阶段。平均来看,初中阶段的家庭教育负担为8%,高于小学阶段的4.3%。两组低收入家庭的负担超过10%,中高收入家庭负担均在6%-7.5%左右,且并没有随着收入和支出水平的提升有明显的变化趋势。同时,校外支出占教育支出的比例则随着收入和支出水平的提升迅速增加,最贫困10%组的家庭校外支出占比为4.6%,而最富裕10%组的家庭占比超过45%。

分城乡来看,农村家庭教育支出水平低于城镇家庭。随着家庭支出水平的提升,城乡家庭在子女教育支出上的差距逐渐拉大。最贫困10%组的城镇家庭教育支出是农村家庭的1.13倍,而最富裕10%组的城镇家庭教育支出是农村家庭的3.34倍。与小学阶段不同的是,中等偏低收入的城乡家庭之间差距并不大,高收入的城乡家庭之间差距较大。

从城乡内部来看:(1)在家庭教育的支出水平上,农村地区不同支出水平的家庭教育支出水平的差距大于小学阶段,最富裕10%组家庭比最贫困10%组家庭平均多支出7400元左右,是后者的4.6倍;而城镇地区最富裕10%组家庭比最贫困10%组家庭平均多支出3万元,是后者的13.4倍。可以看出,中上及以下支出水平的农村家庭教育支出水平非常接近;同样,中上及以下支出水平的城镇家庭教育支出水平差距不大,而高收入家庭教育支出水平迅速增加,远高于其他家庭。

(2)从家庭负担来看,初中阶段农村地区教育负担率远高于小学阶段,同时随着家庭的收入和支出水平的提高而迅速下降,从16.1%下降到4.1%;而城镇地区家庭教育负担率随着家庭收入和支出水平提升没有明显的变化趋势,在8%上下浮动。

(3)从校外教育支出占比来看,城乡家庭的校外支出占教育支出的比例随着收入和支出的提升均有所增加,其占比和趋势整体与小学阶段类似。农村地区,最富裕10%组的家庭校外教育支出占比为22.5%,是最贫困10%组的3倍(7.1%);而城镇地区,最富裕10%组的家庭校外教育支出占比为54.2%,是最贫困10%组的7倍(7.7%)。由此可见,初中阶段家庭教育支出的水平和支出负担均高于小学阶段,尤其是农村中低收入家庭,教育支出占家庭年消费总支出的比例超过10%。城镇地区由于校外教育资源较为丰富,家庭在校外教育的花费整体上高于农村地区,尤其是中高收入阶层家庭,家庭教育支出超过一半以上都投入在校外教育。这是造成城乡家庭在教育支出方面差距的主要原因。

表2-8 不同支出水平的家庭初中教育支出水平和结构

	全国			农村			城镇		
	家庭生均教育支出(元)	占家庭总支出比	校外支出占比	家庭生均教育支出(元)	占家庭总支出比	校外支出占比	家庭生均教育支出(元)	占家庭总支出比	校外支出占比
最低10%	2172	12.1%	4.6%	2090	16.1%	7.1%	2369	8.4%	7.7%
第1五分位	2598	10.5%	5.3%	2272	13.2%	4.3%	3001	8.3%	11.7%
第2五分位	3628	7.1%	13.3%	3074	8.2%	6.7%	4929	7.6%	22.7%
第3五分位	4892	6.4%	18.3%	3126	6.2%	9.3%	8611	9.4%	34.5%
第4五分位	8111	7.3%	30.6%	4180	5.9%	10.0%	8843	6.5%	40.0%
第5五分位	18399	6.7%	42.1%	7280	4.7%	19.4%	24727	8.2%	50.2%
最高10%	25568	7.5%	45.3%	9522	4.1%	22.5%	31843	8.3%	54.2%

根据表2-9,全国整体来看,支出水平最低的10%组和20%组家庭的

教育支出的相对水平均高于其家庭支出的相对水平,而中偏低的20%组(0.84)到最高的10%组(0.86)的教育支出的相对水平并没有太大的差异。分城乡来看,农村最低的10%和20%组家庭的教育支出的相对水平高于其家庭支出的相对水平,其家庭教育支出的相对水平是其支出水平的1.68和1.32倍。随着农村家庭支出水平的提高,农村家庭教育支出的相对水平下降,最高的10%组家庭的教育相对支出比为0.52。与农村地区不同,城镇家庭教育支出的相对水平并没有随着支出水平的提高而降低,一直保持在0.8—1.0之间。可见,城镇家庭的教育支出相对于消费支出的水平,一直维持在较高的投入水平。

表2-9 不同支出水平的家庭教育相对支出比

	全国	农村	城镇
最低10%	1.28	1.68	0.95
第1五分位	1.14	1.32	0.93
第2五分位	0.84	0.99	0.84
第3五分位	0.77	0.72	1.00
第4五分位	0.86	0.68	0.74
第5五分位	0.83	0.57	0.87
最高10%	0.86	0.52	0.84

三、高中阶段

(一)普通高中

1.家庭教育支出水平和结构

从表2-10可以看出,普通高中阶段,全国家庭教育支出平均为1.02万元/年,占家庭总支出的14.1%。其中,校外教育支出占教育支出的11.7%。分公办、民办来看,民办学校就读的孩子每年支出为1.81万元,是公办学校平均支出的2倍,教育负担率达到20.4%。分城乡来看,城镇家庭教育支出为1.23万元/年,是农村家庭(7771元/年)的1.6倍,但教育负担率要略低于农村家庭。其中,城镇家庭校外支出占到17.3%,远高于农村家庭(5.5%)。分地区来看,东北部平均家庭教育支出水平最高(1.18万元/年),家庭负担和校外教育占比也同样高于其他地区。东部地区(1.12万/年)略低于东北部地区,家庭负担更轻,校外支出占比更低。而西部地区支出最低(8242元/年),但仍是初中阶段的两倍。从城镇内部来看,普高阶段一线城市的教育支出远高于全国平均水平,达到2.13万元/年,是二线城市的1.5倍,二线以下城镇的2倍,差距小于义务教育阶段。其中,一、二线城市家庭在校外教育方面的花费占比分别达到30.5%和20.7%,远高于全国的平均水平。

表2-10 2018—2019学年家庭普高教育支出水平和结构

		家庭生均教育支出		家庭生均校外教育支出	
		均值(元/年)	占家庭总支出比例(%)	均值(元/年)	占生均教育支出比例(%)
全国		10156	14.1%	2678	11.7%
举办者	公办	8990	13.1%	2720	12.5%
	民办	18098	20.4%	2389	5.9%
城乡	农村	7771	15.2%	988	5.5%
	城镇	12347	13.0%	4230	17.3%
地区	东部	11160	12.5%	3600	12.0%
	东北部	11814	17.5%	3875	18.3%
	中部	10513	15.4%	1997	9.5%
	西部	8242	14.1%	1852	11.6%
城镇	一线城市	21335	10.3%	12855	30.5%
	二线城市	13529	17.5%	4887	20.7%
	其他城镇	10058	12.2%	2272	12.2%

根据图2-4,普通高中阶段家庭教育支出为0元的家庭占比4.3%,支出不到1000元的家庭占比为8.5%,支出在1000—5000元之间的家庭占

比为32.5%,支出在5000—10000元的家庭占比为22.2%,而支出在1万元以上的家庭占比为32.5%。与义务教育阶段相比,普高阶段支出较低的家庭占比低,而支出超过5000元的家庭占比超过一半。

从学费来看,27.6%的家庭学费支出为0元,接近60%的家庭支出在5000元以下,其中不足1000元的占比为15.9%,1000—5000元的占比为42.2%。与义务教育阶段相比,普高阶段的学费超过5000元和1万元的占比更高,分别为8.2%和6.1%。从校内服务性收费来看,42.8%的家庭没有任何食宿等服务性费用,13.9%的家庭支付的费用在1000元以下,21.1%的家庭支付的费用在1000—5000元之间,22.3%的家庭校内食宿等费用超过5000元。从校内代收费来看,29.4%的家庭没有支付任何代收费,52%的家庭支付的费用在1000元以下,18.7%的家庭超过1000元。从校内其他收费来看,58.2%的家庭没有支付包括课后服务在内的其他费用,34.3%的家庭支付的费用在1000元以下,同样也只有少数家庭有超过1000元的其他校内收费(7.4%)。

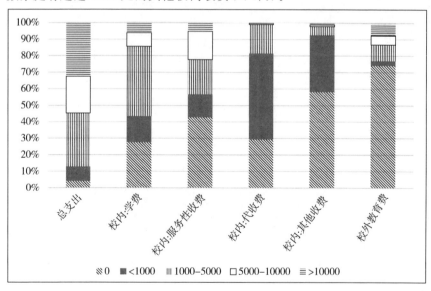

图2-4　2018—2019学年普高阶段家庭教育支出结构

从校外教育支出来看,74.1%的家庭支出为 0 元,高于小学阶段。2.6%的家庭支付的校外教育费在 1000 元以下,10%的家庭支付的费用在 1000—5000 元之间,5.4%的家庭支付的费用在 5000—1000 元之间,而支付 1 万元以上的校外教育费的家庭占比为 7.9%。总的来看,普高阶段家庭教育支出水平首先是受到学费高低的影响,其次是校内的服务性收费、代收费和其他选择性收费的水平。除了校内收费之外,部分家庭校外教育超过 5000 元乃至 1 万元,也是家庭教育支出差异的重要来源。

2. 家庭教育支出负担

表 2-11 呈现的是普通高中阶段最低的 10%组、最高的 10%组和五分位组的家庭教育支出水平和结构。首先,从全国水平来看,高中阶段家庭教育支出是初中阶段的 2 倍,小学阶段的 3 倍。随着家庭支出水平的提高,家庭教育支出明显增加,但各收入组之间的差距小于义务教育阶段。最贫困的(支出水平最低)10%组的家庭平均教育支出为 4213 元/年,远高于义务教育阶段最贫困家庭的教育支出(小学 998 元/年,初中 2172 元/年);最富裕的(支出水平最高)10%组的家庭为 24296 元/年,是最贫困的 10%组家庭平均教育支出的 6 倍,差距低于义务教育阶段(小学 16 倍,初中 12 倍)。其次,从家庭负担来看,普高阶段的平均家庭教育负担率为 14.1%,高于小学阶段的 4.3%和初中的 8%。除了平均水平较小学和初中阶段高之外,普高阶段家庭教育负担率随着收入和支出水平的提升迅速下降,从最低 10%组的 23.3%下降到最高 10%组的 8%,说明普高阶段的教育支出对收入较低的家庭来说压力明显高于中高收入的家庭。再次,从校外教育支出来看,校外支出占教育支出的比例随着收入和支出水平的提升迅速增加,最贫困的 10%组的家庭校外支出占比为 3.9%,而最富裕的 10%组的家庭占比达 32.8%,尽管低于小学和初中阶段相应家庭的校外支出占比。

分城乡来看:(1)在家庭教育的支出水平方面,高中阶段农村和城镇家庭教育支出均高于义务教育阶段。从城镇内部来看,不同收入水平的家庭之间高中教育支出的差异要略小于义务教育阶段;从农村内部来看,不同收入的家庭之间高中教育支出的差异与义务教育阶段类似。从最富裕的10%组家庭与最贫困的10%组家庭的比值来看,农村为3.1,城镇为5.4,均低于义务教育阶段(农村为5.4,城镇为14.8)。

(2)在家庭负担方面,普高阶段农村地区教育负担率远高于义务教育阶段,同时随着家庭收入和支出水平的提高而迅速下降,从30.7%下降到7.1%;而城镇地区家庭教育负担率随着家庭收入和支出水平提升也趋于下降,但下降趋势没有农村地区显著,从19%下降到7.5%。

(3)在校外教育支出占比上,城乡家庭的校外支出占教育支出的比例随着收入和支出的提升均有所增加,但整体上低于义务教育阶段,尤其是中低收入家庭组,占比显著低于义务教育阶段。农村地区,最富裕10%组的家庭校外教育支出占比为12.9%,而最贫困10%组的占比为1.1%;城镇地区,最富裕10%组家庭校外教育支出占比为37.6%,而最贫困10%组占比为7%。

表 2-11 不同收入水平的家庭普通高中教育支出水平和结构

	全国			农村			城镇		
	家庭生均教育支出(元)	占家庭总支出比	校外支出占比	家庭生均教育支出(元)	占家庭总支出比	校外支出占比	家庭生均教育支出(元)	占家庭总支出比	校外支出占比
最低10%	4213	23.3%	3.9%	4404	30.7%	1.1%	4686	19.0%	7.0%
第1五分位	5279	20.8%	4.3%	4249	24.3%	3.4%	5785	17.0%	7.0%
第2五分位	6416	13.8%	5.3%	6666	18.7%	4.3%	8976	13.8%	10.2%
第3五分位	10717	14.9%	10.0%	6187	12.9%	4.0%	12201	13.7%	15.9%

续表

	全国			农村			城镇		
	家庭生均教育支出（元）	占家庭总支出比	校外支出占比	家庭生均教育支出（元）	占家庭总支出比	校外支出占比	家庭生均教育支出（元）	占家庭总支出比	校外支出占比
第4五分位	11512	10.5%	15.2%	9982	15.1%	7.1%	13112	10.0%	20.1%
第5五分位	20311	8.9%	29.6%	11502	7.9%	8.8%	23758	9.5%	36.9%
最高10%	24296	8.0%	32.8%	13716	7.1%	12.9%	25498	7.5%	37.6%

根据表2-12，全国整体来看，最贫困的10%组和20%组家庭教育支出的相对水平均高于其家庭支出的相对水平，教育相对支出比分别为1.43和1.39。而中偏高20%组和最高20%组家庭的教育相对支出比较低，分别为0.77和0.59。分别从农村和城镇内部来看，农村和城镇最低20%和中低20%组家庭教育支出的相对水平高于其家庭支出的相对水平。随着家庭支出水平的提高，家庭教育相对支出比下降，农村和城镇最高20%组家庭的教育相对支出比分别为0.41和0.73。整体上，普高作为非义务教育阶段，各组家庭的教育相对支出比的趋势更加接近于学前教育阶段。

表2-12 不同支出水平的家庭教育相对支出比

	全国	农村	城镇
最低10%	1.43	1.59	1.46
第1五分位	1.39	1.17	1.31
第2五分位	0.95	1.15	1.18
第3五分位	1.10	0.71	1.16

续表

	全国	农村	城镇
第4五分位	0.77	0.88	0.83
第5五分位	0.59	0.41	0.73
最高10%	0.55	0.36	0.58

(二)中等职业学校

1. 家庭教育支出水平和结构

从表2-13可以看出,中职阶段,全国家庭教育支出平均为6873元/年,占家庭总支出的14.8%。其中,校外教育支出占教育支出的2.6%。分公办、民办来看,民办学校就读的学生每年支出为1.05万元,是公办学校平均支出的2倍,教育负担达到20.6%。分城乡来看,城镇家庭教育支出为6038元/年,反而低于农村家庭(7517元/年)。分地区来看,东北部平均家庭教育支出水平最高(7636元/年),家庭负担和校外教育占比也同样高于其他地区(21.8%)。而东部和中部地区支出水平非常接近,分别为7161元/年和7109元/年。从城镇内部来看,一线城市进入中职的学生较少,家庭教育支出水平为1万元/年,二线城市为7083元/年,而二线以下城镇为5586元/年。整体来说,中职阶段家庭教育支出水平低于普通高中,但中职家庭教育负担率与普高家庭较为接近。

表2-13　2018—2019学年家庭中职阶段教育支出水平和结构

		家庭生均教育支出均值（元/年）	占家庭总支出比例（%）
全国		6873	14.8%
举办者	公办	5703	12.9%
	民办	10496	20.6%
城乡	农村	7517	18.5%
	城镇	6038	10.0%

续表

		家庭生均教育支出均值（元/年）	占家庭总支出比例（%）
地区	东部	7161	15.5%
	东北部	7636	21.8%
	中部	7109	13.0%
	西部	5910	14.4%
城镇	一线城市	10019	6.0%
	二线城市	7083	13.0%
	其他城镇	5586	11.1%

根据图 2-5,中职阶段家庭教育支出为 0 元的家庭占比为 9.7%,支出不到 1000 元的家庭占比为 15.3%,支出在 1000—5000 元之间的家庭占比为 31.7%,支出在 5000—10000 元的家庭占比为 22.6%,而支出在 1 万元以上的家庭占比为 20.8%。

与普高阶段相比,中职阶段由于免学费的政策,学费为 0 元的占比较高。41.7%的家庭学费支出为 0 元,40%的家庭支出在 5000 元以下,其中不足 1000 元的占比为 11.5%,1000—5000 元的家庭占比为 29.1%。从校内服务性收费来看,38.6%的家庭没任何食宿等服务性费用,17.2%的家庭支付的费用在 1000 元以下,24.5%的家庭支付的费用在 1000—5000 元之间,19.6%的家庭校内食宿等费用超过 5000 元。从校内代收费来看,45.8%的家庭没有支付任何代收费,47.9%的家庭支付的费用在 1000 元以下,6.3%的家庭超过 1000 元。从校内其他收费来看,75.8%的家庭没有支付包括课后服务在内的其他费用,22.1%的家庭支付的费用在 1000 元以下,同样也只有少数家庭有超过 1000 元的其他校内收费(2.2%)。

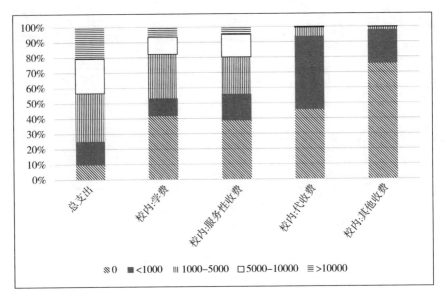

图 2-5　2018—2019 学年中职阶段家庭教育支出结构

2.家庭教育支出负担

表 2-14 呈现的是中职阶段最低的 10％组、最高的 10％组和五分位组的家庭教育支出水平和结构。首先,从全国水平来看,中职阶段家庭教育支出平均为 6873 元/年,接近初中的平均水平,低于普高的支出水平(1.02 万元/年)(见表 2-13)。随着家庭支出水平的提高,家庭教育支出略有增加,但是趋势并不明显。另一方面,教育支出占家庭总支出的比例则迅速下降。最贫困的(支出水平最低)10％组的家庭平均教育支出为 6143 元/年,教育负担率为 32.8％;最富裕的(支出水平最高)10％组的家庭平均教育支出为 8748 元/年,教育负担率为 2.9％。其次,中职阶段的校外支出占教育支出的比例平均为 2.6％,城乡各收入组基本上低于5％,尤其是农村中低收入家庭,几乎没有校外教育支出。

分城乡来看:(1)在家庭教育的支出水平上,中职阶段农村和城镇家庭教育平均支出分别为 7517 元/年和 6038 元/年,均低于普高阶段(农村7771 元/年,城镇 1.23 万元/年)(见表 2-13)。从农村和城镇内部来看,不同收入水平的家庭之间教育支出的差异小于普高。从最富裕的10%组家庭与最贫困的10%组家庭的比值来看,农村为1.4,城镇为1.6,均低于普高(农村为3.1,城镇为5.4)。

(2)在家庭负担方面,中职阶段农村地区教育负担略高于高中教育阶段,同时随着家庭收入和支出水平的提高而迅速下降,从37.8%下降到7.2%;城镇地区家庭教育负担随着家庭收入和支出水平的提升也趋于下降,但下降趋势没有农村地区显著,从19.8%下降到1.7%。

表2-14 不同收入水平的家庭中职教育支出水平和结构

	全国		农村		城镇	
	家庭生均教育支出（元）	占家庭总支出比	家庭生均教育支出（元）	占家庭总支出比	家庭生均教育支出（元）	占家庭总支出比
最低10%	6143	32.8%	6545	37.8%	3869	19.8%
第1五分位	6580	27.1%	6172	31.2%	4036	14.7%
第2五分位	5473	11.3%	8094	25.7%	5914	9.4%
第3五分位	6124	8.8%	6203	12.5%	6755	8.5%
第4五分位	9799	9.2%	6438	10.0%	7030	5.8%
第5五分位	8768	4.1%	10945	8.7%	10238	4.4%
最高10%	8748	2.9%	9303	7.2%	6001	1.7%

根据表2-15,就全国整体来看,支出水平最低的两组家庭教育支出的相对水平高于其家庭支出的相对水平,尤其是最低10%家庭,其家庭教育支出的相对水平是其支出相对水平的3.38倍。而支出水平最高10%

组家庭的教育相对支出比是0.32,远低于其家庭消费支出在全国所处的水平。分城乡来看,农村和城镇家庭的教育相对支出比均随着支出水平的提高而降低,最低10%组家庭的教育相对支出比分别为2.36和2.54,而最高10%组家庭分别为0.35和0.32。

表2-15 不同支出水平的家庭教育相对支出比

	全国	农村	城镇
最低10%	3.38	2.36	2.54
第1五分位	2.67	1.87	1.91
第2五分位	1.22	1.46	1.64
第3五分位	0.89	0.76	1.22
第4五分位	0.95	0.54	0.88
第5五分位	0.42	0.51	0.70
最高10%	0.32	0.35	0.32

四、大学阶段

(一)家庭教育支出水平和结构

如表2-16所示,大学及以上阶段,全国家庭教育支出平均为2.24万元/年,占家庭总支出的31.6%。分公办、民办来看,民办学校就读的学生每年支出为2.68万元,平均高于公办学校家庭5300元左右,教育负担率为36.2%。分城乡来看,城镇家庭教育支出为2.39万元/年,平均高于农村家庭3500元左右,但教育负担率要低于农村家庭。分地区来看,东北部平均家庭教育支出水平最高(2.56万元/年),家庭负担率也同样高于其他地区。东部地区(2.44万元/年)略低于东北部地区,家庭负担率更低(30%)。中西部地区较为接近,分别为2万元/年。从城镇内部来看,一线城市的教育支出为2.6万元/年,仅略高于二线城市和其他城镇家庭。从负担率来看,一线城市最低,为20.9%,二线城市次之,二线以下城镇最高,接近于全国平均水平。整体来看,尽管大学阶段家庭教育支出水平和负担率高于学前和基础教育阶段,但公/民办学校、城乡家庭、不同地区的家庭之间的支出差异非常小。

表 2-16 2018—2019 学年家庭大学阶段教育支出水平和结构

		家庭生均教育支出均值（元/年）	占家庭总支出比例（%）
全国		22370	31.6%
举办者	公办	21494	30.7%
	民办	26795	36.2%
城乡	农村	20397	35.9%
	城镇	23918	28.3%
地区	东部	24415	30.0%
	东北部	25600	39.6%
	中部	20732	31.8%
	西部	20404	31.1%
城镇	一线城市	26307	20.9%
	二线城市	23735	28.5%
	其他城镇	23269	30.7%

注:大学阶段的家庭生均教育支出为家庭一年为上大学的子女支付的学费、住宿费、生活费等上大学的费用。

根据图 2-6,大学阶段的学费和住宿支出两个部分的支出在 1 万元以上的占比为 31.3%,支出在 5000—10000 元的占比为 52.8%,支出在 1000—5000 元之间的占比为 13.8%,支出在 1000 元以下的占比极低。从大学学费来看,有 44.3% 的家庭学费支出为 5000—10000 元,而 1 万元以上和 5000 元以下的分别占 25.3% 和 30.5%。从大学的住宿费来看,住宿费的支出主要在 5000 元以下,1000—5000 元的占比为 33.6%,1000 元以下的占比为 29.9%,另有 34.2% 没有住宿费的支出。与其他非义务教育阶段相比,大学阶段的学费较高,但差异并不太大,有大量的学校收费在 5000—10000 元之间。

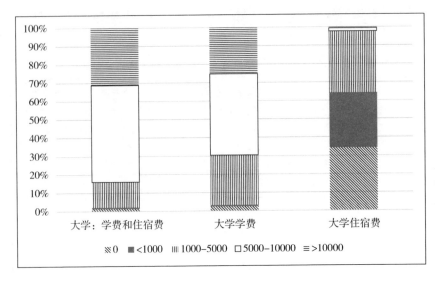

图 2-6　2018—2019 学年大学费用支出结构

表 2-17 根据大学的类型分别估计了各组家庭的教育支出水平、生均教育支出和占家庭总支出的比例。从家庭教育支出水平来看,公办、民办高校的家庭教育支出水平没有太大的差异,民办学校学生的家庭略高于公办学校。从家庭总支出来看,C9 高校的学生家庭是非 C9 高校学生家庭的 2.4 倍,985 高校学生家庭是非 985 高校的 1.2 倍,一流大学建设高校与 985 高校类似。从生均教育支出来看,C9 高校的家庭高于其他学校,但整体上精英高校与一般高校学生的家庭生均教育支出差异不大。主要的差异体现在家庭负担上。由于精英高校学生的平均家庭经济水平高于一般高校学生家庭,在生均教育支出差异不大的情况下,精英高校学生的家庭负担较轻。C9 高校的负担率为 19%,而非 C9 高校为 31.7%;985 高校的负担率为 24.1%,而非 985 高校为 31.8%;一流大学建设高校的负担率为 22.9%,而非一流大学建设高校为 31.9%。

表 2-17 不同类型高校在校生家庭教育支出水平

	家庭总支出（元/年）	家庭生均教育支出（元/年）	占家庭总支出比例（%）
民办高校	106752	26795	36.2
公办高校	102436	21494	30.7
C9 高校	242783	37840	19.0
非 C9 高校	102219	22302	31.7
985 高校	125595	22513	24.1
非 985 高校	102150	22366	31.8
一流大学建设高校	126146	21479	22.9
非一流大学建设高校	101989	22402	31.9
一流学科建设高校	111371	23413	29.4
非一流学科建设高校	102530	22305	31.7

注：C9 高校包括北京大学、清华大学、复旦大学、浙江大学、哈尔滨工业大学、上海交通大学、南京大学、中国科技大学、西安交通大学。

表 2-18 为不同类型高校学费和住宿费水平。不同类型大学的住宿费差异不大，平均一年约在 1200－1800 元之间。而不同类型大学的学费差异则较大，并且出现了与学校质量倒挂的趋势。C9 高校的学费平均为 7080 元，而非 C9 高校的学费为 9904 元；985 高校的学费平均为 6406 元，非 985 高校的学费为 10004 元；一流大学建设高校的学费平均为 6411 元，而非一流大学建设高校的学费为 10021 元；一流学科建设高校的学费平均为 8307 元，而非一流学科建设高校为 9990 元。此外，非精英型大学学费和住宿费占比接近公办高校的平均值，约为 53%。精英型高校则低于 50%，尤其是 C9 高校，学费和住宿费占家庭一年大学费用支出的 28.9%。

表 2-18 不同类型高校学费和住宿费水平

	大学学费（元/年）	大学住宿费（元/年）	学费、住宿费占家庭教育支出的比例(%)
民办高校	15530	1521	63.1%
公办高校	8756	1588	50.7%
C9高校	7080	1657	28.9%
非C9高校	9904	1575	52.9%
985高校	6406	1231	49.1%
非985高校	10004	1587	52.9%
一流大学建设高校	6411	1183	48.0%
非一流大学建设高校	10021	1589	53.0%
一流学科建设高校	8307	1818	42.9%
非一流学科建设高校	9990	1561	53.4%

（二）家庭教育支出负担

表 2-19 呈现的是大学阶段最低 10% 组、最高 10% 组和五分位组的家庭教育支出和负担水平。首先，从全国水平来看，最贫困（支出水平最低）10% 组的家庭平均教育支出为 1.26 万元/年，最富裕（支出水平最高）10% 组的家庭为 3.6 万元/年，是最贫困 10% 组的 2.9 倍，差距远低于基础教育阶段（小学 16 倍，初中 12 倍，高中 6 倍）。其次，从家庭负担来看，大学阶段的平均家庭教育负担率为 31.6%，高于基础教育阶段的 7.5%，尤其是低收入组负担超过 50%。家庭教育负担率随着收入和支出水平的提升迅速下降，从最低 10% 组的 61.5% 下降到最高 10% 组的 12.2%，说明大学阶段的教育支出对收入较低的家庭来说压力较大。

分城乡来看：(1) 在家庭教育的支出水平方面，随着家庭支出水平的提高，家庭的大学教育支出水平也相应提高，但城乡各个收入水平的家庭之间的差异小于学前和基础教育阶段。从最富裕 10% 组家庭与最贫困 10% 组家庭的比值来看，农村为 2.2，城镇为 3，均低于基础教育阶段（农村为 4.3，城镇为 10.8）。此外，农村和城镇家庭在大学阶段的支出水平差异也小于其他学段,城镇家庭支出与农村家庭支出的比值维持在1.2—1.3之间。

(2)在家庭负担方面,大学阶段农村地区教育负担率平均为35.9%,城镇地区平均为28.3%,远高于学前和基础教育阶段。随着家庭收入和支出水平的提高,农村和城镇家庭负担率分别从69%和50.2%下降到14.7%和12.2%。可见,从支出的绝对水平上来看,我国大学阶段的家庭教育支出的城乡之间和不同收入水平家庭之间的差异小于学前和基础教育阶段。而从家庭的负担率来看,大学阶段的家庭教育支出负担率存在较大的差异,尤其是城乡的低收入家庭,大学教育支出占家庭总支出的比例接近或超过了50%。

表2-19 不同收入水平的家庭大学教育支出水平和结构

	全国		农村		城镇	
	家庭生均教育支出(元)	占家庭总支出比	家庭生均教育支出(元)	占家庭总支出比	家庭生均教育支出(元)	占家庭总支出比
最低10%	12607	61.5%	11202	69.0%	13409	50.2%
第1五分位	13900	51.7%	12824	59.6%	16403	45.7%
第2五分位	19172	39.5%	15647	47.7%	20941	37.1%
第3五分位	22521	33.4%	19206	37.9%	23005	28.1%
第4五分位	23895	23.0%	22050	33.0%	25295	20.7%
第5五分位	30787	14.7%	25274	21.1%	32699	12.9%
最高10%	35959	12.2%	24982	14.7%	40535	12.2%

根据表2-20,就全国整体来看,家庭支出水平为中等、中等偏低和中

低组家庭的教育支出的相对水平高于其家庭支出的相对水平,尤其是最低10%家庭,其家庭教育支出的相对水平是其支出相对水平的1.97倍。而支出水平最高10%组家庭的教育相对支出比是0.39,远低于其家庭消费支出在全国所处的水平。分城乡来看,农村和城镇家庭的教育相对支出比均随着支出水平提高而降低。其中,家庭支出水平最低10%组家庭的教育相对支出比分别为1.57和1.98,而最高10%组家庭分别为0.28和0.52。

表2-20 不同支出水平的家庭教育相对支出比

	全国	农村	城镇
最低10%	1.97	1.57	1.98
第1五分位	1.61	1.28	1.86
第2五分位	1.28	1.04	1.59
第3五分位	1.07	0.86	1.16
第4五分位	0.73	0.72	0.88
第5五分位	0.44	0.40	0.54
最高10%	0.39	0.28	0.52

五、本章小结

1. 家庭教育支出水平

2018—2019学年,学前教育到高等教育阶段全国家庭教育支出平均为11297元,其中农村家庭平均教育支出为8205元,城镇为1.42万元。家庭在每一个孩子身上平均花费8139元,其中农村为5482元,城镇为1.1万元,是农村家庭的2倍。分学段来看,学前教育阶段全国平均为7402元,高于小学(4014元)和初中(6103元)的平均支出。高中阶段,普通高中全国平均为10156元,中职阶段为6873元。高等教育阶段全国平均为22370元。

对城乡差异的进一步分析显示,各学段城乡家庭教育支出差异最大的是小学阶段,全国平均为 4014 元(农村为 1905 元,城镇为 6578 元)。其次是学前教育和初中阶段,学前教育阶段全国平均为 7402 元(农村为 4195 元,城镇为 1.05 万元),初中阶段全国平均为 6103 元(农村为 3820 元,城镇为 9199 元)。高中阶段差异逐渐缩小,普通高中全国平均为 1.02 万元(农村为 7771 元,城镇为 1.23 万元),中职甚至还出现了城乡倒挂,农村为 7517 元,城镇为 6038 元。而大学阶段城乡家庭教育支出差异甚至要小于高中阶段,全国平均为 2.24 万元,其中农村为 2.04 万元,城镇为 2.39 万元。

除城乡差异之外,学前教育和基础教育阶段的家庭教育支出在不同地区和城镇内部也存在差异。以小学生均家庭教育支出为例,东北部和东部地区生均家庭教育支出水平最高,小学阶段平均达到 5603 元和 5524 元,而中西部小学阶段平均为 3414 元和 2211 元。在城镇内部来看,一线城市小学阶段平均水平达到 1.64 万元,是二线城市的 2.3 倍,三线及以下城镇的 4.4 倍。学前教育和初高中阶段的地区和城镇内部差异与小学阶段类似。

与学前教育和基础教育阶段不同,高等教育阶段生均家庭教育支出水平的地区和城镇内部差异不大,均在 2 万—2.5 万元之间。其中,东北部和东部地区分别为 2.56 万元和 2.44 万元,中西部地区分别为 2.07 万元和 2.04 万元;一线城市为 2.63 万元,二线和其他城镇分别为 2.37 万元和 2.32 万元。一方面,高等教育阶段的家庭教育支出水平在城乡和地区之间并没有拉开较大差距。另一方面,由于不同地区的家庭收入和消费水平存在较大差异,高等教育支出的家庭负担率的城乡和地区差异实际上高于其他教育阶段。

2.家庭校内外教育支出结构

家庭教育支出不仅受到子女所在学段的入学机会、学费和校内收费定价的影响,也受到校外培训需求和定价的影响。我们将家庭教育支出按照 0 元、0—1000 元、1000—5000 元、5000—10000 元、10000 元以上分为五组,分别来看校内外几项支出的结构。

从校内学费来看,幼儿园、小学、初中、普高、中职学费为 0 元的占比分别为 4.6%、95.3%、91.4%、27.6% 和 41.7%。非义务教育阶段学校学费在 5000－1000 元之间的占比最高,幼儿园、普高和中职分别为 42.9%、42.2% 和 29.1%。学费超过 5000 元的家庭中,学前教育阶段占比高于其他学段,占比达到 44.4%。而收费在 1000 元以下的幼儿园占比低于其他非义务教育阶段学校,仅为 6.8%。高中阶段既有学费在 1000 元以下的低收费学校,其中普高和中职分别占 15.9% 和 11.5%,也有收费在 5000 元和 1 万元以上的学校,其中普高和中职分别占 14.3% 和 17.7%。

从校外教育费用来看,幼儿园、小学、初中、普高没有支出的家庭的占比分别为 80.2%、65%、70.2% 和 74.1%。

对中小学阶段校外教育支出占比的分析显示,中小学家庭校外教育支出在家庭教育支出中所占比例较高,平均占家庭生均教育支出的五分之一左右。分学段来看,小学阶段校外支出占教育支出的比例为 26.2%,初中阶段为 18.4%,普高阶段为 11.7%。分城乡来看,小学阶段农村地区校外支出占比为 13.5%,而城镇地区校外支出占比达 41.2%。初中阶段农村地区校外支出占比为 9.6%,而城镇地区校外支出占比达 30.1%。普通高中阶段农村地区校外支出占比为 5.5%,而城镇地区校外支出占比达 17.3%。

3. 家庭教育负担

家庭教育支出不仅受到子女所在学段的入学机会、学费和校内收费定价以及校外培训需求和定价的影响,也受到城乡、地区社会经济发展水平和家庭社会经济背景的影响。本章采用两个指标来衡量家庭教育的负担:一是负担率,二是家庭教育相对支出比。

从负担率来看,全国家庭教育支出负担率为 14.9%,农村为 15.8%,城镇为 14.1%。分学段来看,学前教育阶段生均家庭教育负担率为 8.9%,农村为 8.5%,城镇为 9.4%。小学阶段生均家庭教育负担率为 4.3%,农村为 3.7%,城镇为 5.1%。初中阶段生均家庭教育负担率为 8%,农村为

7.9%,城镇为8.1%。高中阶段,普通高中生均家庭教育负担率为14.1%,农村15.2%,城镇为13%;中职生均家庭教育负担率为14.8%,农村为18.5%,城镇为10%。大学阶段生均家庭教育负担率为31.6%,农村为35.9%,城镇为28.3%。总的来看,各学段家庭教育负担率最低的是义务教育阶段,其次是学前教育阶段。非义务教育的高中学段,家庭负担上升。到大学阶段,家庭教育负担超过了30%,尤其是农村家庭,每一个大学在校生的教育支出占全家总支出的35%。

从家庭教育相对支出比来看,根据第一章对全国家庭教育相对支出比的估计,支出水平最低10%家庭的教育相对支出比为1.98。随着支出水平的提高,教育相对支出比下降,最高10%家庭的教育支出是其相对消费水平的55%。整体上来看,中国大部分中等收入及以下家庭将家庭支出更多的部分用于子女教育。分学段来看,义务教育阶段各组家庭的教育相对支出比差异较非义务教育阶段小,城镇家庭呈现出与其他学段相反的趋势,随着支出水平的提高,教育相对支出比有所上升。小学阶段教育相对支出比最高的是60%-80%组家庭,初中阶段最高的是40%-60%组家庭。学前教育阶段,农村和城镇家庭教育相对支出比均随着支出水平提高而下降,最低20%组家庭的教育相对支出比为1.28和1.06,最高20%组家庭则是0.33和0.11。普通高中阶段与学前教育阶段类似,随着支出水平的提高,农村和城镇家庭的教育相对支出比均呈现下降的趋势,城镇低收入家庭面临的压力接近农村的低收入家庭。与普高阶段不同的是,中职阶段最低20%组家庭面临着更大的压力,农村和城镇家庭的教育相对支出比分别为2.36和2.54。大学阶段,随着支出水平的提高,家庭教育相对支出比同样呈下降趋势,家庭组之间差异更大,城镇家庭略高于农村。

4.各学段家庭教育支出的特征

从整体上看,义务教育阶段的小学和初中家庭支出更加偏向于中低支出水平,尤其是小学阶段,有很高比例的家庭教育支出在1000元以下。相对于小学,初中阶段家庭教育支出在1000元以下的占比变少,1000-

5000元以及1万元以上两个区间的家庭占比较高。这说明在义务教育初中阶段,家庭教育支出已经开始产生比较明显的分化。非义务教育阶段中,学前和高中家庭教育支出呈现出中低支出水平和高支出水平占比较高,低支出水平和中高支出水平占比较低的两极化特征。高等教育阶段,家庭教育支出在5000—10000元之间的占比远高于1万元以上的占比。相对来看,我国大学阶段家庭教育支出水平尽管高于其他学段,但差距不大(见图2-7)。

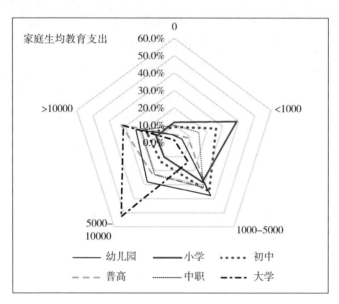

图2-7 2018—2019学年各学段家庭生均教育支出分布

综上,本章总结各学段家庭教育支出的特征如下。

(1)学前教育阶段家庭教育支出有两个特征:一是由于学前教育属于非义务教育阶段,家庭教育支出普遍高于义务教育阶段同等支出水平;二是低收入家庭学前教育负担较重,尤其是在农村地区。农村的学前教育资源相对低价、单一,城镇的学前教育资源相对多元,既有低收费园,也有中高收费园,同时校外的教育资源也相对丰富。城乡幼儿园供给和早教市场供给的差异,使得农村不同支出水平的家庭之间在学前教育上的支出水平差距较小,而城镇地区不同支出水平的家庭之间则根据其收入和支出水平选择了不同收费的幼儿园以及校外早教服务。

(2)义务教育阶段家庭教育支出有两个特征:一是家庭教育负担普遍较低,城乡差异小;二是农村内部不同支出水平家庭之间的支出水平差异小,而城镇内部不同家庭之间的支出水平差异大。城镇地区由于校外教育资源较为丰富,家庭在校外教育上的花费整体上高于农村地区,尤其是中高收入阶层家庭,家庭教育支出超过一半以上都投入在校外教育。这是造成城乡家庭和不同支出水平的家庭在教育支出方面差距的主要原因。此外,尽管小学和初中是免费义务教育,但高收入家庭,尤其是城镇地区的高收入家庭,不仅选择大量投入校外教育,而且选择高收费的小学或初中学校。最富裕的10%家庭,小学和初中阶段的生均教育支出分别达到2万元和3.2万元。

(3)高中阶段家庭教育支出具有非义务教育阶段的特征:一是农村和城镇家庭教育支出均高于义务教育阶段;二是低收入家庭负担较重,尤其是农村地区达到了30%左右;三是普高阶段家庭在校内和校外的教育支出均随着家庭收入和支出水平的提高而逐渐增加,没有出现义务教育阶段高收入家庭与其他群体两极分化的趋势。

(4)大学阶段家庭教育支出具有非义务教育阶段的特征:家庭教育支出水平高,低收入家庭负担较重。由于高等教育收费受到了较为统一的管制,城乡之间和地区之间并没有拉开较大差距。但由于不同地区的家庭收入和支出水平存在差异,高等教育支出的家庭负担率的城乡和地区差异实际上高于其他教育阶段。此外,我国高等教育系统具有明显的分层特征,C9高校、985高校和一流大学建设高校中家庭背景较好的学生占比超出其在人群中的比例,因此尽管这几类学校在校生的家庭教育支出更高,但学生的家庭教育负担低于其他高校的学生。

第二编
义务教育阶段

第三章 2017—2019年义务教育阶段家庭教育支出变化

本章根据2017年和2019年两轮CIEFR-HS调查采集的家庭教育支出数据,对2017—2019年义务教育阶段学生家庭,尤其是贫困地区和低收入家庭的子女教育支出水平、支出结构以及支出负担的变化情况进行描述和分析。

一、2017—2019年义务教育阶段家庭教育支出水平

1.2019年生均家庭教育支出较2017年有所下降

2019年农村小学生生均家庭教育支出为1905元,城镇为6579元,较2017年分别下降了27.4%和23.6%。农村初中生生均家庭教育支出为3821元,城镇为9199元,较2017年分别下降了12.9%和16.5%(见表3-1)。

表3-1 小学和初中学生生均家庭教育支出水平

(单位:元/学年)

2016—2017学年	小学			初中		
	全国平均	农村	城镇	全国平均	农村	城镇
生均家庭教育支出(全部家庭)	6562	2625	8609	8995	4387	11021
校内教育支出(有支出的家庭)	3999	2214	4928	6170	3931	7154
校外教育支出(有支出的家庭)	5456	1724	6246	5951	1729	6762

(单位:元/学年) 续表

2016—2017学年	小学			初中		
	全国平均	农村	城镇	全国平均	农村	城镇
教育支出占总支出比(%)	10.1	7.1	11.6	14.9	13.2	15.7

2018—2019学年	小学			初中		
	全国平均	农村	城镇	全国平均	农村	城镇
生均家庭教育支出（全部家庭）	4014	1905	6579	6103	3821	9199
校内教育支出（有支出的家庭）	1679	1423	1990	3430	3078	3907
校外教育支出（有支出的家庭）	6731	2449	8798	9145	3960	12312
教育支出占总支出比(%)	4.3	3.7	5.1	8.0	7.9	8.1

注:正文中2017年指的是表中的2016—2017学年,2019年指的是2018—2019学年。下同,不再另注。

2019年集中连片特困地区的农村小学生生均家庭教育支出为1009元,初中为2837元,较2017年分别下降了51.3%和30.4%。国家级扶贫开发工作重点县(国贫县)农村地区小学阶段支出为1270元,初中为2834元,较2017年分别下降了42.2%和30.1%(见表3-2)。

表3-2 贫困地区小学和初中学生生均家庭教育支出水平

(单位:元/学年)

2016—2017学年	小学		初中	
	连片特困地区农村	国贫县农村	连片特困地区农村	国贫县农村
生均家庭教育支出（全部家庭）	2071	2196	4076	4056

第三章 2017—2019年义务教育阶段家庭教育支出变化

（单位:元/学年） 续表

2016—2017学年	小学		初中	
	连片特困地区农村	国贫县农村	连片特困地区农村	国贫县农村
校内教育支出（有支出的家庭）	1849	1940	3905	3839
校外教育支出（有支出的家庭）	1087	1296	879	1048
教育支出占总支出比（%）	6.1	6.4	13.3	13.3
2018—2019学年	小学		初中	
	连片特困地区农村	国贫县农村	连片特困地区农村	国贫县农村
生均家庭教育支出（全部家庭）	1009	1270	2837	2834
校内教育支出（有支出的家庭）	816	1058	2556	2570
校外教育支出（有支出的家庭）	1386	1502	2907	2145
教育支出占总支出比（%）	2.3	2.8	6.7	6.3

2.2019年生均教育支出在1000元以下的家庭占比增加

将家庭教育总支出按照0元、0—1000元、1000—5000元、5000—10000元、10000元以上分为五组,计算每组家庭占比。2017年农村和城镇地区义务教育阶段生均家庭教育支出为0的家庭占比分别为3.5%和2.4%,到2019年增加到12.5%和9.5%,是2017年的1.5—2倍。2017年农村和城镇地区支出不到1000元的家庭占比分别为35.7%和19.7%,到

2019年增加到43.4%和28.4%,较2017年增加了21.6%和44.2%。同时,那些家庭生均教育总支出超过1万元的家庭占比下降,2017年农村和城镇分别为8%和29.5%,2019年分别下降到4.1%和19.1%。将家庭子女教育支出细分为校内的学费、服务性收费、代收费和其他收费以及校外教育费,可以看出2019年农村和城镇地区校内交纳费用为0的家庭大幅增加。同时,校外教育费用为0的家庭占比也从2017年的76.7%和46.9%增加到2019年的82.7%和55.6%(见图3-1和图3-2)。

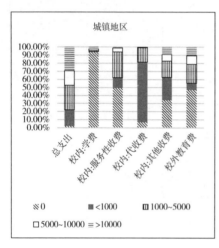
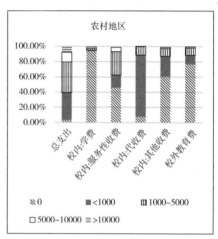

图3-1 2016—2017学年小学和初中学生家庭教育支出水平的分布

2019年义务教育阶段家庭教育支出较2017年有所下降的原因主要有两点:一是校内各项收费减少和费用下降,二是校外培训参与率明显下降。下文分别从家庭校内支出和校外支出进行具体分析。

二、家庭校内支出

自2005年国家推进义务教育财政体制改革以来,义务教育投入水平大幅提升,公共教育财政投入不断增长。以促进公平为主导性政策目标,中央与省级政府加大了对农村地区、贫困地区和低收入群体较为聚集的学校的投入,通过实施义务教育免费、中职免费、"两免一补"等一系列政

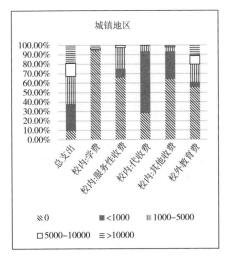 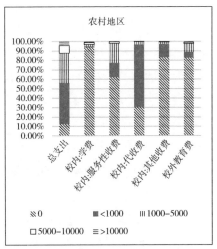

图 3-2　2018—2019 学年小学和初中学生家庭教育支出水平的分布

注：服务性收费包括住宿费、伙食费、校车费等；代收费包括课本/作业班/教辅等费用，校服、体检、医保等费用；其他收费包括借读费/赞助费、校内课后托管班、课后补习班、兴趣班、社会实践活动等费用。

策措施，不断完善学生资助体系，扩大资助覆盖面，增加资助额度，在一定程度上减轻了低收入家庭的教育支出负担。就义务教育学段来看，2006年全部免除农村义务教育阶段学生学杂费，对贫困家庭学生免费提供教科书，补助寄宿生生活费。2008年实现城市免费义务教育，对享受城市居民最低生活保障政策家庭的义务教育阶段学生，继续免费提供教科书，并对家庭经济困难的寄宿学生补助生活费；对于在接受政府委托承担义务教育任务的民办学校就读的学生，按照当地公办学校免除学杂费标准给予补助。2015年11月国务院发布《关于进一步完善城乡义务教育经费保障机制的通知》（国发〔2015〕67号），统一城乡义务教育"两免一补"政策，对城乡义务教育学生全部实行"两免一补"政策。同时，政府部门高度重视教育收费管理工作，进一步加强和规范了义务教育学校收费政策。

1. 2019年义务教育阶段家庭校内支出减少

我们将校内支出分为学费、服务费、代收代管费和其他选择性收费，并按照0元、0—1000元、1000—5000元、5000—10000元、10000元以上分为五组,计算每组相应教育支出的家庭占比(见图3-1和图3-2)。首先,总体来看,2019年农村和城镇地区分别有12.5%和9.5%的小学和初中学生的家长汇报在过去一年其家庭教育支出为0元,较2017年的3.5%和2.4%有了大幅增加。另一方面,支出大于5000元的农村和城镇家庭从2017年的20.6%和47.2%下降到2019年的12.2%和32.8%。

其次,从校内支出来看,由于义务教育普及和城乡免费义务教育政策的实施,学费支出为0的家庭占比稳定在93.8%。从校内其他支出来看,2019年有62.2%的农村家庭和65.7%的城镇家庭没有交纳校内服务性费用(住宿费、伙食费、校车费等),30.6%的农村家庭和28.4%的城镇家庭没有交纳代收代办费(课本/作业班/教辅等费用,校服、体检、医保等费用),82.9%的农村家庭和63.9%的城镇家庭没有其他校内费用(借读费/赞助费,校内课后托管班、课后补习班、兴趣班等费用),较2017年有大幅增加。这说明义务教育阶段农村学校的收费管理更加严格,校内收费项目进一步规范。

再次,从有校内支出的家庭来看,这些家庭交纳的费用数额下降。其中,服务性收费中的住宿费和伙食费下降比较明显,其他选择性收费中的托管、课后补习和社会活动的费用下降幅度较大。此外,大额支出家庭占比减少。2019年校内服务性费用超过5000元的农村和城镇家庭分别占23%和24.8%,代收代办费和其他校内收费超过1000元的农村家庭仅占3%左右,城镇家庭仅占2%左右,较2017年有大幅下降。与其他各项收费略有下降不同,2019年借读费有所上升,同时也须注意到尽管借读费有所上升,但交纳借读费的家庭在减少。

2.预算内生均经费和奖助学金的分配向农村和低收入学生群体倾斜

将学校经费数据与家庭调查数据进行匹配,分析结果如下(见表3-3)。首先,学校的预算内生均事业费呈现出向农村学校和低收入家庭学生就读的学校倾斜的趋势。除了收入最高20%家庭组之外,农村家庭子女就读的学校生均预算内事业费和公用经费平均高于城镇地区相应收入组的家庭。其次,农村地区学校的生均奖助学金是城镇地区的两倍以上,并且向低收入家庭学生所在的学校倾斜。公共财政投入一定程度上缩小了家庭教育支出的差距,具有正向的分配效应。

表3-3 不同收入水平家庭的教育支出和就读学校生均经费情况
(仅包括义务教育公办学校) (单位:元/学年)

家庭年收入五分组	城镇			农村		
	生均家庭教育支出	预算内生均事业费	预算内生均奖助学金	生均家庭教育支出	预算内生均事业费	预算内生均奖助学金
最低20%	2860	12275	207	2447	13944	523
次低20%	4992	13556	188	3408	13992	489
中等20%	6849	13401	157	3773	15091	471
次高20%	10469	14152	162	5350	14592	359
最高20%	21940	16142	172	7514	14007	355

三、家庭校外支出

1. 2019年小学和初中学生校外培训参与率较2017年明显降低

如表3-4所示,2019年农村小学生校外补习班和兴趣班参与率分别为15.5%和6.7%,较2017年(21.0%和6.9%)分别下降26.1%和3.7%。城镇小学生校外补习班和兴趣班参与率分别为33.4%和34.3%,较2017年(40.5%和38.5%)分别下降17.4%和10.8%。2019年农村初中生校外补习班和兴趣班参与率分别为17.1%和2.7%,较2017年(24.5%和3.1%)分别下降了30%和11.8%。城镇初中生校外补习班和兴趣班参与率分别为37.1%和14.2%,较2017年(52.0%和21.7%)分别下降28.7%和34.4%。可见2018年开始的最新一轮校外培训机构专项治理行动对降低校外培训尤其是学科类校外补习班的参与率有明显的效果。

表 3-4 小学和初中学生校外补习班和兴趣班参与率和支出

(单位:%,元/学年)

	2016—2017 学年			
	农村小学生	城镇小学生	农村初中生	城镇初中生
是否参与补习班	21.0	40.5	24.5	52.0
是否参与兴趣班	6.9	38.5	3.1	21.7
校外培训总支出（仅包括有支出的家庭）	1724	6246	1729	6762
	2018—2019 学年			
	农村小学生	城镇小学生	农村初中生	城镇初中生
是否参与补习班	15.5	33.4	17.1	37.1
是否参与兴趣班	6.7	34.3	2.7	14.2
校外培训总支出（仅包括有支出的家庭）	2449	8798	3960	12312

2.校外培训参与率的变化在地区和学生群体之间存在差异

从地区差异来看,农村地区校外培训参与率下降,而一、二线城市参与率仍在上升。从家庭社会经济背景来看,高收入、父母受教育水平较高的家庭校外培训参与率上升,而低收入和父母受教育水平较低的家庭参与率有所下降。从校外培训支出也可以看出,尽管校外培训的参与率下降了,但选择参与的家庭平均支出大幅增加,尤其是初中学生家庭的支出是 2017 年的两倍左右。因此,在校外培训参与率下降的同时,须注意到不同群体在校外投入方面的两极分化趋势。那些家庭经济和社会文化资源较多的学生不仅更多地参与校外培训,而且家庭的投入也在不断增加。

四、家庭教育负担

1.2019 年义务教育阶段家庭教育负担较 2017 年显著降低

使用生均家庭教育支出占家庭总消费支出的比例来衡量家庭教育负担,2019 年小学阶段农村家庭生均教育负担为 3.7%,初中为 5.1%,较

2017年的7.1%和11.6%下降50%左右。初中阶段农村和城镇家庭生均教育负担分别为7.9%和8.1%,较2017年的13.2%和15.7%分别下降了40.2%和48.4%。

2. 从家庭主观感受来看,农村和低收入家庭认为校内负担更重,城镇和高收入家庭认为校外负担更重

此外,2019年的家庭调查还询问了受访家庭根据目前的收入水平,对于子女校内和校外教育负担的主观感受,结果如下(见表3-5)。

(1)16.9%的小学生家庭觉得校内负担很重(农村19.8%,城镇13.3%),23.2%的小学生家庭觉得校外负担很重(农村23.8%,城镇22.9%)。相对于城镇小学生家庭,有更多的农村小学生家庭认为校内、校外负担都很重。

(2)20.2%的初中生家庭觉得校内负担很重(农村23.8%,城镇15.2%),25.3%的初中生家庭觉得校外负担很重(农村17.7%,城镇30.4%)。与小学阶段不同的是,农村初中生家庭觉得校内负担更重,而城镇初中生家庭则觉得校外负担更重。

(3)从不同经济水平的家庭来看,一方面,认为校内负担很重的低收入家庭占比更高(小学18.6%,初中25.1%),另一方面,认为校外负担很重的高收入家庭占比更高(小学22%,初中25.1%)。在小学阶段,9.8%的低收入家庭认为校外负担很重,到初中上升到24.9%,与高收入家庭基本持平。

表3-5 小学和初中学生家庭感知教育负担

(单位:%)

	小学					初中				
	平均	农村	城镇	收入最低10%	收入最高10%	平均	农村	城镇	收入最低10%	收入最高10%
校内负担很重	16.9	19.8	13.3	18.6	11.3	20.2	23.8	15.2	25.1	13.1
校内没有负担	12.7	10.2	15.8	8.3	18.5	9.6	6.0	14.6	11.2	13.2

(单位:%) 续表

	小学					初中				
	平均	农村	城镇	收入最低10%	收入最高10%	平均	农村	城镇	收入最低10%	收入最高10%
校外负担很重	23.2	23.8	22.9	9.8	22.0	25.3	17.7	30.4	24.9	25.1
校外没有负担	8.3	8.9	7.9	8.0	8.1	7.6	8.4	7.0	38.4	5.1

五、民办学校学生家庭教育支出

2019年家庭调查中,小学阶段在校生6500人,其中就读于民办学校的学生516人,占小学生样本的7.4%。初中阶段在校生3174人,其中就读于民办学校的学生349人,占初中生样本的11%。

1. 不同收入家庭校内支出差异较大

将家庭收入从低到高分为四组,小学阶段民办学校在校生占比依次为6.9%、7.1%、8.2%和8.7%,初中依次为6.7%、9.4%、10.2%和15.3%。中间两组家庭校内支出水平相近,低收入组和高收入组之间差距较大。小学阶段高收入组校内支出为低收入组的4倍左右(分别为10612元和2766元),初中阶段为3倍左右(分别为19830元和6517元)(见表3-6)。

表3-6 民办小学和初中学生占比和家庭校内支出

	小学		初中	
	民办学生占比(%)	家庭校内支出(元/学年)	民办学生占比(%)	家庭校内支出(元/学年)
最低25%	6.9	2766	6.7	6517
次低25%	7.1	4215	9.4	8466
次高25%	8.2	4572	10.2	10089
最高25%	8.7	10612	15.3	19830

2.收费在民办学校内部存在两极分化

受惠于免费义务教育政策,公办小学和初中的校内收费很低,且校间差异小。相比较而言,民办小学和初中的收费较高,绝大多数民办小学和初中的学费为每年数千元。同时,民办学校内部差异较大,收费最高25%的民办小学和初中每年学费达2万—3万元,而收费最低25%的民办小学和初中每年的学费分别为700元和3300元左右(见表3-7)。对于民办学校而言,收费在很大程度上表征了学校的质量和市场竞争力。与民办学校收费的差异化相对应,民办学校的主要功能也呈现出两极分化的态势,部分民办学校的存在是为了满足高收入群体的位置性和差异化的教育需求,为其提供高收费、高质量、多元化的教育服务。[①] 同时,也存在着一些满足极低收入群体超额教育需求的民办学校,为其提供低收费、低质量的教育服务。

表3-7 民办小学和初中学费

(单位:元/学年)

	民办小学			民办初中		
	平均	农村	城镇	平均	农村	城镇
学费最低25%	723	744	692	3385	3352	3434
学费次低25%	3628	3663	3565	8523	8448	8591
学费次高25%	7583	7499	7652	12882	12671	12952
学费最高25%	21193	18100	22031	27135	21727	28216
平均	7611	5061	10061	12680	8262	15461

六、本章小结

本章以具有全国代表性的CIEFR-HS调查数据为基础,分析了义务教育阶段家庭教育支出情况。分析发现,2019年义务教育阶段家庭校内和校外教育支出相对2017年有所下降,家庭负担减轻。从家庭主观感受

---

① 王蓉.中国教育新业态发展报告[M].北京:社会科学文献出版社,2018:21—23。

来看,农村和低收入家庭认为校内负担更重,城镇和高收入家庭认为校外负担更重。家庭教育支出下降的原因之一是学校各类收费减少和收费水平降低,此外没有校内支出的家庭占比上升。原因之二是校外培训的参与率下降,值得注意的是农村地区和低收入家庭学生参与率下降更大,城乡和家庭间校外教育资源的差距扩大。此外,义务教育阶段收入高的家庭更倾向于选择民办学校,同时民办学校内部存在两极分化,高收费和低收费的民办学校共存。

  基于以上发现,本章提出如下建议。一是公办义务教育学校严格执行义务教育免费政策,严禁向学生收取学费、杂费。对民办义务教育学校按照基准定额补贴公用经费,合理确定收费标准。二是完善学校服务性收费和代收费政策,允许学校在基本教学服务和国家明确规定由财政保障的项目之外提供选择性服务,组织开展课后、社会实践等活动,并根据自愿和非营利的原则对这部分服务收取一定的费用。三是加大对家庭经济困难学生资助的力度,尤其是农村地区的学生,以减轻农村地区和低收入家庭学校教育负担。四是考虑通过政府购买社会服务或公共财政支持公立学校提供服务的方式向在校生尤其是家庭经济困难的学生提供托管、学科和艺体类课程辅导服务,以弥合家庭收入不平等带来的教育资源和机会的差距。

第四章　义务教育阶段公共财政教育投入的分配效应
——基于家庭调查和学校经费数据相结合的分析

一、背景

2020年10月,党的十九届五中全会明确提出"扎实推动共同富裕",到2035年实现"全体人民共同富裕取得更为明显的实质性进展"的远景目标。教育公平是实现共同富裕的必经途径,而义务教育均衡发展则是教育公平的重要体现。近年来,国家出台了一系列政策措施,建立健全义务教育经费保障机制,优化完善义务教育资源配置,不断提高经费保障水平,加快补齐短板弱项,着力推进义务教育均衡发展,取得了显著成效。通过各级政府共同努力,截至2020年底,全国96.8%的县实现县域义务教育基本均衡发展。在此背景下,本章关注的问题是:教育财政投入在城乡和不同家庭收入水平的学生群体之间的分配效应如何?

目前,已有国际比较研究基于公共教育资源在不同学校和学生群体之间的分配结果来评价教育财政资金分配的公平性,而国内相关研究仍主要以地区和学校为单位,分析省内区县之间、区县内部学校之间在生均经费、办学条件等方面的差异,尚缺乏对公共教育资源在不同人群之间(如城市和农村、低收入和高收入、基础教育和高等教育等)分配的公平性研究。本章首次将微观家庭入户调查数据和学校行政管理数据相结合,分析教育财政投入在不同学生群体之间的分配效应,填补了国内相关研究在这一方面的空白。

本章分为四个部分。第一部分回顾了国内外教育财政投入公平性的内涵。第二部分首先对家校匹配样本的分布情况进行描述分析,其次分析义务教育阶段公办、民办学校的家庭教育支出和学校经费投入在城乡不同收入群体之间的分布情况,而后聚焦于连片特困地区学校在校生家庭教育支出和学校经费投入情况。第三部分对比了2017和2019年公办、民办义务教育学校生均教育事业性经费的变化情况,进一步分析公共教育财政投入在不同收入群体之间的分配效应。第四部分为小结。

二、教育财政投入的公平性

教育公平的政策目标主要包括机会公平、过程公平和结果公平。为了达到不同的政策目标,各国政府选择不同的方式向教育机构和学生个人分配资源。从教育财政的角度出发,教育公平主要包括横向公平和纵向公平两类。横向公平指的是在具有类似需求的单元(学校或学生)之间的资源分配,主要看同一类需求的单元(学校或学生)是否获得了相同的资源。我国县域内义务教育均衡状况指标就属于这一类。[①]纵向公平指的是在具有不同需求的单元之间的资源分配,侧重于根据不同学生群体的需求为他们提供差异化的资金。

各国教育财政投入是否有效促进了教育公平?首先,我们从教育财政资金的分配方式和规则来看。为了实现教育公平,各国政府在教育财政资金的分配过程中考虑了不同的因素。以OECD国家为例,依据拨款公式进行资金分配是各国政府对中小学校最常用的拨款方式,其中与教育公平相关的因素包括地区人口特征、学校特征和学生三类特征。图4-1显示了OECD国家政府对中小学学校拨款时考虑的教育公平相关因素及其重要程度。三类因素中,最常见的是学校和学生特征因素。在有中

---

① 2012年2月,教育部印发《县域义务教育均衡发展督导评估暂行办法》,建立了县域义务教育均衡发展督导评估制度,启动义务教育基本均衡评估。其中,衡量县域内义务教育均衡状况指标为:根据生均教学及辅助用房面积、生均体育运动场馆面积、生均教学仪器设备值、每百名学生拥有计算机台数、生均图书册数、师生比、生均高于规定学历教师数、生均中级及以上专业技术职务教师数8项指标,分别计算小学、初中差异系数,评估县域内小学、初中校际均衡状况。

央和地方政府拨款数据的26个国家中,25个使用了至少一个与学生特征相关的指标,23个使用了至少一个基于学校特征的指标,14个使用了至少一个基于人口特征的指标。从学生群体的特征来看,与特殊教育相关的拨款因素是最常见的,其次是低收入和弱势群体学生。很多国家政府对学校的拨款都向贫困学生进行了倾斜,最常用的指标是贫困学生的数量或比例,也有国家采用了多维度的指标,包括贫困学生的数量、贫困学生占比高的学校以及学校是否在贫困偏远地区。此外,各拨款因素的权重不同,这意味着它们在不同程度上影响分配的资金数额。平均而言,教育公平因素对拨款额度影响较大的国家占5%,影响中等的国家占20%,影响较小的国家占50%。这表明,相对于其他拨款因素,教育公平因素本身对学校获得的拨款的影响有限。

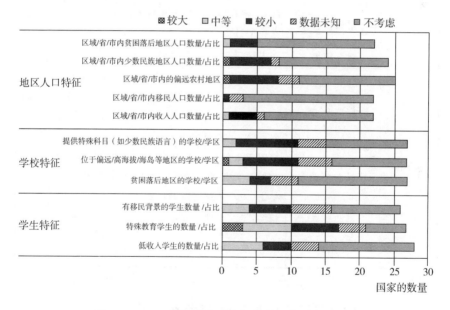

图4-1 OECD国家政府对中小学学校拨款时考虑的教育公平相关因素及其重要程度[1]

---

[1] OECD. Education at a Glance 2021:OECD Indicators[R/OL]. (2021-9-16)[2022-05-10]. Paris:OECD Publishing,2021:416. https://doi.org/10.1787/b35a14e5-en.

其次，从教育财政资金的分配结果来看各国教育财政投入的公平性。伯纳和施蒂费尔提出了教育财政投入公平性的评估框架，回答"谁？什么？如何？"三个问题（表4-1）。[①][②] 第一个问题指的是教育财政投入公平是为了谁；第二个问题指的是哪些教育资源应该在目标群体中公平分配；第三个问题指的是如何定义公平，用什么具体的公平原则来确定分配是否公平。分析教育财政投入的公平性，就需要明确针对的是哪个对象、哪类教育资源、哪个维度的公平。不同的对象、投入和维度的选择，可能会产生完全不同的评估结果。

表4-1 教育财政投入公平性的评估框架[③]

问题	定义	评估指标
谁？	学生、纳税人、教师、家长	
什么？	财政投入	联邦、州和地方政府的总投入、公用经费、教育支出、常规项目支持等
	教育结果	高中毕业率、大学升学率、学业考试合格率等
如何？	横向公平	范围、联合全距比率（第95百分位的生均经费/第5百分位的生均经费）、变异系数、基尼系数（Gini Index）、麦克伦指数（Mcloone Index）、沃斯特根指数（Verstegen Index）
	纵向公平	按照需求加权的学生数（例如，特殊教育学生、英语非母语学生、学困生、贫困生、偏远贫困地区学校的学生、天才儿童项目等）
	财政中立	相关系数、弹性
	充足性	奥登-皮库斯（Odden-Picus）充足指数

---

① BERNE R, STIEFEL L. The Measurement of Equity in School Finance[M]. Baltimore: Johns Hopkins University Press, 1984.
② BERNE R, STIEFEL L. Concepts of School Finance Equity: 1970 to Present[M]// LADD H, CHALK R, HANSEN S. Equity and Adequacy in Education Finance: Issues and Perspectives. Washington, D. C.: National Academies Press, 1999: 7—25.
③ ODDEN A, PICUS L. School Finance: A Policy Perspective[M]. New York: McGraw Hill, 2013.

第四章 义务教育阶段公共财政教育投入的分配效应

随着教育政策目标的改变,教育财政投入的评估对象逐渐从州和学区层面的生均经费转向以学校为单位的生均经费,而对公平的定义逐渐从教育投入的公平转向了结果的公平。除了地区和学校层面的分析之外,目前对教育投入在不同学生群体之间分配的研究相对较少,分析方法主要包括:通过洛伦兹曲线和基尼系数分析公共教育资源在不同收入和受教育水平人群中的集中程度;通过比较受教育程度最高的人群和受教育程度最低的人群(如最高10%比最低10%)享有的公共资源的份额,分析公共教育资源是偏向于优势人群,还是偏向于弱势人群;通过收益指数分析公共教育资源在不同社会群体(如男童和女童、不同族裔)之间的分配。[①②]

目前国内聚焦于义务教育公平和均衡的研究,主要是以区县和学校为单位衡量公共教育资源分配的公平性,分析省内区县之间、区县内部学校之间在生均经费、办学条件等方面的差异。目前尚缺乏对公共教育资源在不同人群之间分配的公平性的分析,即公共教育资源在不同群体(如城市人群和农村人群、低收入人群和高收入人群、基础教育受教育者和高等教育受教育者等)之间的分配。当公共教育财政投入更倾向于非义务教育学段或重点学校,而这些享受到更多公共财政投入的学校的入学机会与家庭背景有关时,那么公共教育资源的配置也将是不公平的。例如,当重点普通高中、精英高校的入学机会偏向于收入水平或社会阶层更高的家庭时,优势家庭的子女既占有了机会,又享受了低成本和高质量的教育。

那么,教育财政投入在城乡和不同家庭收入水平的学生群体之间的分配效应如何?要回答这一问题,更加准确地估计公共财政教育投入在不同群体之间的分配,需要结合学生就读学校的基本信息、家庭背景信

---

① UNESCO-UIS. A Roadmap to Better Data on Education Financing[R/OL].[2022-05-10]. Canada:UNESCO Institute for Statistics,2016. http://uis.unesco.org/sites/default/files/documents/a-roadmap-to-better-data-on-education-financing-2016-en.pdf.
② UNESCO-UIS. Education Sector Analysis Methodological Guidelines[R/OL].[2022-05-10]. Canada:UNESCO Institute for Statistics,2014. https://www.unicef.org/reports/education-sector-analysis-01.

息、家庭教育支出情况和学校获得的公共财政教育投入等信息。本章根据学生就读学校信息,将家庭调查数据与学校经费数据进行了匹配,来回答公共财政投入在城乡和不同家庭收入水平的学生群体之间如何分配的问题。

三、义务教育阶段的家庭教育支出和学校经费投入

1. 样本中小学生概况

我们根据2019年CIEFR-HS调查样本中学生的就读学校信息,将调查数据与学校层面公共教育投入数据进行匹配,从而得到了样本学生的家庭端的支出和学校端的经费投入情况。在匹配成功的样本中,共有公办学校小学生4062人,覆盖1680所学校;初中生2113人,覆盖1113所学校。在此基础上,我们对公共教育投入在不同学生群体之间,尤其是城乡学生和不同家庭收入水平的学生之间的分配进行分析。

我们来看不同家庭组学生就读学校的地区分布。图4-2和图4-3根据家庭收入水平由低到高分为五组,分别估计每一组学生所在学校的区域和城乡分布情况。其中,区域分为东部、东北部、中部和西部,城乡分为主城区、城乡结合区、镇中心区、镇乡结合区、特殊区域、乡中心区和村庄。①可以看出,最低和次低收入两组家庭的子女有70%左右分布在中西部地区,不到25%在东部地区,而最高收入组家庭的子女将近50%分布在东部地区。从学校的城乡分布来看,最低收入组家庭的子女有23%在位于乡中心区和村庄的乡村学校就读,次低收入组家庭的子女有20%在乡村学校就读,而最高收入组的子女有8%在乡村学校。从城区就读的学生占比来看,最低收入组家庭的子女有20%在城区学校就读,次低收入组家庭的子女有25%,而最高收入组家庭的子女则有66%在城区学校就读。

根据表4-2,小学阶段分别有4%和4.6%的学生在城镇和农村的民办学校就读,初中阶段分别有9.6%和6.9%的学生在城镇和农村的民办

---

① 从2014年起,教育部采用了国家统计局颁布的《统计用城乡划分代码》,开展教育经费统计工作。新的城乡划分标准调整为三大类七小类,即:城区(主城区和城乡结合区)、镇区(镇中心区、镇乡结合区、特殊区域)、乡村(乡中心区和村庄),其中城市指城区,农村指镇区和乡村。

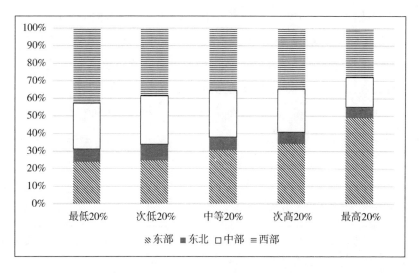

图 4-2　样本中小学生就读学校的地区分布

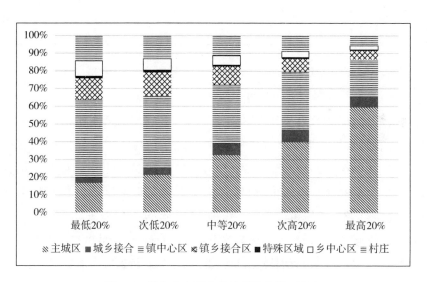

图 4-3　样本中小学生就读学校的城乡分布

学校就读。从生均家庭教育支出水平来看,农村小学和初中的生均家庭教育支出分别为 1955 元和 3387 元,城镇家庭分别为 6472 元和 7999 元。

总体上,城镇家庭在每个孩子教育上的投入是农村家庭的2.7倍左右。其中小学阶段差异最大,城镇家庭是农村家庭的3倍左右,初中阶段城镇家庭是农村家庭的2.3倍左右。从生均家庭教育支出占家庭消费总支出的比例来看,农村小学和初中家庭分别是3.6%和6.8%,城镇小学和初中家庭分别是5.1%和7.1%。在小学阶段,农村家庭负担低于城镇家庭,初中逐渐接近城镇水平。

表4-2 样本中小学生民办学校占比和家庭教育支出情况

(单位:%,元/年)

	城镇			农村		
	民办学校就读比例	生均家庭教育支出	生均家庭教育支出占比	民办学校就读比例	生均家庭教育支出	生均家庭教育支出占比
小学	4.0%	6472	5.1%	4.6%	1955	3.6%
初中	9.6%	7999	7.1%	6.9%	3387	6.8%
平均	5.7%	6934	5.7%	5.6%	2577	5.0%

2.城乡公办义务教育学校在校生家庭教育支出和学校经费投入

第一,来看农村和城镇地区家庭在子女教育方面的支出和负担程度。表4-3和图4-4为公办义务教育学校分城乡和家庭收入水平的生均家庭教育支出和负担。根据家庭年收入水平由低到高将家庭分为收入最低20%、次低20%、中等20%、次高20%和最高20%五组。子女在公办小学、初中上学的农村家庭中,最低收入组平均在每个孩子的教育上花费1173元/年,略高于城镇最低收入组的1100元/年。随着家庭收入水平逐渐增加,城镇家庭的教育支出逐渐与农村家庭拉开差距,城镇最高收入组生均家庭教育支出是农村的将近3倍。此外,虽然农村地区内部差异较小,但对不同家庭来说负担率差异较大,对最低收入组家庭来说,每个孩子的教育支出占家庭总支出的7.8%;而对最高收入组家庭来说,每个孩子的教育支出占2%。另一方面,城镇地区家庭的教育支出水平差异较大,但负担率较为相近,均在5%—6%左右。

表 4-3 公办义务教育学校分城乡和家庭收入水平的生均家庭教育支出和负担

(单位:元/年,%)

	全国		农村		城镇	
	生均家庭教育支出	生均家庭教育支出占比	生均家庭教育支出	生均家庭教育支出占比	生均家庭教育支出	生均家庭教育支出占比
最低20%	1145	7.2%	1173	7.8%	1100	6.1%
次低20%	1926	5.9%	1837	5.6%	2029	6.2%
中等20%	2518	4.7%	2086	4.0%	2830	5.2%
次高20%	3850	4.4%	2359	2.8%	4561	5.2%
最高20%	9738	4.4%	3819	2.0%	11019	5.0%

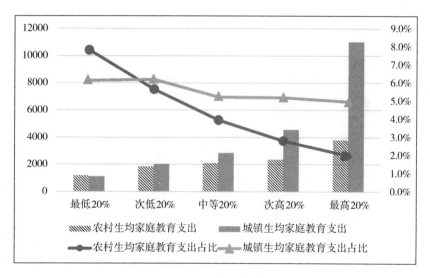

图 4-4 公办义务教育学校分城乡和家庭收入水平的生均家庭教育支出和负担(元/年,%)

第二,来看农村和城镇地区家庭子女所在学校的经费投入情况。表4-4为公办义务教育学校分城乡和家庭收入水平的生均教育事业性经费。我们采用生均教育事业性经费来衡量学校经常性的教育投入水平。目前公办义务教育学校基本上由公共财政支持,农村和城镇学校的预算内教育事业性经费占比均达到98%以上。从全国范围内来看:(1)城乡不同收入水平组的家庭子女所在学校的生均教育事业性经费差异不大,均在1.5万到1.8万之间;(2)收入最高20%家庭中,城镇家庭子女所在学校的生均教育事业性经费明显高于农村家庭;(3)除了最高收入组外,农村家庭子女所在学校的生均经费高于城镇地区,尤其是收入最低20%的家庭,农村学校的生均教育事业性经费明显高于城镇家庭;(4)存在中部凹陷的现象,即中等收入家庭子女所在学校的生均经费要低于次低收入和高收入群体。

表4-4 公办义务教育学校分城乡和家庭收入水平的生均教育事业性经费

(单位:元/年)

	全国平均		农村		城镇	
	生均教育事业性经费	生均预算内教育事业性经费	生均教育事业性经费	生均预算内教育事业性经费	生均教育事业性经费	生均预算内教育事业性经费
最低20%	15100	14915	15769	15523	14016	13932
次低20%	15538	15269	15783	15452	15254	15056
中等20%	15165	14971	15483	15382	14932	14670
次高20%	15609	15366	17134	16760	14873	14693
最高20%	18109	17869	16418	16264	18482	18222

图4-5是公办义务教育学校分城乡和家庭收入水平的生均奖助学

金。从不同收入水平的家庭来看,奖助学金的分配向着收入水平较低的家庭子女所在学校倾斜。相对于高收入家庭子女所在的学校,这些学校可能聚集了更多的低收入和弱势群体家庭的学生,因此部分说明了奖助学金的分配能够有效瞄准目标学生群体。

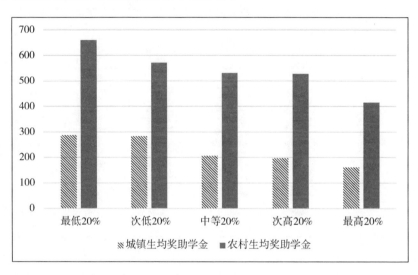

图 4-5 公办义务教育学校分城乡和家庭收入水平的生均奖助学金(元/年)

3.城乡民办义务教育学校在校生家庭教育支出和学校经费投入

本节将义务教育阶段民办学校的在校生也按照家庭年收入水平由低到高分为五组,分析那些在民办学校就读学生的家庭教育支出和相关学校的生均经费情况。第一,来看农村和城镇地区家庭在子女教育方面的支出和负担程度。与公办学校相比,义务教育阶段就读民办学校的学生的家庭教育支出较高,不同收入水平的家庭之间差异大。表4-5和图4-6为民办义务教育学校分城乡和家庭收入水平的生均家庭教育支出和负担。农村低收入家庭生均教育支出是城镇家庭的2.7倍,负担接近家庭总支出的30%;而农村高收入家庭生均教育支出则是城镇家庭的38%,负担为家庭总支出的5.8%。无论城乡,民办学校在校生家庭的教育支出和负担都远高于公办学校家庭。

表 4-5　民办义务教育学校分城乡和家庭收入水平的生均家庭教育支出和负担

（单位：元/年，%）

	全国		农村		城镇	
	生均家庭教育支出	生均家庭教育支出占比	生均家庭教育支出	生均家庭教育支出占比	生均家庭教育支出	生均家庭教育支出占比
最低20%	3285	21.0%	4327	29.1%	1593	7.9%
次低20%	6707	20.1%	7436	22.3%	5492	16.6%
中等20%	9018	16.9%	7966	15.0%	9744	18.2%
次高20%	11000	12.3%	10066	11.7%	11531	12.7%
最高20%	24930	10.1%	10936	5.8%	28581	11.2%

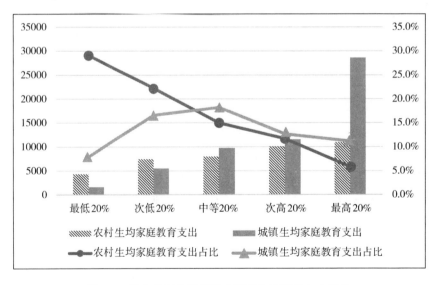

图 4-6　民办义务教育学校分城乡和家庭收入水平的
生均家庭教育支出和负担（元/年，%）

第二,来看农村和城镇地区家庭子女所在学校的经费投入情况。表4-6为民办义务教育学校分城乡和家庭收入水平的生均教育事业性经费。由于民办学校经费主要依赖于家庭缴纳的学费,因此民办学校不仅生均事业性经费低于公办学校,而且城乡之间、农村和城镇内部的学校之间都存在极大差异:(1)城乡不同收入水平组的家庭子女所在学校的生均教育事业性经费差异较大,城乡最高收入组所在学校的生均经费分别是最低收入组的3.6倍和2倍;(2)城乡中低收入组所在学校的生均经费接近,随着家庭收入水平进一步上升,城镇地区学校的生均经费与农村地区拉大,城镇最高收入组达到农村的2.4倍。

表4-6 民办义务教育学校分城乡和家庭收入水平的生均教育事业性经费

(单位:元/年)

	全国平均		农村		城镇	
	生均教育事业性经费	生均预算内教育事业性经费	生均教育事业性经费	生均预算内教育事业性经费	生均教育事业性经费	生均预算内教育事业性经费
最低20%	4894	1012	4416	1168	5672	760
次低20%	6712	1385	6177	1378	7542	1396
中等20%	7529	1283	6223	1269	8430	1293
次高20%	9283	1402	6678	667	10816	1834
最高20%	16705	2579	7231	1449	19237	2881

总体来看,多年来公共财政对义务教育学校和农村地区学校的重视和投入,使得地区之间、城乡之间和不同收入水平的家庭子女所在学校之间的教育经费差距大大缩小,且出现了向农村和低收入家庭倾斜的趋势。公办和民办学校在校生的家庭教育支出和学校经费投入的差异比较显

示,在考虑了公共财政投入之后,公办学校不同收入群体子女所享受到的教育总投入差距显著缩小。

4. 贫困地区在校生家庭教育支出和学校经费投入

本节主要对贫困地区中的集中连片特殊困难地区(简称"连片特困地区")义务教育阶段在校生的家庭教育支出和学校经费投入现状进行描述(表4-7和图4-7)。与全国水平相比,连片特困地区城乡家庭支出普遍较低,且除了最高收入组外,城乡之间没有太大差异。从学校经费水平来看,首先,连片特困地区的农村学校生均经费不仅高于全国农村地区的平均水平,也普遍高于全国城镇地区的平均水平;而连片特困地区的城镇学校生均经费则略低于全国城镇学校的平均水平。其次,从连片特困地区内部来看,农村学校生均经费普遍高于城镇学校,最高收入组也不例外。而就全国平均水平来看,最高收入组家庭子女所在学校生均经费普遍高于农村学校。可见,公共财政的重视和倾斜,使得连片特困地区农村学校的教育经费保障水平得到了极大的改善。

表4-7 连片特困地区在校生家庭教育支出和生均教育事业性经费
(公办义务教育学校)

	农村		城镇	
	生均教育事业性经费	生均家庭教育支出	生均教育事业性经费	生均家庭教育支出
最低20%	15871	703	12643	513
次低20%	16788	1199	13128	1387
中等20%	16400	1662	14659	1330
次高20%	18738	1555	13096	1707
最高20%	17292	1709	14682	3555

连片特困地区学校的生均奖助学金高于全国平均水平。农村中低收入家庭子女所在的学校,其生均奖助学金达到1000元左右,是全国农村平均水平的2倍。城镇地区在500—600元左右,是全国城镇平均水平的

第四章 义务教育阶段公共财政教育投入的分配效应

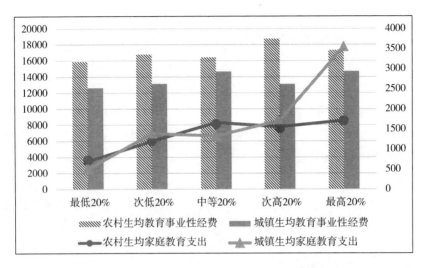

图 4-7 连片特困地区分城乡和家庭收入水平的在校生
家庭教育支出和生均教育事业性经费(公办义务教育学校)

3 倍(图 4-8)。总体来看,奖助学金的分配向连片特困地区的小学和初中学校进行了倾斜。

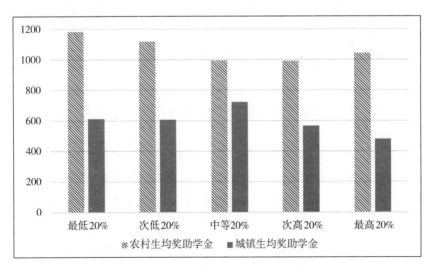

图 4-8 连片特困地区分城乡和家庭收入水平的学校生均
奖助学金(公办义务教育学校)

· 111 ·

四、公共教育财政投入的分配效应

1.公办义务教育学校经费投入和在校生家庭教育支出

图4-9为2017年和2019年公办义务教育学校分城乡和家庭收入水平的生均教育事业性经费的变化情况。与2017年相比,2019年城乡公办义务教育学校的生均教育事业性经费整体上实现了显著的增长。尤其是农村地区,从收入最低20%到最高20%的农村家庭子女所在的学校,分别增加了2376元/生、1671元/生、1052元/生、1892元/生和2248元/生,收入最低20%的农村家庭所在的学校生均教育事业性经费增长幅度甚至高于收入最高20%的农村和城镇家庭。

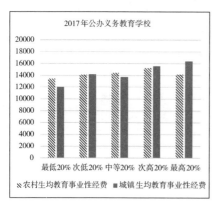 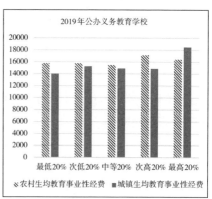

图4-9 2017年、2019年公办义务教育学校分城乡和家庭收入水平的生均教育事业性经费(元/年)

图4-10为2019年根据家庭收入水平分组的公办学校学生的生均教育总投入。其中公共教育投入使用的是相应的生均预算内教育事业性经费。根据图4-10,收入最高20%家庭组的生均家庭教育支出接近1万元/年,是收入最低20%家庭组的生均家庭教育支出的8.5倍左右。将家庭教育支出和公共教育投入结合来看,最高20%家庭组生均总投入约为2.8万元/年,公共教育投入占生均总投入近65%;最低20%家庭组生

均总投入约为 1.6 万元/年,公共教育投入占生均总投入 93%。可见,一方面,随着主流学校的竞争越来越激烈,家长们在课外辅导上投入了越来越多的时间和金钱,希望这些额外的投资能帮助他们的孩子在学校取得优势。另一方面,在基础教育阶段,公共财政投入缩小了家庭教育支出的差距,具有正向的分配效应。

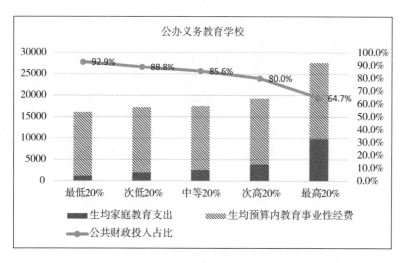

图 4-10 2019 年根据家庭收入水平分组的公办学校学生的生均教育总投入(元/年)

为了进一步估计公共财政教育投入的分配效应,我们计算了生均学校经费投入与人均家庭收入的比值,结果如图 4-11 所示,在低收入群体中,尤其是农村地区的低收入群体中,公共教育投入与人均收入的比例更高。随着收入水平的增加,比例逐渐降低,收入最高的两个群体占比都低于 1。这在一定程度上说明,公共财政教育投入向低收入群体倾斜。

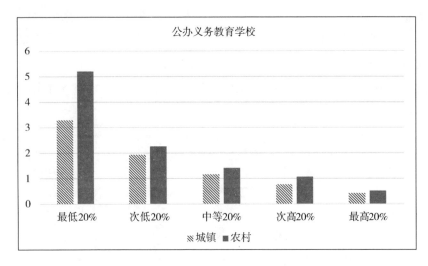

图 4-11　生均预算内教育事业性经费与人均家庭收入的比值

2.民办义务教育学校经费投入和在校生家庭教育支出

图 4-12 为 2017 年和 2019 年民办义务教育学校分城乡和家庭收入水平的生均教育事业性经费的变化情况。与 2017 年相比，2019 年民办义务教育学校生均教育经费没有明显增长，有些群组甚至略有下降，尤其是中高收入组家庭所在的民办学校。

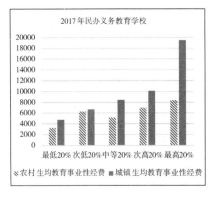
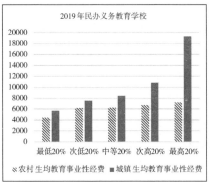

图 4-12　2017 年、2019 年民办义务教育学校分城乡和家庭收入水平的生均教育事业性经费（元/年）

图 4-13 为 2019 年根据家庭收入水平分组的民办学校学生的生均教育总投入。收入最高 20% 家庭组生均家庭教育支出接近 2.5 万元/年,是收入最低 20% 家庭组生均家庭教育支出的 7.6 倍左右。将家庭教育支出和公共教育投入结合来看,最高 20% 家庭组生均总投入约为 2.8 万元/年,公共教育投入占生均总投入的 9.4%;最低 20% 家庭组生均总投入约为 4297 元/年,公共教育投入占生均总投入的 23.6%。最高 20% 家庭组的教育总投入是最低 20% 家庭组的 6.4 倍,高、低收入组之间的差距变化不大。

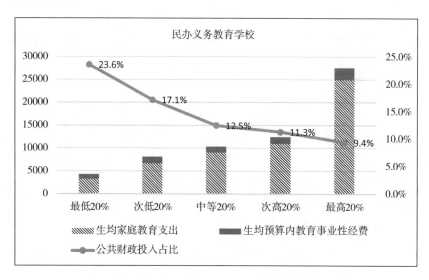

图 4-13　2019 年根据家庭收入水平分组的民办学校学生的生均教育总投入(元/年)

五、本章小结

本章关注的问题是:在国家将义务教育全面纳入公共财政保障范围、公共教育财政投入不断增长的背景下,从学生和家庭的层面来看,农村地区和低收入家庭是否享受到了更多的公共财政的阳光？基于 2019 年 CIEFR-HS 调查,本章对公共教育投入在城乡和不同家庭收入水平的学生之间的分配进行分析。结果表明,在考虑了公共财政投入之后,公办学校的不同收入群体子女所享受到的教育总投入差距显著缩小。公共教育投入具有正向的分配效应,尤其是对农村地区中低收入的家庭而言。相较于2017年,2019年城乡公办义务教育学校的生均教育事业性经费整体上实现了显著的增长。农村地区低收入家庭子女所在的学校,其生均教育事业性经费增长幅度高于最高收入组家庭。具体结论如下。

首先,农村和城镇地区家庭在子女教育投入上差异较大,城镇家庭是农村家庭的2.7倍左右。农村小学和初中的生均家庭教育支出分别为1955元/年和3387元/年,城镇家庭分别为6472元/年和7999元/年。其中小学阶段差异最大,城镇家庭是农村家庭的3.3倍左右,初中阶段城镇家庭是农村家庭的2.4倍左右。

其次,城乡不同收入水平的家庭子女所在学校的生均教育事业性经费差异不大,均在1.5万/年到1.8万/年之间。除最高收入组家庭之外,农村家庭子女所在学校的生均经费均高于城镇地区。此外,数据显示还存在一定程度上的"中部凹陷"的现象,即中等收入家庭子女所在学校的生均经费要低于次低收入和高收入群体。而民办学校由于经费主要依赖于家庭缴纳的学费,少有来自公共财政的投入,不仅生均事业性经费低于公办学校,城乡之间、农村和城镇内部的学校之间都存在极大差异。

最后,连片特困地区农村学校生均经费普遍高于全国城镇平均水平,生均奖助学金是全国平均水平的2—3倍。尤其是农村中低收入家庭子女所在的学校,生均奖助学金达到1000元左右。

总体来看,多年来公共财政对义务教育学校和农村地区学校的重视和投入,使得地区之间、城乡之间和不同收入水平家庭子女所在学校之间的教育经费差距大大缩小,且出现了向农村和低收入家庭倾斜的趋势。

第三编
非义务教育阶段

第五章　学前教育入园机会和家庭教育支出

一、背景

作为世界上儿童人口第二大国,中国在2010年发布的《国家中长期教育改革与发展规划纲要(2010—2020)》中确立了"普及学前教育"的政策目标。该纲要要求学前三年的毛入学率从2009年的50.9%提高到2020年的70%。在十年期间,政府推动实施三轮"学前教育行动计划",通过增加公办园学位供给、扩大普惠幼儿园的覆盖面、增加学前教育财政投入和形成政府家庭共同负担的成本分担机制,来解决学前入园难、入园贵的问题。首先,自2010年以来,学前教育公共财政投入一直在快速增长,从2010年的244.4亿元(占政府教育支出的1.67%)增长到2019年的2008亿元(占政府教育支出的5.01%)。其次,自2010年以来,我国公办幼儿园数量明显增长。以教育部门办园为例,从2010年29257所增长到2019年90015所。农村地区教育部门办园的增长幅度最大,由2010年16142所到2019年49867所,增加3.37万所(见图5-1a)。随着农村公办园供给增加,民办园占比连续下降(见图5-1b)。学前三年期毛入园率从2009年的50.9%快速增长到2019年的83.4%(见图5-2),接近OECD国家的水平。

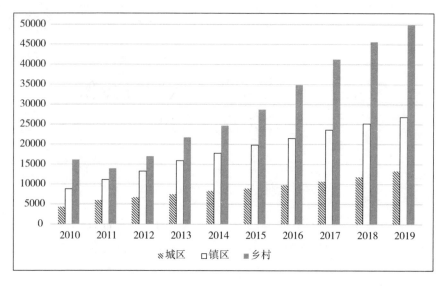

图 5-1a 教育部门办园数量变化(2010—2019 年)(单位:所)

数据来源:2010—2019 年《中国教育统计年鉴》。

注:城区包括主城区(111)和城乡结合区(112),镇区包括镇中心区(121)、镇乡结合区(122)、特殊区域(123),乡村包括乡中心区(210)和村庄(220)。2019 年 CIEFR-HS 调查的城镇为城乡划分代码以"1"开头的地区,农村为城乡划分代码以"2"开头的地区。教育统计数据以学校的城乡分类代码来划分城镇和农村,家庭调查数据以家庭住址的城乡分类代码来划分,因此学生家庭和学生所上的学校的城乡划分存在差异。

尽管政府一直在努力增加公办园学位供给、扩大普惠幼儿园的覆盖面,家庭缴纳的学费仍旧是学前教育,尤其是民办幼儿园最主要的资金来源之一。统计数据显示,民办幼儿园 85% 的资金来自家庭缴纳的学费,而公立幼儿园 75% 的资金来自政府拨款。尽管学前教育事业规模近年来取得了非常明显的成就,但长期以来学前阶段存在的一些主要矛盾还没有根本解决,其中最主要的两个矛盾是:第一,整体入园机会不断增加与结构性供给不足之间的矛盾;第二,公共财政投入持续增加与弱势群体家庭学前教育成本负担逐渐增加之间的矛盾。

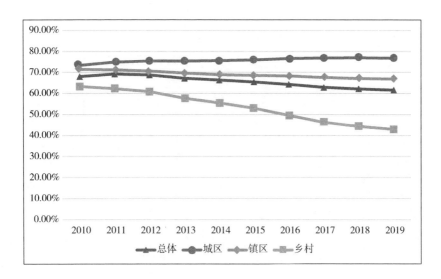

图 5-1b 民办园占比变化(2010—2019 年)

数据来源:2010—2019 年《中国教育统计年鉴》。

经过十年发展,目前学前阶段不同地区、家庭背景的儿童入园机会和家庭承担的教育成本情况如何?本章基于 CIEFR-HS 2019 数据对城乡和不同家庭背景儿童的学前入园机会和家庭学前教育成本负担进行分析。本章主要聚焦于两类样本,一类是 3—6 岁儿童,一类是幼儿园在园儿童。2019 年调查数据包括 4085 名 3—6 岁儿童,3415 名幼儿园在园儿童,净入园率为 68.5%,毛入园率为 83.6%,接近官方公布的 83.4% 毛入园率。[①] CIEFR-HS 2019 调查不仅询问了 3—6 岁儿童的入园情况,还询问了入园的类型以及家庭在学前教育阶段校内和校外教育机构的支出情况。基于以上两类样本,本章分析了 3—6 岁未入园儿童的基本情况,以及幼儿园在园儿童的基本情况,包括入园类型和不同类型幼儿园在园儿

---

① 毛入学率,是指某一级教育不分年龄的在校学生总数占该级教育国家规定年龄组人口数的百分比。由于包含非正规年龄组(低龄或超龄)学生,毛入学率可能会超过 100%。净入学率,是指某一级教育在校学龄人口数占该级教育国家规定年龄组人口总数的百分比。

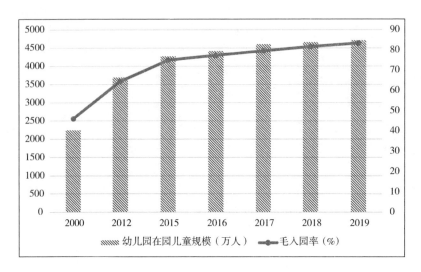

图 5-2　幼儿园在园儿童规模发展变化趋势(2000—2019年)(单位:万人,%)
数据来源:2010—2019年《中国教育统计年鉴》。

童的家庭社会经济背景,并进一步分析了学前家庭教育支出。

二、学前教育入园机会

(一) 3—6岁未入园儿童基本情况

在2019年调查覆盖的4085名3—6岁儿童样本中未入园的比例为31.5%。图5-3计算3—6岁每个年龄段未入园孩子的占比。3岁儿童未入园的比例较高,其中80.9%的男童未入园,略高于女童(78.91%)。4岁男童和女童未入园的比例分别为25.78%和25.6%,5岁男童和女童未入园的比例分别为9.2%和8.75%,6岁男童和女童未入园的比例分别为8.88%和9.25%。从城乡来看,如图5-4所示,农村地区3—6岁儿童未入园率高于城镇地区。城乡3岁儿童未入园的比例分别为78.95%和82.17%,4岁儿童未入园的比例分别为19.53%和36.58%,5岁儿童未入园的比例分别为5.82%和14.25%,6岁儿童未入园的比例分别为7.96%和10.77%。从地区来看,如图5-5所示,西部地区3—6岁未入园儿童比例高于其他地区,且西部地区城乡之间差异较大,农村地区比城镇地区高 12%。东北部地区未入园儿童比例最低,同时出现了城乡倒挂。

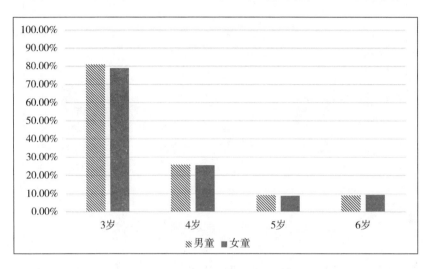

图 5-3　3—6 岁各年龄段未入园儿童占比

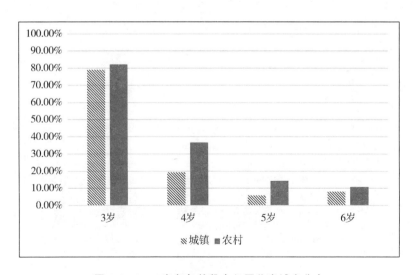

图 5-4　3—6 岁各年龄段未入园儿童城乡分布

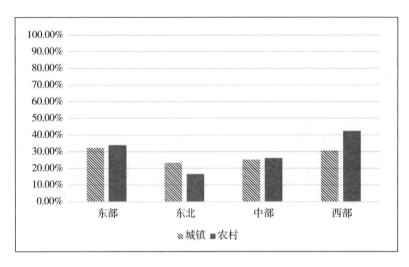

图 5-5　3—6 岁各年龄段未入园儿童地区分布

图 5-6 将样本按家庭人均消费支出水平由低到高排序并划分为五个等分组,分别计算各组城镇和农村地区 3—6 岁儿童未入园比例。随着家庭支出水平的提升,3—6 岁未入园儿童的占比逐渐下降,城镇地区尤其

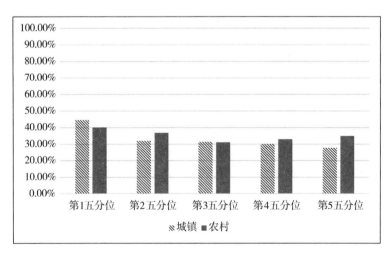

图 5-6　3—6 岁未入园儿童按家庭消费支出水平分组的占比

明显。其中,最低五分位的城镇和农村家庭未入园占比为 44.61% 和 40.11%,前者反而高于后者。可见,在普及学前教育的过程中,既要关注农村地区,也要关注城镇低收入群体子女的入园机会问题。随着家庭收入和支出水平的提升,城镇地区未入园儿童占比不断下降,从 44.61% 下降到最高五分位家庭的 27.78%。而农村地区的中高收入群体则出现了未入园儿童占比略微增加的趋势,最高五分位家庭未入园儿童占比为 34.93%。

图 5-7 将样本按母亲受教育水平由低到高分为五组,分别计算各组城镇和农村地区 3—6 岁儿童未入园比例。母亲没有上过学的家庭 3—6 岁儿童的未入园比例最高,城镇家庭为 43.75%,农村家庭为 55.91%。随着母亲受教育程度的提升,未入园儿童占比出现了先下降、后略有提升的趋势。其中母亲学历为初中的最低,城镇和农村家庭占比分别为 27.09% 和 31.07%。而当母亲学历为大学及以上时,城镇和农村家庭占比分别为 32.63% 和 39.25%。

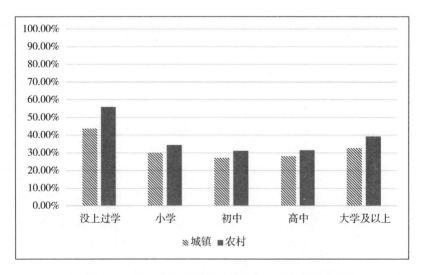

图 5-7 3—6 岁未入园儿童按母亲受教育程度分组的占比

调查还询问了 3—6 岁未入园的原因,其中主要原因是孩子还太小

(85.20%),其次是家里有人带孩子(6.94%)、幼儿园学费太贵(5.32%)、孩子身体不好(3.69%)、家附近没有幼儿园(2.51%)以及其他原因(3.55%),因为对幼儿园质量不满意而未入园的占比极低(0.59%)。分城乡来看,城镇家庭没有送孩子上幼儿园的原因更多是因为孩子年纪还小以及家里有人带。农村家庭没有送孩子上幼儿园的原因主要是家长认为孩子还太小,另外,相对于城镇家庭,有更高比例的农村家庭是因为家附近没有幼儿园以及幼儿园太贵(图5-8)。

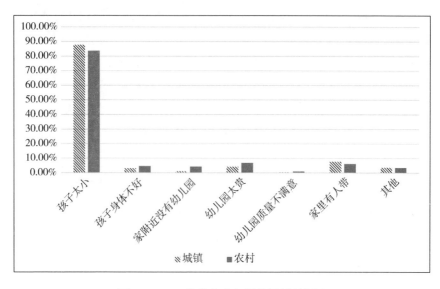

图5-8 3—6岁儿童未入园的原因(城乡)

分母亲受教育程度来看儿童未入园的原因,母亲学历越高的家庭越倾向于认为孩子还太小,其中母亲学历为大学及以上的家庭认为孩子还太小的占比为89.33%,而母亲没上过学的家庭认为孩子还太小的占比为80.65%。此外,随着母亲受教育程度提高,幼儿园太贵或孩子身体不好的占比下降,因为家里有人带孩子的占比上升(图5-9)。

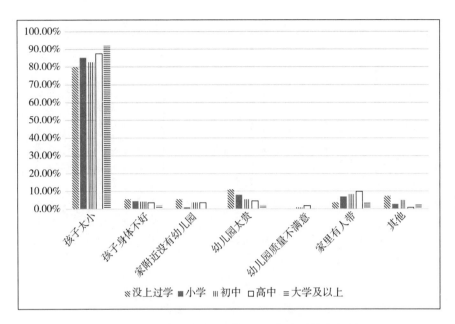

图 5-9　3—6 岁儿童未入园的原因（母亲受教育程度）

（二）入园儿童基本情况

根据 2019 年的家庭调查数据计算,幼儿园毛入园率为 83.6%,接近官方公布的学前教育毛入园率 83.4%。分省份来看,最低的甘肃、青海和云南低于 70%,分别为 59.57%、64.02% 和 66.84%;最高的黑龙江、吉林和陕西超过 100%,分别为 110.42%、103.57% 和 100%(图 5-10)。

幼儿园的分类包括两类,一类是公办和民办幼儿园,另一类是大学附属和政府机关园、小区配套园、乡镇中心园、小学附属学前班和普惠性民办园。根据 2019 年的家庭调查数据计算,民办园在园儿童占比为 57.39%,公办园在园儿童占比为 42.51%。政府机关园在园儿童占比为 9.53%,大学附属幼儿园占比为 0.5%,小区配套园占比为 9.94%,乡镇中心园占比为 20.56%,小学附属学前班占比为 7.96%,普惠性民办园占比为 37.32%。

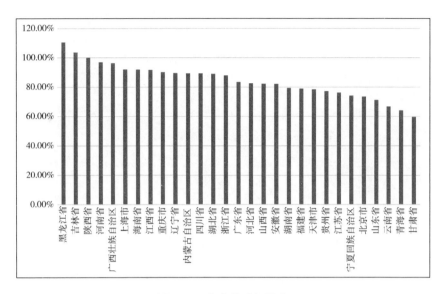

图 5-10 分省份毛入园率

1. 公/民办幼儿园与家庭社会经济地位

根据幼儿园在园儿童家庭的城乡类型、家庭消费水平和母亲受教育程度,估计不同社会经济背景的家庭将自己的孩子送到什么类型的幼儿园就读。

首先,来看城乡地区家庭上公办和民办幼儿园的占比(图 5-11)。平均来看,城镇地区有更高比例家庭的孩子上民办幼儿园,城镇民办园在园儿童占比为 58.4%,农村占比为 51.3%,两者都有超过一半在民办幼儿园。

其次,从不同家庭消费水平来看公办、民办幼儿园的占比(图 5-12)。整体上,随着家庭消费水平的提升,民办幼儿园在园儿童的比例逐渐上升,从最低的 44.7% 增加到 57.3%;相反,公办幼儿园在园儿童的比例逐渐下降,从最高的 55.3% 下降到 42.7%。家庭消费支出最低五分位组中,公办园在园儿童比例超过民办园,而其他各组则是民办园超过公办园。

最后,从母亲受教育程度来看公办、民办幼儿园的占比(图 5-13)。整体上,随着母亲受教育程度的提升,民办园在园儿童比例上升,而公办园

第五章　学前教育入园机会和家庭教育支出

在园儿童比例下降。从民办园来看，在园儿童在各家庭组占比在母亲学历是初、高中时达到顶点，而母亲学历为大学或以上时反而有所下降。从公办园来看，在园儿童占比同样在初、高中时达到最低点，母亲学历为大学或以上时反而有所回升。

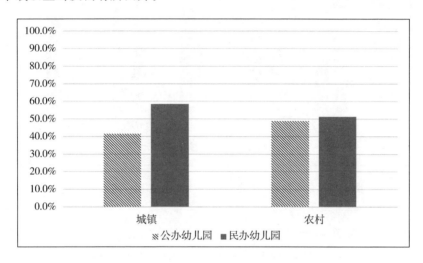

图 5-11　分城乡公/民办幼儿园在园儿童比例

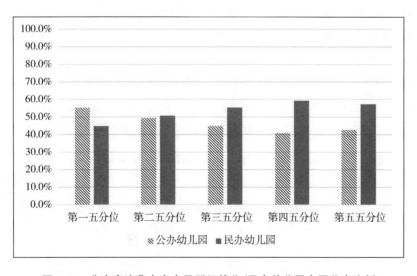

图 5-12　分家庭消费支出水平群组的公/民办幼儿园在园儿童比例

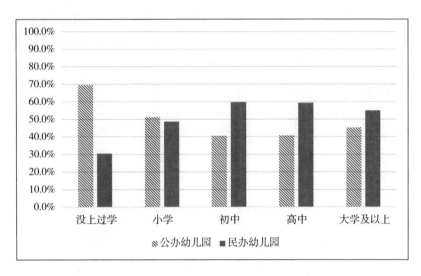

图 5-13 分母亲受教育程度的公/民办幼儿园在园儿童比例

2.不同类型幼儿园与家庭社会经济地位

将幼儿园细分为政府/大学附属园、小区配套园、乡镇中心园、小学附属学前班和普惠性民办园,分析不同类型幼儿园在园儿童的家庭背景。首先,我们来看不同类型幼儿园在园儿童的家庭消费水平。表5-1为不同类型幼儿园的家庭支出水平。整体上,公办园在园儿童家庭的家庭支出水平高于民办园家庭,是民办园的2倍左右。分不同举办者的幼儿园来看,支出水平最高的是小区配套园,其次是政府机关或大学附属幼儿园。普惠性民办园在园儿童的家庭支出水平略高于乡镇中心园,而小学附属学前班儿童的家庭支出水平是几类幼儿园中最低的。

表 5-1 不同类型幼儿园的家庭支出水平

(单位:元)

		家庭总支出	家庭人均支出
公/民办	民办	110631	23852
	公办	271523	41938

(单位:元) 续表

		家庭总支出	家庭人均支出
不同举办者	政府/大学附属园	137358	30260
	小区配套园	178883	41901
	乡镇中心园	102924	20688
	小学附属园	89006	17639
	普惠民办园	104907	22657

图 5-14 按照家庭人均支出水平由低到高分为五等分组,估计了每一类幼儿园在园儿童的各组家庭占比。乡镇中心园、小学附属学前班在园儿童中来自中低收入家庭的占比较高,最低一组分别占到 30.85% 和 32.23%,而最高组则仅占 11.18% 和 9.09%。可见这一类幼儿园接纳了更多来自中低消费水平家庭的儿童。部分原因在于乡镇中心园和小学附属学前班主要位于农村地区,因此家庭消费水平偏低。相反,小区配套幼儿园中,来自中高消费水平家庭的儿童占比较高,最高一组达到39.13%,最低一组仅占 7.16%。其中一个原因在于,小区配套园主要分布在城镇地区,而且条件相对较好的社区更可能配套有幼儿园。

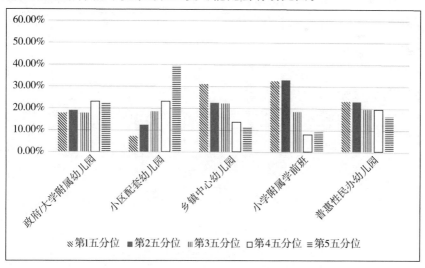

图 5-14 分家庭消费支出水平群组的五类幼儿园在园儿童比例

再来看普惠性民办园,整体上在园儿童来自消费水平较低的家庭占比更高,但各组差异不大。来自消费水平最低一组家庭的儿童占比为22.87%,而来自最高组家庭的儿童占比为15.94%。对于政府/大学附属园来说,在园儿童的家庭消费水平尽管偏向于更高的家庭,但差距并不大,来自消费水平最低一组家庭的儿童占比为17.72%,而最高组占比为22.53%。

总的来说,乡镇中心园、小学附属学前班和小区配套幼儿园中在园儿童家庭消费水平的分布,更加受到家庭所在区域的影响,尤其是城乡的差异。而普惠性民办园和政府/大学附属园,则是体制内外的区别,其差异不仅仅源自经济收入,也包括了家长的受教育水平和职业权力等其他家庭社会资本因素。

其次,我们来看不同类型幼儿园在园儿童母亲的受教育程度(图5-15)。在乡镇中心园、小学附属学前班和普惠性民办园中,母亲学历为初中的占比最高;而在政府/大学附属园以及小区配套园中,母亲学历为大学或以上的占比最高,尤其是小区配套幼儿园,占比接近50%。除了母亲学历为初中的之外,整体上政府/大学附属园、小区配套园和普惠性民办园,母亲受教育程度高的儿童占比更高。而乡镇中心园和小学附属学前班则相反。

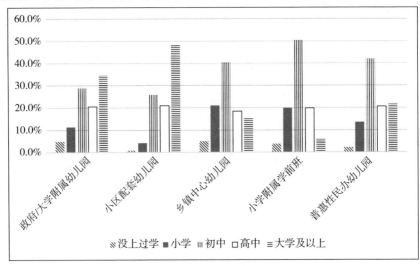

图5-15 分母亲受教育程度的五类幼儿园在园儿童比例

3.家庭社会经济地位与入园的相关性分析

Logistic 回归对家庭社会经济地位与 3—6 岁儿童是否入园,以及在园儿童进入不同类型幼儿园的相关性进行分析,结果如表 5-2 所示。第 1 列样本为 3—6 岁儿童,结果变量为是否入园。结果显示,控制住其他个人、家庭和地区变量,家庭消费水平越高,越有可能入园。而母亲受教育水平对于儿童是否入园来说,并不显著。此外,当一个家庭 18 岁以下的未成年家庭成员较多时,3—6 岁的儿童入园可能性显著更低。最后,对于 3—6 岁儿童是否入园来说,关系最大的是年龄,随着年龄增长 1 岁,入园的可能性为之前的 4.6 倍。

第 2—4 列样本为在园儿童,结果变量分别为是否在民办园,是否在小区配套园,是否在普惠民办园。首先,控制住其他个人、家庭和地区变量,家庭消费水平越高的越有可能就读民办园,也更有可能就读小区配套园,但在是否就读普惠民办园上并不显著,也并未出现收入越低越有可能就读普惠性民办园这样的倾向。其次,母亲学历为大学或以上,就读民办园的可能性显著降低,而就读小区配套园的可能性显著增加,但在是否就读普惠民办园上仍不显著。从孩子自身的特征来看,就读民办园或是普惠民办园的孩子年龄显著偏小,更有可能是农村户口,而性别上则无差异。就流动儿童(非本地户籍)来看,相对于本地儿童,流动儿童更可能就读民办园、小区配套园,但在就读普惠民办园的可能性上与本地儿童没有差异。尽管农村户籍的儿童更加可能就读民办园和普惠性民办园,但从地区特征来看,农村地区就读民办园和普惠性民办园的儿童反而显著更少。

整体上,回归分析解释的家庭社会经济地位与入园类型的关系与前文描述统计的结果基本一致。对于孩子个人来说,与是否入园关系最大的是年龄,而性别则没有显著差异。对家庭来说,家庭的经济条件与是否入园以及入园类型有显著的关系,家庭经济条件较好的儿童更加可能就读于民办园和小区配套园。此外,母亲受教育水平在大学及以上的儿童更可能就读于公办园,也更有可能就读于小区配套园。

表 5-2 家庭社会经济地位与是否入园和入园类型的相关性分析

VARIABLES	3—6岁儿童入园	民办园	小区配套园	普惠民办园
年龄	4.582*** (0.226)	0.828*** (0.0243)	1.075 (0.0502)	0.902*** (0.0266)
女童	1.088 (0.0929)	0.921 (0.0655)	1.010 (0.114)	0.913 (0.0661)
流动儿童	1.032 (0.123)	1.381*** (0.139)	1.794*** (0.243)	1.132 (0.112)
农村户口	0.972 (0.105)	1.330*** (0.120)	0.638*** (0.0850)	1.265*** (0.116)
家庭规模	1.007 (0.0337)	1.026 (0.0295)	1.030 (0.0501)	0.984 (0.0288)
18岁以下家庭成员	0.747*** (0.0478)	0.900* (0.0502)	0.689*** (0.0727)	1.091 (0.0619)
家庭消费五分位(参照组:第1五分位)				
第2五分位	1.568** (0.328)	1.170 (0.207)	1.008 (0.468)	1.072 (0.197)
第3五分位	1.862*** (0.375)	1.352* (0.228)	1.094 (0.471)	1.069 (0.188)
第4五分位	2.060*** (0.406)	1.608*** (0.267)	2.145* (0.880)	1.314 (0.226)
第5五分位	2.445*** (0.492)	1.499** (0.253)	2.615** (1.071)	1.120 (0.196)
母亲大学或以上	0.893 (0.103)	0.829* (0.0822)	1.662*** (0.220)	0.858 (0.0871)
农村地区	0.722*** (0.0751)	0.720*** (0.0630)	0.486*** (0.0870)	0.807** (0.0715)
东北地区	2.145*** (0.489)	1.486** (0.248)	1.341 (0.315)	1.065 (0.180)
中部地区	1.822*** (0.212)	1.815*** (0.177)	0.959 (0.148)	1.564*** (0.148)

续表

VARIABLES	3—6岁儿童入园	民办园	小区配套园	普惠民办园
西部地区	0.929 (0.0945)	0.885 (0.0749)	0.969 (0.132)	0.902 (0.0799)
常数项	0.00313*** (0.00101)	2.230*** (0.605)	0.0839*** (0.0455)	0.716 (0.198)
样本量	4,085	3,415	3,415	3,415

*** $p<0.01$, ** $p<0.05$, * $p<0.1$
注：系数是风险比(Odds Ratio)。

三、学前家庭教育支出

（一）不同消费水平家庭的学前教育支出

表 5-3 按家庭人均支出水平计算了城乡各组家庭的家庭教育支出水平、校外教育支出占比和负担率。从家庭学前教育支出的平均水平来看，城镇家庭的支出水平是农村家庭的 2.4 倍，城乡差距随着消费水平的提高而拉大，从最低 10% 组的 1.1 倍拉大到最高 10% 组的 2.7 倍。从农村地区内部来看，各组农村家庭之间的学前教育支出水平的差距较城镇地区小，农村最高 10% 组支出是最低 10% 组的 3 倍。从城镇地区内部来看，随着消费水平的上升，家庭学前教育支出水平也随之大幅增加，最高 10% 组支出是最低 10% 组的 7.3 倍。

从家庭负担来看，由于农村地区学前教育支出水平的差距不大，负担轻重主要取决于家庭的收入和支出水平，因此随着支出水平提高，负担下降较快。而城镇地区家庭教育负担随着消费水平提升的下降程度则趋缓（图 5-16）。原因之一是随着支出水平的提高，城镇家庭校外教育支出大幅增加，最低两个 20% 组家庭校外教育支出占教育支出的比例为 2%—3% 左右，而最高的两个 20% 组分别达到 11% 和 18.5%，最高 10% 组达到了 23.3%。反观农村地区，校外教育支出的水平占比一直维持在较低的水平。

表 5-3 不同支出水平的家庭学前教育支出水平和结构

	城镇家庭			农村家庭		
	生均家庭教育支出（元）	校外教育支出占比	占家庭总支出比例	生均家庭教育支出（元）	校外教育支出占比	占家庭总支出比例
平均	10432	9.33%	9.11%	4293	2.55%	8.01%
最低10%	2992	1.98%	11.51%	2720	1.85%	12.50%
第1五分位	3847	1.83%	11.44%	3290	1.99%	11.34%
第2五分位	6184	2.93%	10.38%	4160	2.15%	6.65%
第3五分位	7855	6.13%	9.31%	5165	2.87%	5.70%
第4五分位	11285	10.97%	8.92%	6022	3.71%	4.33%
第5五分位	18102	18.53%	6.96%	6924	5.92%	2.69%
最高10%	21707	23.28%	6.03%	8114	8.17%	2.39%

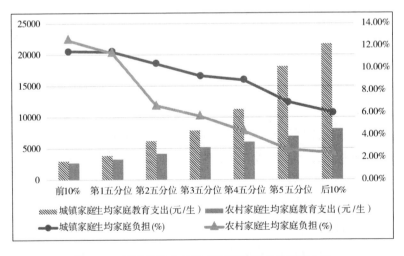

图 5-16 不同经济水平的家庭学前教育支出和占比

（二）不同类型幼儿园在园儿童的家庭学前教育支出

图 5-17a 将家庭教育总支出、校内学费、校内其他收费和校外教育费用按照 0 元、0－1000 元、1000－5000 元、5000－10000 元、10000 元以上分为五组，分别来看几项支出的结构。从学费来看，各类幼儿园在园儿童家庭支出为 0 的占比都较低，政府机关或大学附属园、小区配套园、乡镇中心园、小学附属学前班和普惠性民办园分别占 7.25%、4.11%、7.95%、8.68% 和 3.81%。乡镇中心园、小学附属学前班和普惠性民办园学费以 1000－5000 元为最多，分别占 50.67%、50.41% 和 42.3。其中，普惠性民办园学费超过 5000 元低于 1 万元的占比（32.5%）要高于乡镇中心园和小学附属学前班（分别为 24.44% 和 12.81%），普惠民办园还有四分之一学费超过 1 万元。另一方面，学费较高的两类幼儿园中，小区配套幼儿园有 51.16% 的在园儿童家庭学费超过 1 万元，在 5000－10000 元之间的超过四分之一。而政府机关或大学附属园超过 1 万的为 23.06%，有大量的学费实在 1000－5000 元之间（31.35%）和 5000－10000 元之间（31.87%）。

从校内其他费用来看，基本上各类幼儿园接近或超过 70% 的家庭没有其他校内费用，政府机关或大学附属园、小区配套园、乡镇中心园、小学附属学前班和普惠性民办园支出为 0 的占比分别占 75.39%、67.1%、70.16%、70.66 和 67.42%。其中小区配套园和普惠性民办园的校内其他收费略高于其他幼儿园。再来看校外教育支出，政府机关或大学附属园、小区配套园、乡镇中心园、小学附属学前班和普惠性民办园支出为 0 的占比分别为 74.35%、60.67%、86.66%、93.39% 和 80.71%。在校外支出较高的两类幼儿园中，小区配套园支出在 1000－5000 元和 1 万元以上的占比分别达到 19.28% 和 11.57%，政府机关或大学附属园支出在 1000－5000 元和 1 万元以上的占比分别为 10.62% 和 7.51%，低于小区配套园。

中国教育财政家庭调查报告(2021)

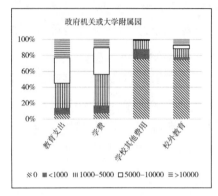
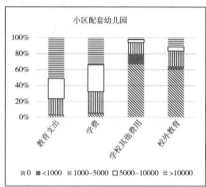
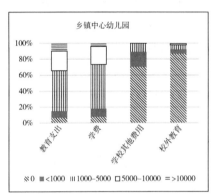
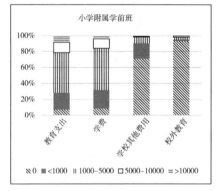
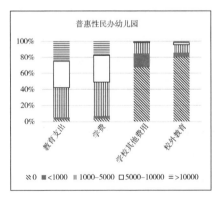

图 5-17a　不同类型幼儿园的家庭教育支出结构(细项)

根据图 5-17b,小学附属学前班和乡镇中心园在园儿童家庭的支出整

· 138 ·

体低于其他幼儿园,其中小学附属学前班支出低于1000元的家庭占比更高,而乡镇中心园的支出在5000—10000元的家庭占比更高。政府机关或大学附属园和普惠性民办园家庭的支出结构类似,而政府机关或大学附属园低于1000元支出的家庭略高于普惠性民办园。最后,小区配套幼儿园的家庭支出偏高,有大量家庭支出在1万元以上。

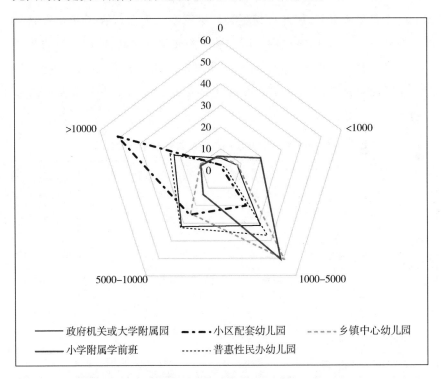

图 5-17b 不同类型幼儿园的家庭教育支出结构(生均总支出)

根据表5-4,民办园在园儿童的家庭学前教育支出水平和负担都高于公办园,而校外支出占比则低于公办园。将幼儿园按照举办者细分为五类,其中小区配套幼儿园在园儿童家庭教育支出最高(1.53万元),其次是普惠性民办园和政府/大学附属园,分别在8488元和8240元。学前教育支出最低的是小学附属学前班(3863元),一个主要原因是目前这种类型的幼儿园主要出现在农村地区,因此其收费会相对较低,而就读儿童的家庭相对于城镇地区收入和支出也更低。

就家庭负担来说,小区配套幼儿园的负担最高(10.17%),其次是普惠性民办园(9.82%),而政府机关或大学附属园的负担相对来说更轻(7.55%)。原因一方面是由于普惠性民办园在园儿童家庭的支出更高,因此负担更重;另一方面是政府/大学附属园在园儿童家庭的经济条件整体上高于普惠园家庭,因此负担更轻。尽管小区配套园在园儿童家庭经济条件较民办普惠园、乡镇中心园和小学附属学前班高,但这一类幼儿园家庭的校外教育支出水平和占比也是最高的。这一类家庭的消费能力和消费意愿使得其学前教育支出占家庭总支出的比例高于其他类型的幼儿园。

表5-4 不同类型幼儿园的家庭教育支出水平和结构

	生均家庭教育支出	校外教育支出占比	占家庭总支出比例
公办	6788	9.19%	7.44%
民办	9356	5.31%	9.71%
政府机关或大学附属园	8240	12.30%	7.55%
小区配套幼儿园	15338	15.08%	10.17%
乡镇中心幼儿园	4924	4.96%	7.24%
小学附属学前班	3863	2.20%	5.51%
普惠性民办幼儿园	8488	5.04%	9.82%

四、本章小结

本章基于2019中国教育财政家庭调查(CIEFR-HS)数据的初步分析,有以下三个方面的发现。

(1)入园机会。在3—6岁样本中,未入园的主要原因是接近90%的家长认为3岁上幼儿园年龄太小。分年龄来看,3岁儿童未入园的比例较高,随着年龄增加未入园比例迅速下降。到6岁,男童和女童未入园的比例分别下降至8.88%和9.25%。从城乡来看,农村地区3—6岁儿童未入园率高于城镇地区。从地区来看,西部地区3—6岁未入园儿童比例高于其他地区,且西部地区城乡之间差异较大。从家庭经济条件来看,随着家庭支出水平的提升,3—6岁未入园儿童占比逐渐下降。值得注意的是,城镇最低收入群体3—6岁未入园儿童占比甚至高于农村地区。可见,在普及学前教育的过程中,既要关注农村地区,也要关注城镇低收入群体子女的入园机会问题。从母亲受教育水平来看,母亲没有上过学的家庭3—6岁儿童未入园比例最高,城镇家庭为43.75%,农村家庭为55.91%。随着母亲受教育程度的提升,未入园儿童占比略微下降。而回归分析的结果显示,对于3—6岁儿童是否入园来说,关系最大的是年龄,随着年龄增长1岁,入园的可能性为之前的4.6倍。然后,家庭消费水平越高,越有可能入园。而母亲受教育水平对于儿童是否入园来说,并没有显著的影响。

(2)入园类型。根据2019年的入户调查数据计算,儿童毛入园率为83.6%,与官方毛入学率83.4%相近。从净入园率来看,全国3—6岁儿童净入园率为68.5%。从入园类型来看,幼儿园分类方法包括两种,一种是分为公办和民办幼儿园,另一种是根据幼儿园的隶属和举办者性质分类,大致分为政府机关和大学附属园、小区配套园、乡镇中心园、小学附属学前班和普惠性民办园。从第一种分类来看,整体上,随着家庭消费水平的提升,民办幼儿园在园儿童的比例逐渐上升,公办幼儿园在园儿童的比例逐渐下降。从第二种分类来看,来自优势家庭的孩子有更大可能进入体制内的和办学质量较好的幼儿园。回归分析显示,控制住其他个人、家庭和地区变量,首先,家庭消费水平越高的越有可能就读民办园,也更有可能就读小区配套园,但是否就读普惠民办园与家庭收入水平之间并不存在显著的相关性。其次,母亲学历为大学或以上,则就读公办园和小区配套园的可能性都显著增加。再次,从孩子自身的特征来看,就读民办园或是普惠民办园的孩子年龄显著偏小,更有可能是农村户口;相对于本地儿童,流动儿童(非本地户籍儿童)更可能就读民办园、小区配套园,但在就读普惠民办园的可能性上与本地儿童没有差异。

总的来说,关于入园机会和进入什么类型的幼儿园,从需求端来看,对于孩子个人来说,与是否入园关系最大的是年龄,而性别则没有显著的差异。对家庭来说,家庭的经济条件与是否入园以及入园类型有显著的关系,家庭经济条件较好的儿童更可能就读于民办园和小区配套园。同时,母亲受教育水平在大学及以上的儿童更可能就读于公办园,也更有可能就读于小区配套园。从供给端来看,自2010年以来,我国公办幼儿园数量明显增长,农村地区民办园占比从2010年的63.3%下降到2019年的42.94%,而城区的民办园没有减少反而略有增加,从2010年的73.34%增加到2019年的76.72%。这也使得农村地区家庭,相对于城镇地区的家庭,更多就读于公办幼儿园。对于公办园和民办园供求的问题,本书将在第九章中进一步展开讨论。

(3)家庭学前教育支出。从城乡差异来看,城镇家庭的支出水平是农村家庭的1.5-3倍,而且城乡差距随着消费水平的提高而拉大。从不同类型幼儿园来看,民办园在园儿童的家庭学前教育支出水平和负担都高于公办园。将幼儿园细分为五类估计教育支出水平和负担。其中,小区配套幼儿园在园儿童家庭教育支出最高,其次是普惠性民办园和政府/大学附属园,而位于农村地区的乡镇中心园和小学附属学前班最低。就家庭负担来说,小区配套园和普惠性民办园在园儿童家庭支出高、负担重;乡镇中心园和小学附属学前班则支出低、负担轻;政府机关和大学附属幼儿园支出接近普惠性民办园,而负担则相对更轻。需注意的是,家庭学前教育支出的估计只包括调查时就读幼儿园的儿童,而没有估计那些因为没有机会或者无力承担幼儿园费用的家庭。这些家庭更可能生活在贫困或偏远的农村地区,排除这些家庭可能导致对家庭学前教育支出估计的偏差。

第六章　学前教育家庭经济负担及学生资助情况

一、背景

(一) 学前教育事业发展

学前教育对个人、家庭和社会都非常重要。大量研究表明,高质量的学前教育对儿童尤其是弱势群体儿童的认知和非认知技能的发展具有重要影响。为确保普及优质的学前教育,学前教育投入的充足性以及政府和家庭之间合理的成本分担机制设计至关重要。在许多发达国家,政府承担着资助学前教育的主要责任。例如,2017年经合组织(OECD)国家平均71%的学前教育资金来自公共财政,其中芬兰和瑞典的比例超过90%。[1] 根据该报告,经合组织国家3至5岁儿童的学前教育覆盖率达到85%。然而,在许多低收入和中等收入国家,由于缺乏政府的支持,家庭承担了大部分学前教育费用。[2][3] 研究还发现学前教育覆盖率和覆盖人群存在显著且持续的社会经济不平等。[4]

---

[1] OECD. Education at a Glance 2017: OECD Indicators[R]. Paris: OECD Publishing, 2017.

[2] GIL J D, EWERLING F, FERREIRA L Z, et al. Early Childhood Suspected Developmental Delay in 63 Low-and Middle-income Countries: Large Within-and Between-Country Inequalities Documented Using National Health Surveys[J]. Journal of Global Health, 2020, 10(1): 010427.

[3] 苏余芬,刘丽薇.学前儿童教育支出与家庭背景:基于中国家庭追踪调查的证据[J].北京大学教育评论,2020(03):86-103.

[4] LU C, CUARTAS J, FINK G, et al. Inequalities in Early Childhood Care and Development in Low/Middle-Income Countries: 2010—2018[J]. BMJ Global Health, 2020, 5(2): e002314.

作为世界第二大儿童人口国家,中国在2010年《国家中长期教育改革与发展规划纲要(2010—2020)》中确定了"普及学前教育"的政策目标,要求学前三年的毛入学率从2009年的50.9%提高到2020年的70%。从那时起,学前教育的公共投入快速增长,从2010年的244.4亿元增加到2019年的2007.9亿元(见图6-1)。学前三年毛入学率从2000年的46.1%快速增长到2019年的83.4%,超过美国,接近经合组织国家的平均水平。

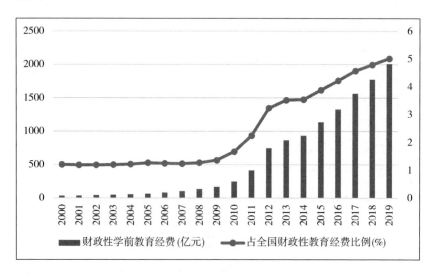

图6-1 学前公共教育财政支出及占教育财政总支出的百分比(单位:亿元,%)
资料来源:根据历年《中国教育经费统计年鉴》学前教育经费统计数据整理。

从生均经费来看,自2010年以来,学前教育生均公共财政预算教育经费持续增长,从2010年的1875元增长到2019年的8615元(图6-2)。其次,学前教育生均公共财政预算事业费的人员经费和公用经费也持续增长,分别从2010年的398元和1361元增加到2019年的2711元和5173元(图6-3)。

尽管政府一直在努力增加学前教育财政投入,家庭缴纳的学费仍旧是幼儿园,尤其是民办幼儿园最主要的资金来源之一。从历史和体制上

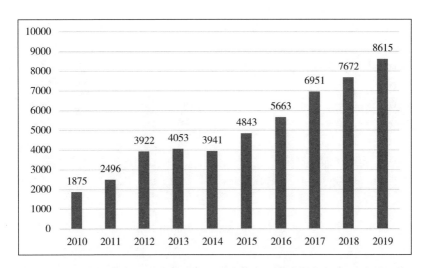

图 6-2　学前教育生均公共财政预算教育经费的增长情况（单位：元/生）

资料来源：根据《全国教育经费执行情况统计公告》数据整理。由于 2017 年以前《全国教育经费执行情况统计公告》未公开幼儿园经费数据，2010—2016 年数据根据《中国教育经费统计年鉴》数据整理。

来看，公办幼儿园是一种俱乐部产品，是单位福利制度的延伸，是机构组织给员工提供的福利，因此公办幼儿园都有一定的入园资格要求。比如政府机关、大学、教育部门、部队、企业、街道幼儿园等，要求家长必须是政府部门、大学或者企业的员工，或是街道和村集体的成员。到目前为止，学前教育财政投入仍旧主要针对公办园，特别是教育部门办园和政府机关幼儿园。根据教育部公布的统计数据，公办幼儿园有 25% 的经费来自家庭缴纳的学费。有研究表明，优势群体子女更有可能进入这些收费相对较低、质量相对较高的公办园。[1][2] 尤其是政府和事业单位办幼儿园，借助财政力量和系统的教师人事管理制度，成为优质幼儿园的主要组成

---

[1] 宋映泉.我国学前教育事业发展主要矛盾与公共财政投入改革方向[J].教育经济评论，2019(03):19-48.

[2] 袁连生，赵嘉茵.新时代学前教育财政政策应处理好的几个关系[J].教育经济评论，2019(03):49-63.

图 6-3 学前教育生均公共财政预算事业费的增长情况(单位:元/生)

资料来源:根据《全国教育经费执行情况统计公告》数据整理。由于 2017 年以前《全国教育经费执行情况统计公告》未公开幼儿园经费数据,2010—2016 年数据根据《中国教育经费统计年鉴》数据整理。

部分,服务对象主要是政府机关公务员子女或事业单位职工子女。另一方面,民办幼儿园目前已经成为我国学前教育供给体制中的重要力量。2000 年以来,民办幼儿园快速增加,很大程度上缓解了入园难的问题。民办幼儿园在园幼儿 2000 年只占 13%,2010 年占到 47%,2018 年达到 56%。根据教育部公布的统计数据,民办幼儿园有 85% 的经费来自家庭缴纳的学费。进入民办园而非公办园,有部分是家长的自主选择,但有相当部分是在没有公办园供给情况下不得已的选择。

宋映泉在对中国幼儿教育先前研究的基础上,总结了学前教育发展中需要解决的主要问题:第一,尽管我国学前在园规模扩大及入园机会增加,但谁进入什么类型幼儿园的基本格局并没有根本改变,即学前教育结构性供给不足的矛盾依然突出;第二,尽管我国学前教育结构性质量有明显改善,但城乡儿童发展水平还存在巨大鸿沟,且随着年龄增长,差距有扩大之趋势;第三,尽管学前教育财政投入持续增加,但由于政府成本分担水平低、分配不均,弱势群体家庭的学前教育负担仍较重。①

(二)学前教育学生资助政策

2010年,《国务院关于当前发展学前教育的若干意见》(国发〔2010〕41号)正式提出"建立学前教育资助制度,资助家庭经济困难儿童、孤儿和残疾儿童接受普惠性学前教育"。2011年,财政部、教育部出台了《关于加大财政投入支持学前教育发展的通知》(财教〔2011〕405号),提出按照"地方先行、中央补助"的原则,从2011年秋季学期起,由地方结合实际先行建立学前教育资助制度,对家庭经济困难儿童、孤儿和残疾儿童入园给予资助,中央财政视地方工作情况给予奖补。同年,财政部、教育部发布《关于建立学前教育资助制度的意见》(财教〔2011〕410号),规定了各类资助项目的具体实施方案。2018年11月,中共中央、国务院出台《关于学前教育深化改革规范发展的若干意见》,明确要完善学前教育资助制度,要求各地认真落实幼儿资助政策,确保接受普惠性学前教育的家庭经济困难儿童(含建档立卡家庭儿童、低保家庭儿童、特困救助供养儿童等)和孤残儿童(以下简称"五类儿童")得到资助。

根据2015—2020年《中国学生资助发展报告》和《中国教育统计年鉴》数据,2015年以来,我国幼儿资助人次和经费有较大幅度的提升,资助人次的比例从2015年的10.7%提高到2018年的20.4%,之后逐年下降至2020年的16.9%。资助人次提升主要集中在西部地区,其中东部地区7.9%,中部地区5.7%,西部地区38.9%,从资助人次占比来看,西部地区是中部地区的5.7倍以上,是东部地区的4倍以上(表6-1)。

表6-1 全国和不同地区资助人次和资助人次比例

	资助人次	在园幼儿数	全国资助人次比例(%)	东部地区	中部地区	西部地区
2015	4578200	42648284	10.7%	7.1%	6.2%	22.8%

---

① 宋映泉.我国学前教育事业发展主要矛盾与公共财政投入改革方向[J].教育经济评论,2019(03):19−48.

续表

	资助人次	在园幼儿数	全国资助人次比例(%)	东部地区	中部地区	西部地区
2016	6193600	44138630	14%	9.1%	7.7%	27.6%
2017	8897700	46001393	19.3%	10.6%	7.9%	41.8%
2018	9515700	46564204	20.4%	10.8%	8%	43.8%
2019	9144100	47138810	19.4%	8.2%	6.6%	44.7%
2020	8161700	48182600	16.9%	7.9%	5.7%	38.9%

注:资助人次源于《中国学生资助发展报告》,在园幼儿数源于《中国教育统计年鉴》,全国资助人次覆盖率=资助人次/在园幼儿数。2015—2018年东部、中部和西部地区政府资助人次比例源于《中国学生资助发展报告》;自2019年《中国学生资助发展报告》不再汇报此比例,2019—2020年的比例根据《中国学生资助发展报告》东部、中部和西部地区资助人数与《中国教育统计年鉴》东部、中部和西部地区在园幼儿数计算得出。

幼儿资助经费近年来大幅提升,财政资助总额从2015年的51.74亿达到2020年的100.61亿。从财政经费分担看,以地方财政为主。2020年,中央财政资金21.61亿元,占学前政府资金总额的21.5%;地方财政资金79亿元,占78.5%。从地区来看,财政资助更倾向于西部地区。2020年西部地区财政资助经费最高(74.19亿元),占全国财政资助总额的73.7%;中部地区最低(9.5亿元),占全国财政资助总额的9.4%;东部地区财政资助总额为16.92亿元,比例为16.8%(表6-2)。

表6-2 全国和不同地区幼儿资助经费总额

	资助总额(亿元)	财政资助总额(亿元)	中央财政比例	地方财政比例	东部地区比例	中部地区比例	西部地区比例
2015	53.61	51.74	19.3%	80.7%	21.1%	16.5%	62.4%
2016	68.18	66.20	22.7%	77.3%	25.6%	15.6%	58.8%
2017	93.20	89.01	17.0%	83.0%	24.1%	12.5%	63.4%
2018	111.91	108.47	16.4%	83.6%	20.4%	11.1%	68.5%

第六章　学前教育家庭经济负担及学生资助情况

续表

	资助总额（亿元）	财政资助总额（亿元）	中央财政比例	地方财政比例	东部地区比例	中部地区比例	西部地区比例
2019	116.26	113.61	22.6%	77.4%	20.0%	10.5%	69.5%
2020	102.56	100.61	21.5%	78.5%	16.8%	9.4%	73.7%

注：数据源于历年《中国学生资助发展报告》。

为了实现有质量、可负担的学前教育，首先，我们需要了解不同地区和不同类型家庭的学前教育经济负担。其次，还需要了解目前学前教育阶段学生资助的覆盖面，以及资助是否瞄准了目标人群。由于数据有限，对这一主题的实证研究较少。一些研究使用小规模方便抽样调查来分析家庭的学前教育支出，发现家庭个人学前教育支出因居住地区、家庭收入水平、父母教育水平、父母职业和幼儿园类型而异。[1][2] 这些研究还表明，低收入家庭的经济负担相对较重。苏余芬和刘丽薇基于中国家庭追踪调查数据对我国学前儿童家庭教育支出进行分析，发现家庭在3—5岁儿童教育上的支出占家庭年收入的9.3%，并且这一比例从2010年到2016年一直在上升。[3]研究还表明，家庭收入越低，教育支出占家庭收入的比例越高。

目前的研究尚未聚焦于学前教育负担较重的家庭，提供进一步的群体画像，也没有将家庭负担的讨论与学生资助政策相结合。本章基于2019年CIEFR-HS调查数据，首先，将幼儿园在园儿童家庭的学前教育经济负担定义为家庭总支出中用于学前教育的百分比，并将花费占总支出10%及以上的家庭定义为学前教育负担过重家庭，基于这个标准，分

---

[1] 田志磊,张雪,袁连生.北京市不同户籍幼儿学前教育资源差异研究[J].中国人民大学教育学刊,2011(03):165－180.
[2] 刘焱,宋妍萍.我国城市3—6岁儿童家庭学前教育消费支出水平调查[J].华中师范大学学报(人文社会科学版),2013(01):155－160.
[3] 苏余芬,刘丽薇.学前儿童教育支出与家庭背景:基于中国家庭追踪调查的证据[J].北京大学教育评论,2020(03):86－103.

析了公/民办幼儿园家庭、不同地区和经济条件家庭之间的差异。其次,对不同地区、不同经济条件的家庭在幼儿园就读的子女获得资助的情况进行描述和分析。

二、数据和方法

本章主要聚焦于2019年CIEFR-HS调查数据中与上幼儿园有关的家庭支出。在中国,幼儿园通常为3—6岁儿童提供,但3岁以下和6岁以上的儿童也可以上幼儿园。2019年调查数据中有4085名3—6岁的儿童,其中有2797名在园儿童,净入园率为68.5%;有3415名上幼儿园的幼儿,毛入园率为83.6%。在本章中,我们重点关注在园儿童家庭,包括3岁以下和6岁以上仍然上幼儿园的家庭,去掉没有汇报学前教育支出的样本,最终的样本包括3111个家庭的3371名儿童。

1. 学前教育负担过重的家庭的定义

世界银行和世界卫生组织提出了家庭用于医疗健康服务支出的经济负担过重的定义:如果一个家庭年度总支出的10%(世界银行)或年度非食品支出的10%—40%(世界卫生组织)或更多用于医疗健康服务,则该家庭被视为负担过重。[1][2] 这些定义已被各国政府作为全民医疗覆盖的重要指标,用于监测减轻医疗健康支出负担的政策实施进度。在本章中,我们采用类似的方法,选择10%作为门槛。当一个家庭的学前教育支出超过其年度总支出的10%,该家庭就是学前教育负担过重的家庭。对于每个家庭,我们计算了一个家庭所有在园儿童的教育支出占家庭总支出的比例,基于比值构建了一个二分变量来表示学前教育负担过重的家庭。为了验证结果的稳健性,我们还将10%替换为7%和20%,进行了同样的

---

[1] WAGSTAFF A,VAN DOORSLAER E. Paying for Health Care:Quantifying Fairness, Catastrophe,and Impoverishment,with Applications to Vietnam,1993—98[R]. Washington,D. C.:World Bank Policy Research Working Paper No. 2715,2001.

[2] XU K,EVANS D B,KAWABATA K,et al. Household Catastrophic Health Expenditure:A Multicountry Analysis[J]. The Lancet,2003,362(9378):111—117.

分析和检验。

2.分析方法

首先,我们估计了全国和分省份的学前教育负担过重家庭的百分比。考虑到各省份经济发展和地理情况的巨大差异,我们进一步评估了 29 个省份负担过重家庭占比的省际差异。这些信息将有助于确定哪些省份学前教育负担重的家庭占比更高。具体计算公式为 $\frac{pop_i \times (r_i - r)}{pop}$,其中 pop 是全国人口规模,pop_i 是第 i 省的人口规模,r 是全国平均值,r_i 是省 i 的平均值,正值表示省平均值高于全国平均值,负值表示省平均值低于全国平均值。

其次,为了确定与家庭学前教育负担过重相关的因素,我们使用了三层 Logit 回归模型,省层面和县层面采用随机截距,并控制省和县的潜在的聚类效应:

$$Logit\,(Y_{ijk}) = \alpha_0 + \alpha X_{ijk} + u_{0k} + v_{0jk} + \varepsilon_{0ijk} \tag{1}$$

其中 $Logit\,(Y_{ijk})$ 表示居住在 k 省 j 县的家庭 i 的学前教育负担过重的概率,α 是 X_{ijk} 的系数,X_{ijk} 是家庭 i 的家庭层面特征变量。u_{0k} 和 v_{0jk} 分别代表省间和省内区县间随机变异。ε_{0ijk} 表示随机误差。

再次,为了确定在园儿童是否获得学前教育资助相关的因素,本章同样使用了三层 Logit 回归模型,省层面和县层面采用随机截距,并控制省和县的潜在的聚类效应:

$$Logit\,(Y_{pjk}) = \beta_0 + \beta X_{pjk} + u_{0k} + v_{0jk} + \varepsilon_{0pjk} \tag{2}$$

其中 $Logit\,(Y_{pjk})$ 表示居住在 k 省 j 县的在园儿童 p 是否获得学前教育资助的概率,β 是 X_{pjk} 的系数,X_{pjk} 是儿童 p 的个人和家庭特征变量。u_{0k} 和 v_{0jk} 分别代表省间和省内区县间随机变异。ε_{0pjk} 表示随机误差。

三、学前教育家庭经济负担情况分析

(一)学前教育负担过重家庭占比和差异

如表 6-3 所示,从个人层面来看,个人学前教育支出平均为 8820 元。

从家庭层面来看,家庭学前教育支出平均为8907元,占同期家庭总支出的9.4%。其中,有49.5%的家庭学前教育支出超过家庭总支出的7%,34.2%的家庭学前教育支出超过家庭总支出的10%,9.8%的家庭学前教育支出超过家庭总支出的20%。在样本在园儿童中,47%是女孩,56%上民办幼儿园,35.2%生活在农村,6.4%为建档立卡贫困户。

表6-3 相关变量的统计描述

变量	样本量	均值	标准差
学前教育支出			
家庭学前教育支出水平	3111	8907	10828
家庭生均学前教育支出水平	3371	8820	10088
家庭学前教育负担率	3111	0.094	0.091
学前教育负担过重家庭占比(7%)	3111	0.495	0.5
学前教育负担过重家庭占比(10%)	3111	0.342	0.475
学前教育负担过重家庭占比(20%)	3111	0.098	0.297
个人特征			
女童	3371	0.47	0.499
民办园	3371	0.56	0.496
家庭特征			
家庭在园儿童人数	3111	1.084	0.294
家庭在园女童占比	3111	0.465	0.488
有民办园在园儿童的家庭	3091	0.557	0.497
家庭5岁以下幼儿占比	3111	0.831	0.707
流动人口	3111	0.173	0.379
家庭规模	3111	5.131	1.576
居住在农村的家庭	3111	0.352	0.478
建档立卡贫困户	3111	0.064	0.244

第六章 学前教育家庭经济负担及学生资助情况

续表

变量	样本量	均值	标准差
家庭消费支出五分位			
第1五分位	3111	0.222	0.416
第2五分位	3111	0.213	0.409
第3五分位	3111	0.196	0.397
第4五分位	3111	0.184	0.388
第5五分位	3111	0.184	0.388
母亲受教育程度			
小学或没上过学	3111	0.18	0.384
初中	3111	0.375	0.484
高中	3111	0.2	0.4
大学或以上	3111	0.245	0.43

注：在园儿童人数表示家庭中上幼儿园的儿童人数。在园女童占比表示在一个家庭中所有上幼儿园的儿童中女童的比例。家庭规模是指一个家庭中家庭成员的总数。

学前教育负担过重家庭被定义为家庭学前教育支出占家庭总支出10%或以上的家庭。根据表6-4，民办园在园儿童的家庭中，学前教育支出占比超过10%的家庭占40.8%，高于公办园家庭占比（25.4%）。城镇地区家庭占比为37%，高于农村地区家庭占比（29.1%）。分地区来看，东北地区负担最重，支出超过10%的家庭占比达到53.1%，其次是东部和中部地区，占比分别为35.6%和34.5%，西部地区最低为29.6%。从城镇内部的差异来看，一线城市（43.8%）高于二线城市（41.5%），但差别不大，其他城市（32.3%）则明显低于一、二线城市。

表 6-4 按幼儿园类型、城乡、地区划分的学前教育负担过重家庭占比和差异

		占比＞7%	占比＞10%	占比＞20%
举办者	公办	40.3%	25.4%	7.0%
	民办	56.5%	40.8%	11.7%
城乡	农村	43.5%	29.1%	9.3%
	城镇	52.7%	37.0%	10.0%
地区	东部	50.1%	35.6%	11.1%
	东北	64.8%	53.1%	20.1%
	中部	51.8%	34.5%	8.8%
	西部	44.7%	29.6%	7.4%
城镇	一线城市	58.7%	43.8%	13.9%
	二线城市	55.6%	41.5%	12.8%
	其他城市	48.6%	32.3%	7.4%

根据表 6-5，从家庭支出水平的五分组来看，最低 20% 组家庭的学前教育支出超过 10% 的家庭占比为 47%，随着消费水平的提升，负担过重家庭的占比迅速下降，最高 20% 组家庭占比为 23.4%，最低组是最高组家庭的两倍。母亲受教育程度在高中及以下的家庭之间的差异不大，介于 30% 和 34% 之间，而母亲受教育程度为大学或以上的家庭，学前教育负担相对较重（40.1%）。

表 6-5 按家庭支出水平和母亲受教育水平划分的学前教育负担过重家庭占比和差异

		占比＞7%	占比＞10%	占比＞20%
家庭支出	第1五分位	61.6%	47.0%	18.8%
	第2五分位	53.6%	37.3%	8.5%
	第3五分位	47.6%	29.8%	7.7%
	第4五分位	44.9%	30.9%	7.5%
	第5五分位	36.6%	23.4%	4.9%

续表

		占比＞7%	占比＞10%	占比＞20%
母亲学历	小学及以下	43.6%	29.5%	10.0%
	初中	49.7%	32.8%	8.7%
	高中	48.6%	33.9%	9.3%
	大学及以上	54.1%	40.1%	11.7%

表6-6进一步估计了29个省份负担过重家庭占比的省际差异。在29个省份中,辽宁的学前教育负担过重的家庭占比(63.9%)最高,而甘肃(19%)最低。有12个省份的加权平均值相对于全国平均值为正值,而其他17个省份的加权平均值为负值。当使用7%和20%的替代阈值来定义负担过重家庭占比时,结果基本相同。

表6-6 分省份的学前教育负担过重家庭占比和加权平均差(10%)

	负担过重家庭占比	加权平均差
辽宁	63.9%	0.0094
天津	49.5%	0.0018
北京	49.1%	0.0024
陕西	48.8%	0.0042
吉林	47.0%	0.0026
河南	46.1%	0.0086
海南	45.2%	0.0008
山东	42.5%	0.0064
黑龙江	39.2%	0.0015
重庆	36.5%	0.0007
内蒙古	35.1%	0.0003
湖南	34.2%	0.0003
广东	33.4%	−0.0001

续表

	负担过重家庭占比	加权平均差
福建	32.0%	−0.0004
湖北	31.9%	−0.0007
广西	31.6%	−0.0007
贵州	30.9%	−0.0007
山西	30.3%	−0.0009
宁夏	29.7%	−0.0002
江苏	29.3%	−0.0024
云南	27.9%	−0.0020
四川	27.6%	−0.0035
安徽	25.9%	−0.0035
上海	25.5%	−0.0014
青海	23.6%	−0.0004
浙江	23.1%	−0.0044
江西	22.7%	−0.0036
河北	19.7%	−0.0075
甘肃	19.0%	−0.0028

可见,学前教育的负担,也即学前教育支出占家庭总支出的比例既受到家庭收入和支出水平的影响,也受到家庭的支出意愿和本地学前教育供给、需求关系的影响。所谓负担过重并不单单因为家庭收入低,有可能是支出意愿更强,比如母亲受教育水平较高的家庭;也有可能是优质学前教育供给有限,比如一线城市家庭。这时就需要在控制其他相关变量的条件下,单独来看某一类因素与家庭学前教育负担之间的关系。

(二)回归分析

表6-7给出了使用7%、10%和20%三种门槛对学前教育负担过重的相关因素的回归分析结果。结果显示,在7%、10%和20%这三个阈值

下,与家庭学前教育负担过重显著相关的因素包括家庭支出水平、母亲学历大学或以上、在园儿童数量、幼儿园类型和家庭规模。城乡在7%和10%的阈值上有显著性,在20%的阈值上则没有显著性。建档立卡贫困户在7%的阈值上有显著性,在10%和20%的阈值上则没有显著性。

就家庭消费支出水平而言,与最低五分组的家庭相比,消费支出水平较高的家庭学前教育负担超过10%的可能性较小。就母亲受教育程度而言,与小学及以下受教育程度的家庭相比,母亲受过大学或以上教育的家庭,其学前教育支出更可能超过10%。至于其他家庭和个人特征,家庭规模越大、成员越多的家庭其学前教育支出超过10%的可能性越低。在其他条件相同的情况下,将孩子送到民办幼儿园的家庭往往会在学前教育上花费更多,从而导致家庭负担更重;建档立卡贫困户教育负担超过7%的可能性更小,而在10%和20%的阈值上则没有显著性。

以上结果同样也说明,家庭教育负担是支出能力、支出意愿和供给共同作用的结果。在其他家庭和个人层面特征都相同的情况下,收入较高的家庭负担相对较轻。而家庭对子女的教育期望更高(以母亲的受教育水平来衡量),教育投入的意愿更强,则会增加家庭教育的支出和负担。此外,家庭主动或被动选择民办幼儿园,也会增加教育的支出和负担。

表6-7 与家庭学前教育负担过重相关的因素的Logit回归分析

	负担率>7%	负担率>10%	负担率>20%
家庭消费支出五分位(对照组:第1五分位)			
第2五分位	0.379***	0.322***	0.175***
第3五分位	0.203***	0.142***	0.103***
第4五分位	0.093***	0.072***	0.042***
第5五分位	0.034***	0.024***	0.013***
母亲受教育程度(对照组:小学或没上学)			
初中	1.234	1.217	0.979
高中	1.284	1.531**	1.519

续表

	负担率＞7%	负担率＞10%	负担率＞20%
大学或以上	2.433***	3.224***	3.837***
家庭在园儿童人数	4.666***	4.694***	4.207***
家庭在园女童占比	1.075	0.998	1.072
有民办园在园儿童的家庭	2.337***	2.499***	2.361***
家庭5岁以下幼儿占比	0.949	0.941	1.033
流动人口	1.056	1.208	1.230
家庭规模	0.668***	0.619***	0.621***
居住在农村的家庭	0.618***	0.627***	0.770
建档立卡贫困户	0.670**	0.787	1.146
N	3091	3091	3091
ICC（省）	0.050	0.062	0.105
ICC（县|省）	0.194	0.197	0.302

注：以上分析结果为风险比（Odds ratio），* $p<0.01$，** $p<0.05$，*** $p<0.01$。ICC指组内相关性；ICC(省)表示省一级的组内相关性，ICC(县|省)表示县和省一级的组内相关性。

四、学前教育学生资助情况分析

（一）学前教育学生资助覆盖情况

考虑到家庭对学生资助的资金来源并不清楚，2019年家庭调查询问每一个在园儿童家庭是否获得保教费减免或资助。根据表6-8，整体来看，幼儿园在园儿童获得保教费减免或资助的占比为11.2%。分举办者来看，公办园在园儿童获得资助的占比（13.5%）要高于民办园在园儿童（9.4%）。分城乡来看，农村家庭的学生获得资助的占比（14.2%）高于城镇地区（9.6%）。分地区来看，西部地区的学生获得资助的占比高于其他地区。具体而言，西部、中部、东北部和东部地区学生获得学费减免的占比分别为16.2%、7.9%、3.3%和9.9%。分城市来看，一线城市在园儿童获得资助的占比为 16.7%,二线城市为 10%,三线及以下城市为 8.3%。

表 6-8 学前阶段学生资助覆盖情况

		获得资助占比
全国		11.2%
举办者	公办	13.5%
	民办	9.4%
城乡	农村	14.2%
	城镇	9.6%
区域	东部	9.9%
	东北部	3.3%
	中部	7.9%
	西部	16.2%
城镇	一线城市	16.7%
	二线城市	10.0%
	其他城镇	8.3%

根据《2018年中国学生资助发展报告》,2018年,各级政府共资助幼儿 893.54 万人次,占在园幼儿总数的 20.06%。其中,西部地区资助幼儿 609.84 万人次,占西部地区在园幼儿的比例为 43.82%;中部地区资助幼儿 130.13 万人次,占中部地区在园幼儿的比例为 7.95%;东部地区资助幼儿 153.57 万人次,占东部地区在园幼儿的比例为 10.78%。可见,根据家庭调查估计的保教费减免或资助的覆盖率低于资助报告的全国覆盖率。其中,中部和东部地区接近但略低于资助报告的水平,而西部地区则远低于资助报告的水平。部分原因是家庭调查询问的主要是保教费的减免,而没有涉及其他资助(例如餐费减免等)。此外,根据资助报告,学前教育学生资助的财政经费分担是以地方财政为主。2018、2019 和 2020 年,地方财政占学前政府资金总额的 83.6%、77.4%、78.5%。一、二线城市获得资助比例较高的部分原因在于,尽管中央财政主要向中

西部的农村地区倾斜,但一、二线城市的地方政府财力和对教育的投入要高于其他城镇和农村地区。

(二)学前教育学生资助瞄准情况

根据表6-9,单从家庭的支出水平来看,支出水平最低20%组家庭在园儿童中获得资助的占比为15.6%,支出水平最高20%组家庭儿童获得资助的占比为11.5%。也就是说最低和最高组在园儿童获得资助的占比均高于中低、中等和中高组家庭的儿童。以建档立卡贫困户和低保户家庭在园儿童是否获得资助来衡量资助的瞄准程度,一方面,这些家庭的儿童获得资助的占比确实远高于其他家庭。建档立卡贫困户和低保户分别有47.2%和32.4%的在园儿童获得了资助,而非贫困户和非低保户则分别占8.6%和10.3%。另一方面,学前教育资助对贫困家庭的覆盖率还不够,两类家庭的儿童获得资助的占比还不到一半。

表6-9 不同经济水平的家庭子女获得资助的情况

		获得资助占比
家庭支出水平	第1五分位	15.6%
	第2五分位	11.1%
	第3五分位	8.9%
	第4五分位	8.1%
	第5五分位	11.5%
建档立卡贫困户	是	47.2%
	否	8.6%
低保户	是	32.4%
	否	10.3%

表6-10给出了与获得学前教育学生资助相关的因素的Logit回归分析结果。结果显示,与家庭在园儿童是否获得学前教育资助显著相关的因素包括家庭在园儿童人数、流动人口家庭、家庭规模和建档立卡贫困户。城乡在7%和10%的阈值上有显著性,在20%的阈值上则没有显著

性。建档立卡贫困户在7%的阈值上有显著性,在10%和20%的阈值上则没有显著性。整体上,家庭是否为建档立卡贫困户与是否获得学前教育资助的关系最为显著。其次,在园儿童人数多的家庭也更可能获得资助。而如果是流动人口家庭以及家庭人口规模较大的,则获得资助的可能性更低。其余因素,包括学前教育负担是否过重(7%、10%和20%三个阈值)与家庭在园儿童获得学前资助的可能性都不存在显著的关系。

表6-10 与获得学前教育学生资助相关的因素的Logit回归分析

	负担率＞7%	负担率＞10%	负担率＞20%
家庭消费支出五分位(对照组:第1五分位)			
第2五分位	0.922	0.92	0.937
第3五分位	0.795	0.793	0.807
第4五分位	0.752	0.747	0.763
第5五分位	1.013	1.003	1.031
母亲受教育程度(对照组:小学或没上学)			
初中	0.721	0.723	0.726
高中	0.692	0.693	0.692
大学或以上	0.858	0.861	0.857
女童	0.907	0.908	0.908
民办园	0.886	0.889	0.887
家庭在园儿童人数	1.696***	1.705***	1.685**
家庭5岁以下幼儿占比	0.872	0.871	0.87
流动人口	0.692**	0.691**	0.687**
家庭规模	0.852**	0.851**	0.853**
居住在农村的家庭	0.954	0.952	0.95
建档立卡贫困户	9.109***	9.087***	9.050***
家庭学前教育支出＞7%	1.071		
家庭学前教育支出＞10%		1.05	

续表

	负担率＞7%	负担率＞10%	负担率＞20%
家庭学前教育支出＞20%			1.192
N	3328	3328	3328
ICC（省）	0.134	0.134	0.134
ICC（县｜省）	0.240	0.240	0.240

注：以上分析结果为风险比（Odds ratio），* $p<0.01$，** $p<0.05$，*** $p<0.01$。ICC指组内相关性；ICC(省)表示省一级的组内相关性，ICC(县｜省)表示县和省一级的组内相关性。

根据上文对家庭学前教育负担的分析，在其他家庭和个人层面特征都相同的情况下（包括建档立卡贫困户的因素），支出水平较低的家庭、主动或被动选择民办幼儿园的家庭以及在园儿童人数较多的家庭，其学前教育负担显著更重。而根据本节的分析，目前学前教育学生资助主要是根据家庭是否为贫困家庭，同时也考虑家庭在园儿童的数量来分配资助。家庭经济条件、是否在民办园就读、家庭学前教育负担等因素与学前资助的获得之间关系并不显著。考虑到目前公办园，尤其是优质低价的公办园入园机会更加倾向于优势群体的子女，学前教育资助可考虑对在民办幼儿园的经济困难家庭儿童与公办幼儿园同等对待。

五、本章小结

首先，本章基于2019年CIEFR-HS调查数据，聚焦于学前教育负担较重的家庭，估计了家庭学前教育的负担以及省份和群体之间的差异。整体上，2019年家庭学前教育支出平均为8907元，占同期家庭总支出的9.4%。将家庭学前教育支出占其总支出10%及以上定义为学前教育负担过重的家庭，大约34.2%的家庭在学前教育上的经济负担过重。在送孩子上民办园的家庭中，学前教育负担过重的家庭占比为40.8%，高于送孩子上公办园的家庭（25.4%）。城市家庭（37%）和农村家庭（29.1%）之间的差距也很明显。从家庭消费支出的五分组来看，最低五分组的家庭学前教育支出超过10%的家庭占比为47%,随着消费水平的提升,负担过重家庭的占比迅速下降,最高五分组家庭占比为23.4%。

为了确定与家庭学前教育负担过重相关的因素,本章使用了三层Logit回归模型。分析结果显示,家庭教育负担是支出能力、支出意愿和供给共同作用的结果。在其他家庭和个人层面特征都相同的情况下,收入较高的家庭负担相对较轻。而家庭对子女的教育期望更高(以母亲的受教育水平来衡量),教育投入的意愿更强,则会增加家庭教育的支出和相应负担。此外,家庭主动或被动选择民办幼儿园,也会增加教育的支出和负担。

其次,本章将家庭负担的讨论与学生资助政策相结合,分析了学前教育学生资助的覆盖率和瞄准程度。整体上,幼儿园在园儿童获得保教费减免或资助的占比为11.2%。公办园在园儿童获得资助的占比(13.5%)要高于民办园在园儿童(9.4%),农村家庭学生获得资助的占比(14.2%)高于城镇地区(9.6%),西部地区学生获得资助的占比(16.2%)高于其他地区。根据家庭调查估计的保教费减免或资助的覆盖率低于《2018年中国学生资助发展报告》的全国覆盖率。其中,中部和东部地区接近但略低于资助报告的水平,而西部地区则远低于资助报告的水平。部分原因是家庭调查询问的是主要是保教费的减免,而没有涉及其他资助(例如餐费减免等)。

以建档立卡贫困户和低保户的在园儿童是否获得资助来衡量资助的瞄准程度,一方面,这些家庭的儿童获得资助的占比确实远高于其他家庭。建档立卡贫困户和低保户分别有47.2%和32.4%的在园儿童获得了资助,而非贫困户和非低保户则分别占8.6%和10.3%。另一方面,学前教育资助对贫困家庭的覆盖率还不够,两类家庭的儿童获得资助的占比还不到一半。三层Logit回归模型的结果显示,目前学前教育学生资助主要是根据家庭是否为贫困家庭,同时也考虑家庭在园儿童的数量来分配资助。家庭经济条件、是否在民办园就读、家庭学前教育负担等因素与学前资助的获得之间关系并不显著。

本章为学前教育的政策制定者和利益相关者了解学前教育阶段家庭经济负担提供了数据和实证支持。在许多发达国家,政府承担着为学前教育提供资金的主要责任。这些国家的普遍做法是为经济困难家庭的儿童提供财政补贴,使其家庭能够负担得起学前教育。良好的幼儿资助政策体系的建立,需要建立幼儿资助、幼儿园收费与家庭负担通盘考虑的政策体系,该制度设计的核心是对不同收入水平的家庭收取不同水平的保教费或提供不同程度的资助,以平衡不同收入水平家庭的学前教育负担。未来的政策应着重考虑完善学前教育资助制度,建立由政府公共财政对经济困难家庭儿童入园免除保育费和给予生活资助的学前教育资助体系,并对在民办幼儿园就读的经济困难家庭儿童与在公办幼儿园就读的类似儿童同等对待。在关注农村家庭的同时,也需要关注城镇低收入家庭学前教育的负担。此外,我国幼儿资助对象普遍集中在政府认定的"五类儿童",随着政府"脱贫攻坚"的完成,需要探索针对低收入家庭的认定方式,以提升学前教育学生资助的覆盖率。

第七章　高中阶段入学机会和家庭教育支出

一、背景

普及高中阶段教育是我国教育事业发展的一项重要任务。随着普及九年义务教育的开展，我国人口平均受教育年限持续提升，从 1990 年的 6.2 年增加到 2020 年的 9.9 年。初中、高中、大学教育水平的人口占比都显著提高，但仍有超过三分之二的人口受教育水平在高中以下（图 7-1）。普及高中阶段教育是继普及九年义务教育之后进一步提升国民整体素质、增强劳动力竞争能力、建设人力资源强国的重大举措。2017 年，教育部

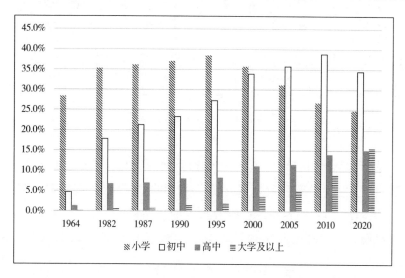

图 7-1　小学、初中、高中和大学及以上受教育水平人口占比（%）

数据来源：根据 1964、1982、1990、2000、2010 和 2020 年国家统计局人口普查公报数据及 1987、1995、2005 年全国 1% 人口抽样调查公报数据计算。

等四部门印发《高中阶段教育普及攻坚计划(2017—2020年)》(教基〔2017〕1号),提出到2020年"全国普及高中阶段教育"的目标。

"十三五"期间普及高中阶段教育的指导原则之一是"保基本、补短板、促公平"。具体政策目标是到2020年高中阶段教育毛入学率达到90%,2035年全面普及高中阶段教育。教育部历年教育事业发展统计公报数据显示,全国高中阶段毛入学率在逐年提升,到2019年已经达到了89.5%(图7-2)。

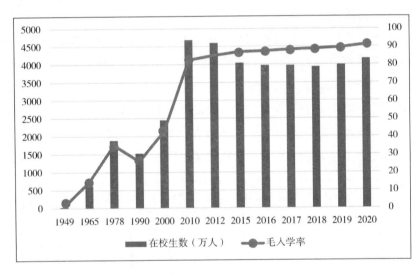

图7-2 高中阶段毛入学率历年变化(万人/%)

从公共教育财政投入来看,在包括学前、高中、高等教育在内的非义务教育阶段,高中教育阶段是国家财政性教育投入最多的教育阶段。2019年,高中阶段国家财政性教育投入的比例超过80%,而高等教育阶段国家财政性教育投入占60%左右,学前教育阶段占49%。[①] 同时,我国

---

① 根据《中国教育经费统计年鉴(2020)》数据整理。国家财政性教育经费指学校(单位)取得的所有属于财政性质的经费,包括一般公共预算安排的教育经费,政府性基金预算安排的教育经费,国有及国有控股企业办学中的企业拨款、校办产业和社会服务收入用于教育的经费,以及其他的国家财政性教育经费。

高中阶段教育仍然面临着发展不平衡、资源不足、经费短缺等问题,尤其是中西部贫困地区、民族地区和边远地区等教育基础薄弱、高中教育普及程度较低的地区。除了地区差异之外,不同家庭背景的学生高中入学机会以及家庭教育支出和负担也存在较大的差异。本章基于 2019 年 CIEFR-HS 调查数据,对目前高中阶段(包括普通高中和中职学校、重点高中和一般高中、公办高中和民办高中)入学机会的城乡、地区和家庭背景的分布进行描述,回答以下三个问题:谁在上高中?谁上什么类型的高中?家庭教育负担如何?

二、高中阶段入学机会

(一)谁在上高中?

1.高中阶段入学基本情况

《中国教育统计年鉴》统计各学段毛入学率时,初中阶段相应的学龄为 12—14 周岁,高中阶段相应的学龄为 15—17 周岁,高等教育阶段相应的学龄为 18—22 周岁。表 7-1 根据 2019 年 CIEFR-HS 调查数据,估计了 15—19 岁青少年高中在读比例。根据表 7-1,15 岁青少年中有 9.1% 在读高中,在读比例随着年龄逐渐增加,到 17 和 18 岁增加到 73.6% 和 74.2%。在计算高中阶段入学率时,我们选择了 16—18 岁作为高中阶段的就学年龄。[①] 16—18 岁阶段的青少年入学率为 64.9%。

表 7-1　15—19 岁青少年高中在读比例

	未加权	加权
15 岁	9.5%	9.1%
16 岁	47.8%	46.0%
17 岁	75.3%	73.6%

[①] 毛入学率,是指某一级教育不分年龄的在校学生总数占该级教育国家规定年龄组人口数的百分比。由于包含非学龄(低龄或超龄)学生,毛入学率可能会超过 100%。净入学率,是指某一级教育在校学龄人口数占该级教育国家规定年龄组人口总数的百分比。目前《中国教育统计年鉴》只计算小学学龄儿童净入学率。

续表

	未加权	加权
18岁	74.0%	74.2%
19岁	37.6%	39.5%
16—18岁	65.9%	64.9%

表7-2为基于15—17岁和16—18岁为高中阶段学龄人口计算的毛入学率。平均来看,高中阶段的毛入学率分别为87.8%和89.1%。分城乡来看,城镇地区为95.1%和95.7%,农村地区为77.4%和79.4%。分区域来看,东部地区最高,为90.7%和90.1%。除东北部之外,其余地区较为接近。东北部地区上高中的年龄段集中在16—18岁。

表7-2 高中阶段毛入学率

		15—17岁学龄	16—18岁学龄
平均		87.8%	89.1%
城乡	城镇	95.1%	95.7%
	农村	77.4%	79.4%
区域	东部	90.7%	90.1%
	东北	79.3%	88.4%
	中部	88.2%	89.5%
	西部	86.9%	88.0%

2.16—18岁青少年高中入学基本情况

表7-3为城乡和不同区域16—18岁青少年高中在读比例(如果16—18岁为高中阶段学龄人口,那么也可以理解为净入学率)。从城乡来看,农村家庭16—18岁青少年高中在读占比为57%,普通高中在读占比为40%;而城镇家庭高中在读占比为74.8%,普通高中在读占比为57.6%。从不同区域来看,高中阶段入学机会存在差异,东北部和东部地区高中阶段入学机会最高,分别为65.5%和63.8%,西部地区最低,为60.3%。

表 7-3 城乡和不同区域 16-18 岁青少年高中在读比例

		高中	普通高中	中等职业学校
城乡	城镇	74.8%	57.6%	17.2%
	农村	57.0%	40.0%	17.1%
区域	东部	69.3%	50.1%	19.2%
	东北	65.5%	55.4%	10.1%
	中部	63.8%	44.3%	19.5%
	西部	60.3%	46.4%	13.9%

16-18岁青少年中,接受和没有接受高中教育的群体在个人和家庭背景方面存在哪些差异?如表7-4所示,从性别来看,16-18岁上高中的群体中女性占比要高于没有上高中的群体。在上高中的群体中,农村地区女性占比(49%)甚至还要高于城镇地区(45.6%)。而在没有上高中的群体中,农村地区女性占比(40.4%)略低于城镇地区(42.3%)。从父母受教育水平来看,整体上城镇都高于农村2-3年左右。上高中的群体其父母受教育水平高于没有上高中的群体,城镇地区的差异为1.1-1.2年,农村地区的差异为1.3年。从家庭经济条件来看,除了城镇地区的家庭总收入之外,整体上高中在读学生的家庭经济条件好于没有上高中的家庭。总之,上高中的群体中女性占比更高、父母受教育程度更高,整体上家庭的经济条件也更好。

表 7-4 16-18 岁青少年高中入学和未入学的基本情况

		女性	父亲教育年限(年)	母亲教育年限(年)	家庭总收入(元)	家庭总消费(元)	家庭总资产(元)
入学	城镇	45.6%	10.8	10.2	101476	115237	1363252
	农村	49.0%	8.5	7.4	54470	72408	434290
未入学	城镇	42.3%	9.7	9.0	110665	103104	1253075
	农村	40.4%	7.2	6.1	46553	62995	334601

根据家庭人均消费水平从低到高分为五组,进一步来看不同消费水平家庭的16—18岁青少年高中、普通高中和重点普高的入学率(见图7-3)。最贫困20%的家庭子女高中入学率为54.5%,普高入学率为37.8%,重点普高的入学率为11.2%。随着家庭收入和消费水平的提升,高中入学率迅速提升。最富裕20%家庭,高中、普高和重点普高入学率分别达到79.4%、68.3%和37.3%。

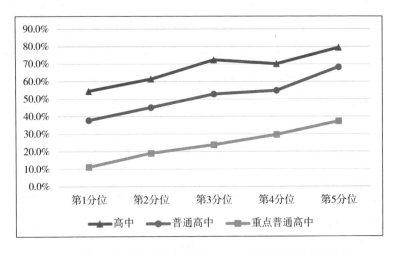

图7-3 根据家庭消费水平分组的16—18岁青少年高中入学占比

按照母亲的受教育程度由低到高分为四组,同样可以看到随着母亲受教育程度的提升,其子女高中入学率迅速提升(图7-4)。可以看到父母受教育水平与子女高中入学机会之间的关系比家庭收入和消费水平更强。母亲为大学及以上学历的子女高中入学率达到84.3%,而且这个群体的子女有更高比例进入普通高中和重点普高就读。

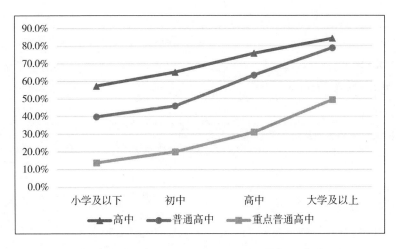

图 7-4　根据母亲受教育水平分组的 16－18 岁青少年高中入学占比

3. 16－18 岁青少年高中入学机会的相关因素分析

表 7-5 采用区县固定效应模型分析了 16－18 岁青少年家庭背景与高中是否入学之间的关系。首先,相对于消费水平最低 20% 家庭组的子女,家庭消费水平越高,子女上高中和普高的可能性越大。其次,母亲受教育程度与是否上高中没有显著的关系,但是母亲受教育程度越高,子女上普通高中的可能性显著高于母亲仅受过小学教育或没上过学的子女。此外,农村地区和农村户口上高中和普高的可能性均低于城镇地区和城镇户口。同样,如果户籍是非本地户籍,则上高中的可能性也相对更低。而在控制了其他变量之后,同年龄段的青少年中,女性上高中的可能性高于男性。

表 7-5　16－18 岁青少年高中入学机会的相关因素分析

	高中	普通高中
年龄	0.129***	0.102***
女性	0.064***	0.078***
非本地居民	－0.094***	－0.067**
农村户口	－0.049**	－0.068**

续表

	高中	普通高中
家庭规模	0.005	0.000
18岁以下家庭成员数量	−0.013	−0.014
农村地区	−0.080***	−0.059**
家庭人均消费五分组（参照组：第1分位）		
第2分位	0.028	0.035
第3分位	0.108***	0.092***
第4分位	0.043	0.074**
第5分位	0.126***	0.166***
母亲受教育程度（参照组：小学及以下）		
初中	−0.000	0.006
高中	0.041	0.110***
大学及以上	0.060	0.197***
观测值	2,918	2,918
R-squared	0.254	0.247

注：* $p<0.01$，** $p<0.05$，*** $p<0.01$。

（二）谁上什么类型的高中？

1. 谁在读普高？

本部分根据2019年CIEFR-HS调查全部高中在读学生样本估计城乡和不同地区普高和中职在校学生占比。农村地区就读于普通高中的学生占比为71.7%，城市地区就读于普通高中的学生占比为77.7%。分区域来看，东北部地区普通高中占比最高（81.7%），其次是西部和中部地区，分别为77.9%和74.6%，普通高中占比最低的是东部地区（72%）。分城市类型来看，一线城市普通高中占比最高（81.9%），二线和其他城镇差异不大，分别为75.6%和76.8%（见表7-6）。

表 7-6 高中和中职就读比例(分城乡和区域)

		普高	中职
城乡	农村	71.7%	28.3%
	城镇	77.7%	22.3%
城镇内部	一线城市	81.9%	18.1%
	二线城市	75.6%	24.4%
	其他城镇	76.8%	23.2%
区域	东部	72.0%	28.0%
	东北部	81.7%	18.3%
	中部	74.6%	25.4%
	西部	77.9%	22.1%

根据家庭人均消费水平从低到高分为五组,随着家庭消费水平提升,普通高中占比从 68.1% 逐渐提高到 85.5%;中职占比从 31.9% 逐渐降低到 14.5%(图 7-5)。根据母亲的受教育程度由低到高分为四组,随着母亲受教育程度的提升,普通高中占比从 69.8% 逐渐提升到 94.1%,中职占比从 30.2% 逐渐下降到 5.9%(图 7-6)。

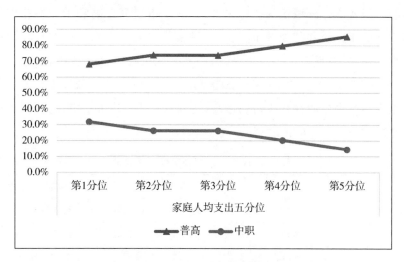

图 7-5 根据家庭消费水平分组的高中和中职就读比例

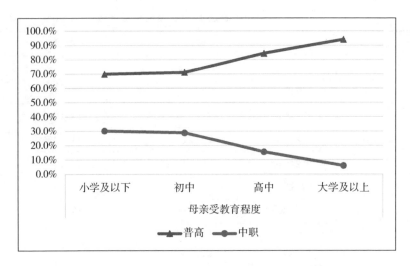

图 7-6　根据母亲受教育水平分组的高中和中职就读比例

2. 谁在读民办高中?

整体上,我国高中阶段教育主要以公办教育为主,民办教育为辅。表 7-7 为民办普高和民办中职在校生占比。分城乡来看,城镇民办普高在校生占比高于农村地区,民办中职在校生占比则低于农村地区,且两者之间差距大于普高。分城镇的类型来看,一线城市民办普高和中职在校生的占比均低于二线和其他城镇,而其他城镇的民办普高和中职在校生占比均高于一、二线城市。分区域来看,中部地区民办普高在校生占比最高,达到 19.2%,其次是东部、西部和东北部地区,约在 11% 或以下。而东北部地区的民办中职在校生占比最高,达到 31.7%,其次是中部、西部和东部地区,均在 23% 左右。

表 7-7　高中阶段民办学校就读比例

		普通高中	中职
城乡	农村	11.7%	26.7%
	城镇	13.7%	19.9%

续表

		普通高中	中职
城镇内部	一线城市	9.8%	13.6%
	二线城市	13.2%	16.6%
	其他城镇	13.5%	20.7%
区域	东部	11.1%	22.3%
	东北部	6.9%	31.7%
	中部	19.2%	24.7%
	西部	10.7%	23.6%

进一步分析不同家庭背景学生在民办学校就读的情况(图7-7)。首先,按照家庭人均消费水平来看,普通高中阶段在民办学校就读的学生占比随着家庭经济水平的提高而提高,从最低20%组的4.9%增加到最高20%组的16%。同样,民办中职在校生的占比也随着家庭消费水平的提高而逐渐提高。即家庭经济水平越好的群体子女进入民办普高和民办中职的可能性越大,而经济弱势家庭子女选择民办中职的可能性较低。

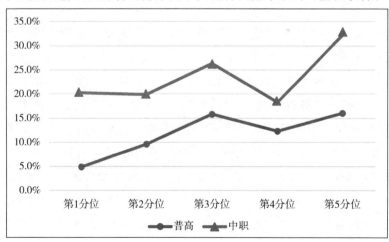

图7-7 根据家庭消费水平分组的民办学校在校生占比

其次,按照母亲受教育程度来看,普通高中阶段是否就读民办学校与母亲受教育水平不存在明显的相关性,而民办中职在校生占比随着母亲受教育程度的提高而减少(图7-8)。可见,是否选择民办学校,更多是受到了家庭经济水平的影响。

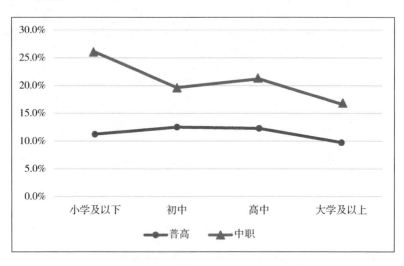

图7-8 根据母亲受教育水平分组的民办学校在校生占比

那么,对于不同家庭经济背景的学生而言,选择民办学校的原因究竟有何不同?2019年CIEFR-HS调查询问了在民办小学、初中和高中学校就读的学生选择民办学校的原因。图7-9和图7-10是根据家庭消费水平分组的义务教育和高中阶段选择民办学校的原因。在义务教育阶段,选择民办学校的原因主要是因为民办学校更符合需求。而且随着家庭经济条件的提升,因为民办学校更符合需求而选择民办学校的占比在增加,从47.3%增加到69.3%。对于高中阶段的家庭来说,消费水平在前60%的家庭更多选择因为上不了公办学校而选择民办学校,占比达到40%左右。随着家庭经济条件的提升,认为民办学校更符合需求的占比逐渐提升,从最低20%家庭组的15.1%逐渐增加到最高20%家庭组的45.8%。

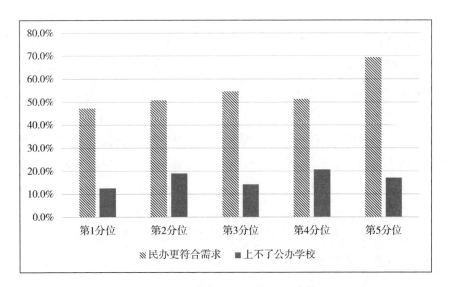

图 7-9　根据家庭消费水平分组的义务教育阶段选择民办学校的原因

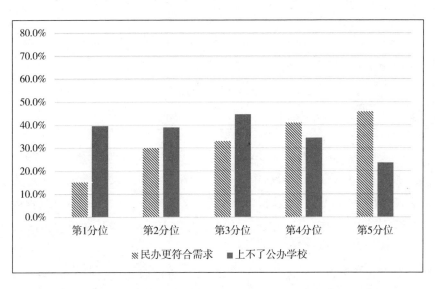

图 7-10　根据家庭消费水平分组的高中阶段选择民办学校的原因

3.谁在异地就读?

此外,在高中阶段,受学校教育质量、升学机会、经济发展水平以及城镇化发展的影响,各地都存在不同程度的跨区县甚至跨省份就学的情况。根据高中在读学生的户籍所在地和目前居住所在地,我们生成了三个变量来刻画异地就读的情况,分别是本区县就读、省内跨区县就读以及跨省就读。在高中阶段,有89.1%的学生在户口所在的区县就读,有8.6%的学生在省内跨区县就读,有2.3%的学生跨省就读。根据表7-8,民办高中在校生中,跨省就读的学生占比略高于其他类型的高中,而跨区县就读的学生达到11.8%,明显超过其他类型;重点普高在校生中,省内跨区县就读的学生占比为9.6%。可见,民办高中和重点普高中,有更高比例的学生选择跨区县就读。

表7-8 本地和异地就读的学校类型

	跨省	省内跨区县	本区县
高中	2.3%	8.6%	89.1%
普高	2.3%	8.5%	89.2%
中职	2.3%	8.8%	88.9%
民办	2.4%	11.8%	85.8%
重点普高	2.3%	9.6%	88.1%

本地和异地就读的高中生,其个人和家庭背景方面存在哪些差异?从性别来看,本区县就读的高中女生占比高于异地就读的学生。从户籍来看,省内跨区县就读的农村户籍学生占比最高,达到73.3%;而跨省就读的学生中农村户籍占比最低。从父母受教育年限来看,选择省内跨区县就读的学生,其父母受教育水平最高;而跨省就读的学生,其父母受教育水平明显低于省内就读的学生。相反,在家庭收入、消费和资产方面,跨省读高中的学生家庭都要高于省内就读的学生群体(表7-9)。可见,一方面,跨省就读的学生群体父母受教育水平虽然较低,但家庭经济条件相对高于省内就读的学生。而省内就读的学生中,选择跨区县就读的学生,

其父母受教育水平和经济条件都相对高于在本区县就读的学生。

表 7-9 本地和异地就读的个人和家庭基本情况

	女性	农村户口	父亲教育年限(年)	母亲教育年限(年)	家庭总收入(元)	家庭总消费(元)	家庭总资产(元)
本区县	47.5%	61.4%	9.7	8.9	78254	92269	961956
省内跨区县	43.3%	73.3%	9.8	9.3	90556	127261	1237173
跨省	41.7%	57.6%	9.3	7.7	201062	152544	1761801

4.进入不同类型高中的相关因素分析

表 7-10 采用区县固定效应模型分析了进入不同类型高中的相关因素。在控制了个人、家庭和地区其他因素之后,家庭经济条件和母亲受教育水平对子女进入何种类型的高中就读均有显著的影响。家庭经济条件越好,子女进入民办学校和普通高中,尤其是重点普高的可能性显著更高,而进入中职的可能性更低。而母亲受教育水平越高,子女进入普通高中,尤其是重点普高的可能性越高。然而,在控制了其他因素,包括家庭经济条件之后,母亲受教育程度越高,子女进入民办高中的可能性越低。也就是说,家庭经济条件和母亲受教育水平对于子女是否进入普高和重点普高,均起到了正向的影响;对于子女是否进入中职,均起到了负向的影响。对于是否进入民办高中,家庭经济条件与民办学校就读的可能性显著正相关,母亲受教育水平与之显著负相关。其中,我们可以看到高中入学机会根据成绩和家庭经济条件发生分层。首先,教学质量和大学升学率最高的重点普通高中的入学机会更加偏向于家庭经济条件和父母受教育水平双高的家庭。其次,因为成绩原因无法进入重点普高以及普通高中的家庭中,有经济条件的家庭倾向于将子女送入民办高中就读。最后,那些成绩无法进入普通高中,又没有经济条件选择民办高中的家庭子女则进入中职学校就读。

表 7-10　进入不同类型高中的相关因素分析

	(1) 民办高中	(2) 普通高中	(3) 重点普高	(4) 中职
年龄	−0.001	−0.011	−0.009	0.011
女性	−0.043***	0.060***	0.046*	−0.060***
非本地居民	0.052**	−0.033	−0.046	0.033
农村户口	−0.001	−0.065***	−0.026	0.065***
家庭规模	0.000	0.007	−0.011	−0.007
18岁以下家庭成员数量	0.002	−0.020	0.003	0.020
农村地区	0.006	0.001	0.093***	−0.001
家庭人均消费五分组（参照组：第1分位）				
第2分位	0.043**	0.032	0.127***	−0.032
第3分位	0.091***	0.032	0.143***	−0.032
第4分位	0.075***	0.086***	0.221***	−0.086***
第5分位	0.122***	0.120***	0.153***	−0.120***
母亲受教育程度（参照组：小学及以下）				
初中	−0.041**	0.017	0.073**	−0.017
高中	−0.052**	0.117***	0.110***	−0.117***
大学及以上	−0.082***	0.171***	0.236***	−0.171***
观测值	2,599	2,599	1,952	2,599
R-squared	0.208	0.211	0.259	0.211

注：* $p<0.01$，** $p<0.05$，*** $p<0.01$。

三、高中阶段家庭教育支出

一方面，我国高中阶段不是免费义务教育，家庭需要支付相应的学杂费。另一方面，由于普通高中收费管制、"中职免费"和学生资助政策，公办普高和中职的办学经费主要来自政府财政性经费，学校事业收入中来自家庭的部分占比均不到10%。①

(一)普通高中

如表7-11所示,普通高中阶段,全国家庭教育支出平均为1.02万元/年,占家庭总支出的14.1%。其中,校外教育支出占教育支出的11.7%。分公办、民办来看,民办学校就读的学生每年支出为1.81万元,是公办学校平均支出的2倍,教育负担达到20.4%。分城乡来看,城镇家庭教育支出为1.23万元/年,是农村家庭(7771元/年)的1.6倍,但教育负担要略低于农村家庭。其中,城镇家庭校外教育支出占17.4%,远高于农村家庭(5.5%)。分地区来看,东北部平均家庭教育支出水平最高(1.18万元/年),家庭负担和校外教育占比也同样高于其他地区。东部地区(1.12万/年)略低于东北部地区,家庭负担更轻,校外支出占比更低。而西部地区支出最低(8242元/年),但仍是初中阶段的两倍。从城镇内部来看,普高阶段一线城市的教育支出远高于全国平均水平,达到2.13万元/年,是二线城市的1.5倍,二线以下城镇的2倍,差距小于义务教育阶段。其中,一、二线城市家庭在校外教育方面的花费占比分别达到30.5%和20.7%,远高于全国平均水平。

表7-11 全国不同地区家庭普通高中教育支出水平和结构

(单位:元)

		家庭生均教育支出	占家庭总支出比例	校外支出占比
全国		10156	14.1%	11.7%
公/民办	公办	8990	13.1%	12.5%
	民办	18098	20.4%	5.9%

---

① 2010年之后,中央政府对公办普通高中的收费价格进行严格管制,公办普通高中多元化的筹资渠道受到限制。为弥补公办普通高中办学经费的不足,各级政府开始逐渐加大财政保障力度。根据《中国教育统计年鉴》,当前普通高中教育经费中超过80%为财政性教育经费,事业收入占比约15%,其中学杂费在事业收入中的占比在70%左右。随着2009年中职资助政策升级,中职学校事业收入占比迅速下降。2012年,中职免费政策全面铺开后,占比进一步下降。当前,中职学校办学经费中,国家财政性教育经费占比接近90%,而事业收入占比为8%左右。

续表

		家庭生均教育支出	占家庭总支出比例	校外支出占比
城乡	农村	7771	15.2%	5.5%
	城镇	12347	13.0%	17.4%
区域	东部	11160	12.5%	12.0%
	东北部	11814	17.5%	18.3%
	中部	10513	15.4%	9.6%
	西部	8242	14.1%	11.6%
城镇内部	一线城市	21335	10.3%	30.5%
	二线城市	13529	17.5%	20.7%
	其他城镇	10058	12.2%	12.2%

表7-12呈现的是按照家庭人均消费水平分组的普通高中教育支出水平。首先,随着家庭消费水平的提高,家庭教育支出明显增加,但各收入组之间的差距小于义务教育阶段。最贫困(消费水平最低)10%家庭平均教育支出为4213元/年,远高于义务教育阶段最贫困家庭的教育支出;最富裕(消费水平最高)10%家庭为24296元/年,是最贫困10%家庭平均教育支出的6倍,差距低于义务教育阶段。其次,从家庭负担来看,随着收入和消费水平的提升迅速下降,从最低10%组的23.3%下降到最高10%组的8.0%,说明普高阶段的教育支出对收入较低的家庭来说压力明显高于中高收入的家庭。再次,从校外教育支出来看,校外支出占教育支出的比例则随着收入和消费水平的提升迅速增加,最贫困10%家庭校外支出占比为3.9%,而最富裕10%家庭占比达32.8%,尽管低于小学和初中阶段相应家庭的校外支出占比。

表 7-12　按照家庭人均消费水平分组的普通高中教育支出水平

(单位:元)

	家庭生均教育支出	占家庭总支出比	校外支出占比
前 10%	4213	23.3%	3.9%
第 1 分位	5279	20.8%	4.3%
第 2 分位	6416	13.8%	5.3%
第 3 分位	10717	14.9%	10.0%
第 4 分位	11512	10.5%	15.2%
第 5 分位	20311	8.9%	29.6%
后 10%	24296	8.0%	32.8%

表 7-13 根据家庭收入和是否在本区县就读进一步拆分了普通高中家庭教育支出的结构。第一列和第二列分别是家庭消费水平最低的 20% 家庭组和消费水平最高的 20% 家庭组。从支出水平来看,两组家庭最大的差异在校外培训支出和校内增值性收费支出,最高 20% 组的支出水平是最低 20% 组的 7.4 倍和 8.9 倍。而学费、食宿等服务性收费和代收费的差异并不大,在 1.3－2 倍左右。从支出结构来看,最大的差异在校外培训和学校的学费支出。对于最低 20% 组家庭来说,普高阶段最主要的支出在学费,占到 42.5%。而对于最高 20% 组家庭来说,普高阶段最主要的支出在校外培训,占到 30.7%。

从是否在本区县就读来看,整体上异地就读的学生家庭教育支出高于本区县就读。其中异地就读的学费是本区县就读的 1.5 倍,服务性收费是本区县就读的 1.16 倍,而代收费、增值性收费和校外培训支出较为接近。从支出结构来看,无论是在本区县就读还是异地就读,学费和服务性收费均占到教育支出的 60% 左右。可见,家庭经济条件对教育支出结构的影响较大,而是否在本地就读并没有对支出结构,包括食宿等校内服务性收费占比造成明显的影响。

表 7-13 普通高中家庭教育支出结构

(单位:元)

	最低 20%家庭		最高 20%家庭		本区县就读		不在本区县就读	
	平均支出	占比	平均支出	占比	平均支出	占比	平均支出	占比
学费	2919	42.5%	6220	26.8%	4182	36.2%	6341	34.2%
服务性收费	3605	31.4%	4781	22.3%	4331	28.1%	5042	25.4%
代收代管费	571	16.3%	1176	12.3%	903	15.1%	954	14.1%
增值性收费	219	3.2%	1957	5.8%	761	4.8%	805	5.5%
校外培训费	3270	6.5%	24280	30.7%	13001	14.5%	13879	19.5%

注:均值仅估计有支出样本的均值;占比是各项收费占生均家庭教育支出比例的均值,因此相加不等于 100%。

目前普通高中不属于免费义务教育,公办普高收费在 2600－3900 元/年之间,随着家庭消费水平的提升而增加,但不同家庭组的子女所在的学校收费差异不大。首先,最低 20%家庭组子女所在高中每年学费为 2664 元,而最高 20%家庭组子女所在高中每年学费为 3893 元。相对来说,民办普高的收费远高于公办普高,且不同家庭组的子女所在学校收费差异较大,从最低 20%家庭组的 7029 元增加到最高 20%家庭组的 16423 元。其次,公办、民办学校的家庭教育支出均随着家庭消费水平的提升有明显的增加,整体上民办普高在校生的家庭教育支出是公办普高家庭的 2 倍左右。再次,从学费占比来看,公办学校有大量的支出在校外,而民办学校则相反,主要的支出在校内。最后,最低 20%家庭中,公办学校在校生家庭教育支出中学费支出占比为 54.7%,而民办学校占比达到 83.3%;最高 20%家庭中,公办学校在校生家庭教育支出中学费支出占比仅为 18.8%,而民办学校学费占比则为 48.5%(表 7-14、图 7-11)。

表 7-14　普通高中公/民办学校学费和家庭教育支出

（单位：元）

	公办			民办		
	学费	家庭教育支出	学费占比	学费	家庭教育支出	学费占比
第1分位	2664	4870	54.7%	7029	8441	83.3%
第2分位	2700	5785	46.7%	7159	9872	72.5%
第3分位	3290	8114	40.5%	12739	18071	70.5%
第4分位	2908	10613	27.4%	15672	22798	68.7%
第5分位	3893	20682	18.8%	16423	33883	48.5%

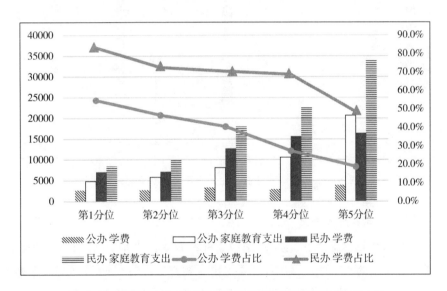

图 7-11　普通高中公/民办学校学费和家庭教育支出（单位：元）

图 7-12 为民办与公办普高学校在校生人均家庭消费支出的差异。全国范围内来看，就读于民办普高的学生家庭人均消费高于就读于公办普高的学生。分区域来看，西部地区公办、民办普高在校生的家庭消费水平差异最大，其次是中部地区和东部地区，东北部地区则差异非常小。从城乡和不同类型的城镇来看，二线城市公办、民办学校在校生家庭消费水

平差异最大,其次是一线城市、其他城镇,农村则差异最小。可见,在普通高中阶段,部分经济条件较好的家庭通过选择民办普高来满足其对普通高中教育的需求。经济相对不发达的地区这种倾向更强,而在经济较为发达的东部地区和公办学校体系更占主流的东北部地区,这样的趋势反而不明显。

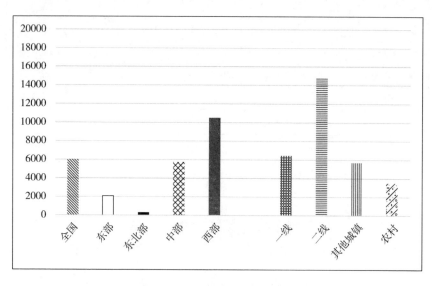

图7-12 民办和公办普通高中在校生人均家庭消费支出差异(单位:元)

(二)中等职业学校

如表7-15所示,中职阶段,全国家庭教育支出平均为6873元/年,占家庭总支出的14.8%。其中,校外支出占教育支出的2.6%。分公、民办来看,民办学校就读的学生每年支出为1.05万元,是公办学校平均支出的2倍,教育负担达到20.6%。分城乡来看,城镇家庭教育支出为6038元/年,反而低于农村家庭(7517元/年)。分地区来看,东北部平均家庭教育支出水平最高(7636元/年),家庭负担和校外教育占比也同样高于其他地区(21.8%)。而东部和中部地区支出水平非常接近,分别为7161元/年和7109元/年。从城镇内部来看,一线城市进入中职的学生较少,家庭教育支出水平为1万元/年,二线城市为7083元/年,而二线以下城镇为 5586 元/年。整体来说,中职阶段家庭教育支出水平低于普通高中,但其家庭教育负担与普高家庭较为接近。

表 7-15 全国不同地区家庭中职教育支出水平和结构

(单位:元)

		家庭生均教育支出	占家庭总支出比例	校外支出占比
全国		6873	14.8%	2.6%
公/民办	公办	5703	12.9%	2.7%
	民办	10496	20.6%	2.4%
城乡	农村	7517	18.5%	2.4%
	城镇	6038	10.0%	2.9%
区域	东部	7161	15.5%	4.4%
	东北部	7636	21.8%	0.0%
	中部	7109	13.0%	1.2%
	西部	5910	14.4%	1.7%
城镇内部	一线城市	10019	6.0%	0.0%
	二线城市	7083	13.0%	1.2%
	其他城镇	5586	11.1%	3.6%

表 7-16 呈现的是按照家庭人均消费水平分组的中职教育支出水平。首先,从全国的水平来看,中职阶段家庭教育支出平均为 6873 元/年,接近初中的平均水平,低于普高的支出水平(1.02 万元/年)。随着家庭消费水平的提高,家庭教育支出略有增加,但是趋势并不明显。另一方面,教育支出占家庭总支出的比例则迅速下降。最贫困(消费水平最低)10%家庭平均教育支出为 6143 元/年,占家庭总支出的 32.8%;最富裕(消费水平最高)10%家庭为 8748 元/年,占家庭总支出的 2.9%。其次,中职阶段的校外支出占教育支出的比例平均为 2.6%,城乡各收入组基本上低于 5%,尤其是农村中低收入家庭,几乎没有校外教育支出。

表 7-16　按照家庭人均消费水平分组的中职教育支出水平

(单位:元)

	家庭生均教育支出	占家庭总支出比	校外支出占比
前 10%	6143	32.8%	0.9%
第 1 分位	6580	27.1%	0.6%
第 2 分位	5473	11.3%	1.8%
第 3 分位	6124	8.8%	2.0%
第 4 分位	9799	9.2%	9.1%
第 5 分位	8768	4.1%	1.6%
后 10%	8748	2.9%	0.2%

表 7-17 根据家庭收入和是否在本区县就读进一步拆分了中职家庭教育支出的结构。第一,从支出水平来看,中职阶段两组家庭最大的差异在校外培训支出,最高 20% 组的支出水平是最低 20% 组的 2.8 倍,而学费和其他校内收费的差异在 1.5 倍左右。从支出结构来看,最大的差异在校内的服务性收费和学费支出占比方面。对于最低 20% 组家庭来说,中职阶段最主要的支出在学费和服务性收费,分别占 44.3% 和 44%。对于最高 20% 组家庭来说,最主要的支出在校内服务性收费,占 52.1%,其次是学费,占 33.4%。

第二,从是否在本区县就读来看,整体上异地就读的学生家庭教育支出高于本区县就读。其中异地就读的学费是本区县就读的 1.3 倍,服务性收费是本区县就读的 1.5 倍,而其余收费,包括校外培训支出都低于在本区县就读的学生的家庭支出水平。从支出结构来看,无论是在本区县就读还是异地就读,学费和服务性收费均占教育支出的 80% 左右。其中,异地就读的学生,其食宿等校内服务性收费的占比更高。可见,在中职阶段,支出主要发生在校内,而家庭经济条件对教育支出结构的影响要低于普通高中。

表 7-17 中职家庭教育支出结构

(单位:元)

	最低 20%家庭		最高 20%家庭		本区县就读		不在本区县就读	
	平均支出	占比	平均支出	占比	平均支出	占比	平均支出	占比
学费	4171	44.3%	6162	33.4%	4810	41.0%	6212	39.8%
服务性收费	3418	44.0%	4984	52.1%	3879	40.6%	5768	42.7%
代收代管费	342	8.7%	568	8.7%	584	12.9%	529	13.1%
增值性收费	335	1.3%	127	2.9%	188	3.1%	154	3.4%
校外培训费	1325	0.9%	3650	2.8%	3344	2.2%	2017	0.9%

注:均值仅估计有支出样本的均值;占比是各项收费占生均家庭教育支出比例的均值,因此相加不等于 100%。

四、本章小结

本章基于 2019 年 CIEFR-HS 数据的初步分析,有以下三个方面的发现。

(1)谁在上高中?以 16－18 岁为高中阶段学龄人口计算毛入学率,2019 年全国平均毛入学率为 89.1%。分城乡来看,城镇地区为 95.7%,农村地区为 79.4%。分区域来看,东部地区最高,为 90.1%。16－18 岁青少年中,接受和没有接受高中教育的群体在个人和家庭背景方面存在哪些差异?上高中的群体中,女性占比更高,父母受教育程度更高,整体上家庭的经济条件也更好。从家庭经济条件来看,最贫困 20%的家庭子女高中入学率为 54.5%,普高入学率为 37.8%,重点普高入学率为 11.2%。随着家庭收入和消费水平的提升,高中入学率迅速提升。最富裕 20%家庭,高中、普高和重点普高入学率分别达到 79.4%、68.3%和 37.3%。从母亲受教育水平来看,可以看到母亲受教育水平与子女高中入学机会之间的关系比家庭收入和消费水平更强。母亲为大学及以上学历的子女高中入学率达到 84.3%,而且这个群体有更高比例的子女进入普通高中和重点普高就读。回归分析的结果显示,在控制住其他个人、家庭和地区变量之后,家庭经济水平与子女上高中和上普通高中的可能性之间仍旧显著正相关,而母亲受教育水平则仅与子女上普通高中的可能性之间显著正相关。此外,农村地区、农村户口、非本地居民上高中和普高的可能性均低于城镇地区、城镇户口和本地居民。

(2)谁上什么类型的高中?本章在分析高中阶段入学机会差异时,将高中分为普高和中职、公办和民办、本地和异地就读三类。首先,从普高和中职的入学机会分布来看,家庭背景的差异要大于城乡和地区差异。高中阶段入学机会不仅受到地区和家庭经济条件的影响,而且受到以父母受教育程度为指标衡量的文化资本的影响。其次,从公办和民办高中的入学机会分布来看,城镇民办普高在校生占比高于农村地区,民办中职在校生占比则低于农村地区。越是经济发达的地区和城镇,民办普高的占比越低。从家庭背景来看,是否选择民办学校,更多是受到了家庭经济水平的影响。最后,从本地和异地就读的学生入学机会分布来看,在高中阶段有89.1%的学生在户口所在的区县就读,有8.6%的学生在省内跨区县就读,有2.3%的学生跨省就读。其中,民办高中和重点普高中,有更高比例的学生选择跨区县就读。

回归分析的结果显示,高中入学机会根据成绩和家庭经济条件发生了分层。首先,教学质量和大学升学率最高的重点普通高中的入学机会更加偏向于家庭经济条件和父母受教育水平双高的家庭。其次,因为成绩原因无法进入重点普高以及普通高中的家庭中,有经济条件的家庭倾向于将子女送入民办高中就读。最后,那些成绩无法进入普通高中,又没有经济条件选择民办高中的家庭子女则进入中职学校就读。

(3)家庭教育负担如何?首先,普通高中阶段,全国家庭教育支出平均为1.02万元/年,占家庭总支出的14.1%。其中,校外教育支出占教育支出的11.7%。分公办、民办来看,民办学校就读的学生每年支出为1.81万元,是公办学校平均支出的2倍,教育负担达到20.4%。就公办高中来说,不同收入水平的家庭子女所在的学校收费差异不大。最低

20%家庭组子女所在高中每年学费为2664元,最高20%家庭组子女所在高中每年学费为3893元。民办学校最低20%家庭组和最高20%家庭组子女所在高中每年学费分别为7029元和16423元。从公办、民办学校的支出结构来看,公办学校有大量的支出在校外,而民办学校则相反,主要的支出在校内。其次,中职阶段,全国家庭教育支出平均为6873元/年,占家庭总支出的14.8%。整体来说,中职阶段家庭教育支出水平低于普通高中,但其家庭教育负担与普高家庭较为接近。

第八章　普通高中阶段学生资助情况分析

一、背景
（一）普通高中资助政策
1. 中央资助政策沿革

2010年,财政部、教育部发布《关于建立普通高中家庭经济困难学生国家资助制度的意见》（财教〔2010〕356号）,首次将普通高中学生纳入资助体系,提出建立以政府为主导、国家助学金为主体、学校减免学费等为补充、社会力量积极参与的普通高中家庭经济困难学生资助政策体系,并对资助制度、资金来源、资金分配、资助标准做了详细的规定。该文件规定建立国家助学金制度,所需资金由中央与地方按比例分担。其中,西部地区为8∶2,中部地区为6∶4;东部地区除直辖市外,按照财力状况分省份确定。资助面约占全国普通高中在校生总数的20%。财政部、教育部根据生源情况、平均生活费用等因素综合确定各省份国家助学金资助面。其中,东、中、西部资助面分别为10%、20%、30%。国家助学金平均资助标准为每生每年1500元,具体标准由各地结合实际在1000—3000元范围内确定,可以分为2—3档。建立学费减免制度,所需资金来源于普通高中的事业收入。同时,积极引导和鼓励企业、社会团体及个人等面向普通高中设立奖学金、助学金。

为加强普通高中国家助学金管理,财政部、教育部《关于印发普通高中国家助学金管理暂行办法的通知》（财教〔2010〕461号）对国家助学金的覆盖范围、资助程序等做了更加详细的规定;同时,明确普通高中从事业收入提取用于减免学费、设立校内奖助学金和特殊困难补助等支出的比例为3%—5%。2012年,中国人民银行、财政部、教育部《关于全面推行普通高中学生资助卡 加强普通高中国家助学金发放监管工作的通知》(银发〔2012〕182号)决定在全国范围内推行普通高中学生资助卡。2015年春季学期起,国务院批准普通高中国家助学金标准由年生均1500元提高到2000元。

2015年11月,中共中央、国务院《关于打赢脱贫攻坚战的决定》要求普及高中阶段教育,率先从建档立卡的家庭经济困难学生开始实施普通高中免除学杂费。2016年,财政部、教育部《关于免除普通高中建档立卡家庭经济困难学生学杂费的意见》(财教〔2016〕292号)要求,从2016年秋季学期起免除公办普通高中建档立卡家庭经济困难学生(含非建档立卡的家庭经济困难残疾学生、农村低保家庭学生、农村特困救助供养学生)学杂费。对在政府教育行政管理部门依法批准的民办普通高中就读的符合免学杂费政策条件的学生,按照当地同类型公办普通高中免除学杂费标准给予补助。民办学校学杂费标准高于补助的部分,学校可以按规定继续向学生收取。免学杂费补助资金由中央与地方按比例分担。其中,西部地区为8∶2,中部地区为6∶4,东部地区除直辖市外,按照财力状况分省份确定。为确保精准资助,2016年教育部办公厅发布《普通高中建档立卡家庭经济困难学生免除学杂费政策对象的认定及学杂费减免工作暂行办法》的通知(教财厅〔2016〕4号),对普通高中家庭经济困难学生的认定标准、认定程序等做了更为详细的规定。2017年,教育部等部门发布《高中阶段教育普及攻坚计划(2017—2020年)》(教基〔2017〕1号),再次强调落实好普通高中建档立卡等家庭经济困难学生(含非建档立卡的家庭经济困难残疾学生、农村低保家庭学生、农村特困救助供养学生)免除学杂费政策。就此,以国家助学金、建档立卡等家庭经济困难学生免学杂费为主,地方政府资助和学校、社会资助为补充的普通高中学生资助政策体系形成并延续至今。

2.普通高中免费的地方性政策

部分地区陆续出台了普通高中免费教育的地方政策。2010年底,内蒙古自治区决定，从 2011 年起对普通高中蒙古语授课所有学生、中等职业学校所有学生及普通高中汉语授课家庭经济困难学生，实行免学费和免费提供教科书的政策。2013 年，这一政策开始覆盖全区所有高中阶段学生，全面实现高中阶段免费教育。2022 年，内蒙古人民政府办公厅发布《关于调整完善高中阶段教育学生资助政策的通知》，明确 2022 年秋季学期起免学杂费标准为每生每年 2000 元；免费提供教科书标准为高一、高二年级每生每年 550 元，高三年级每生每年 100 元。免学杂费所需经费，国家规定部分执行国家基础标准，由中央与地方按 8∶2 分担，地方分担的 20% 部分以及自治区出台的普通高中免学杂费相关政策，自治区直属学校学生所需经费全部由自治区本级财政承担，其他学生所需经费按自治区人民政府确定的自治区与盟市财政事权和支出责任划分比例分担。免费提供教科书所需经费，自治区直属学校学生、原蒙古语授课和朝鲜语授课学生所需经费全部由自治区本级财政承担，其他学生所需经费按自治区人民政府确定的自治区与盟市财政事权和支出责任划分比例分担。

陕西从 2016 年秋季学期起实施 13 年免费教育，对公办普通高中学生按照省级标准化高中 800 元、城市普通高中 350 元、农村普通高中 200 元的标准免收学费，并要求各级财政在原有生均 800 元公用经费补助基础上，按照省份与市县各 50% 的比例分担免除的学费资金，市与县分担比例由各设区市确定。

2017 年《新疆维吾尔自治区高中阶段免费教育实施办法》正式出台，从 12 月 1 日起，新疆自治区全面实施高中阶段免费教育，免除学费、教材费、住宿费。民办学校按照当地同类公办学校免费教育标准给予补助，高出公办学校免费教育标准部分由学生家庭负担；低于公办学校免费教育标准的，按照民办学校实际标准予以补助。普通高中免学费年生均 1200 元，免教材费年生均 670 元，免住宿费并由同级财政承担寄宿管理和运行成本。

除内蒙古、陕西、新疆在全省份实行普通高中免费，四川、青海、广西等省份针对特定地区实行了高中免费教育。一些市县如江西萍乡市、广东珠海市、云南迪庆州、江西铜鼓县等实行了普通高中免学费。

第八章 普通高中阶段学生资助情况分析

(二)文献综述

在全国性的普通高中资助体系建立之前,已有地方政府探索建立地方性的普通高中资助制度,但囿于财力限制,普遍存在资金来源少、资助标准较低、覆盖面较小等问题。[①][②] 2010 年,全国性的普通高中资助体系开始搭建,学界对普通高中资助的研究开始转向。已有研究主要从财政投入、资助效果两个方面讨论了当前的普通高中资助制度。在财政投入方面,基于《2012—2016 年全国学生资助发展报告》,李浩华、曲绍卫从经费总量、经费来源结构、经费分配等几个方面描述了我国普通高中资助发展状况。[③] 我国普通高中资助经费总体呈增加趋势,但增长率放缓,且占全国教育总资助经费比例偏低;普通高中资助经费主要来源于财政经费,其他经费来源占比偏低;财政性资助经费增长幅度接近 20%,高于普通高中资助总经费增长率;西部获得的资助经费总量远高于中部。在资助效果方面,范晓婷等人构建了普通高中资助效果评估指标,并对 2014 年全国 38 个省级单位进行了实证评估,结果显示东部地区普通高中学生资助政策的执行效果略优于中西部,在六个一级评价指标中,制度建设、政策落实、资金管理、监督检查四个指标表现较好,但在信息管理与宣传教育方面存在问题。问题具体表现在部分省份贫困生认定不精准、国家助学金实际资助金额和比例低于国家标准以及资助宣传和资助育人方面的工作有待提升。[④] 也有研究讨论了在普通高中建立国家奖学金的必要性,从经济、技术等角度论证了可行性,并对实现路径做了探讨。[⑤]

通过梳理文献可以发现,对普通高中资助投入的研究大多基于宏观数据,缺少基于微观数据的分析。近年来,普通高中事业发展较快,在校

---

① 杨钋.大学生资助对学业发展的影响[J].清华大学教育研究.2009(05):101-108.
② 李红超.关于普通高中经济困难学生资助问题的思考:基于河南省的调研分析[J].教育与经济.2009(02):30-34.
③ 李浩华,曲绍卫.高中学生资助的财政投入分析[J].教育经济评论.2017(05):3-16.
④ 范晓婷,曲绍卫,纪效珲,周哲宇.我国普通高中学生资助政策执行效果评估:基于 2014 年全国 38 个省级单位的实证分析[J].教育科学.2015(04):69-74.
⑤ 张京京.高中资助模式引入国家奖学金制度的路径研究[J].上海教育科研.2017(02):12-15.

学生数持续增加,占高中阶段学生比重已达到65%以上。但近年来普通高中受资助学生数持续下降,普通高中资助金额也有所下降,占资助总金额比重于2017年达到最高点后(10.3%)下降至2020年的7%。本章基于2019年CIEFR-HS调查数据,对不同地区、不同经济水平的家庭中在普通高中就读的子女获得学生资助的情况进行描述和分析。

二、普高学生资助分配情况分析

(一)数据和方法

2019年CIEFR-HS调查样本中在校学生分布情况如表8-1所示。幼儿园到高等教育在校生样本总数为18418人。其中,普通高中在校生数为1969人,占比为11.4%;中职在校生数为639人,占比为3.4%。本章主要关注普通高中在校生群体获得学生资助的情况。

表8-1 2019年CIEFR-HS调查样本各学段在校学生样本的分布

	样本量	未加权样本百分比	加权后样本百分比
幼儿园	3415	18.5%	19.8%
小学	6495	35.3%	33.7%
初中	3175	17.2%	15.3%
普通高中	1969	10.7%	11.4%
中职	639	3.5%	3.4%
高等教育	2725	14.8%	16.4%
总计	18418	100.0%	100.0%

在学生资助的衡量方面,考虑到家庭对学生资助的资金来源(例如中央、地方、学校事业收入或社会捐赠)并不清楚,2019年调查询问了基础教育阶段的在校生是否获得学费减免、课本教辅材料费减免、早午餐减免或伙食补助、家庭经济困难补助、奖学金等。在家庭负担的衡量方面,调查询问了每一个在校生家庭:"根据目前的收入水平,您觉得孩子校内教育的经济负担重么?"回答为"负担很重""负担有点重""负担不重""没有负担"。此外,2019年调查还询问了家庭是否为建档立卡贫困户或低保

第八章　普通高中阶段学生资助情况分析

户。基于此,我们可以进一步估计学生资助的瞄准情况。

首先,我们估计了高中阶段普高和中职的入学情况、家庭教育支出和负担情况,及其分地区和人群的差异。其次,我们分析了普通高中阶段在校生获得各类学生资助的情况,及其分地区和人群的差异,尤其是不同经济条件家庭和贫困家庭学生获得资助的情况。最后,为确定与学生资助获得相关的因素,我们使用了三层 Logit 回归模型,省层面和县层面采用随机截距,并控制省和县的潜在的聚类效应:

$$Logit(Y_{ijk}) = \beta_0 + \beta X_{ijk} + u_{0k} + v_{0jk} + \varepsilon_{0ijk} \tag{1}$$

其中 $Logit(Y_{ijk})$ 表示居住在 k 省 j 县的在校学生 i 获得某一类学生资助的概率,β 是 X_{ijk} 的系数,X_{ijk} 是学生 i 的个人和家庭层面特征变量。u_{0k} 和 v_{0jk} 分别代表省间和省内区县间随机变异。ε_{0ijk} 表示随机误差。

(二)入学和教育支出情况

1. 高中入学情况

表 8-2 根据 2019 年 CIEFR-HS 调查全部高中在读学生样本估计城乡和不同地区普高在校学生占比,农村地区就读于普通高中的学生占比为 71.7%,城市地区就读于普通高中的学生占比为 77.7%。分区域来看,东北部地区普通高中学生占比最高(81.7%),其次是西部和中部地区,分别为 77.9% 和 74.6%,普通高中占比最低的是东部地区(72%)。

表 8-2　普高和中职就读比例(分城乡和区域)

		普高	中职
城乡	农村	71.7%	28.3%
	城镇	77.7%	22.3%
区域	东部	72.0	28.0
	东北部	81.7%	18.3%
	中部	74.6%	25.4%
	西部	77.9%	22.1%

表 8-3 根据家庭人均消费水平从低到高分为五个等分组,分别估计

各组家庭普高和中职入学的在校生占比。随着家庭消费水平提升,普通高中在校生占比相应上升,从68.1%逐渐提高到85.5%;而中职学校在校生占比相应下降,从31.9%逐渐降低到14.5%。综上,普通高中的入学机会存在着城乡、地区和家庭经济水平的差异。其中,不同经济水平家庭之间的差异要大于城乡之间和地区之间的差异。

表8-3 普高和中职就读比例(分家庭人均消费水平)

	普高	中职(%)
第1五分位	68.1	31.9
第2五分位	73.8	26.2
第3五分位	73.8	26.2
第4五分位	79.7	20.3
第5五分位	85.5	14.5

2. 家庭教育支出

根据表8-4,普通高中阶段,全国家庭生均教育支出平均为1.02万元/年,占家庭总支出的14.1%。分城乡来看,城镇家庭教育支出为1.23万元/年,是农村家庭(7771元/年)的1.6倍,但教育负担要略低于农村家庭。分地区来看,东北部平均家庭教育支出水平最高(1.18万元/年),家庭负担也同样高于其他地区。

表8-4 普高学生家庭教育支出和负担(分城乡和区域)

		家庭总支出(元)	家庭生均教育支出(元)	占家庭总支出比例(%)
全国		97217	10156	14.1
城乡	农村	73861	7771	15.2
	城镇	118668	12347	13.0
区域	东部	114055	11160	12.5
	东北部	88907	11814	17.5

续表

	家庭总支出（元）	家庭生均教育支出（元）	占家庭总支出比例（%）
中部	92831	10513	15.4
西部	82373	8242	14.1

表 8-5 按家庭支出水平五等分组计算了普高学生家庭的生均教育支出和负担率。首先,从全国水平来看,随着家庭支出水平的提高,家庭教育支出明显增加。支出水平最低 20% 组的家庭平均教育支出为 5279 元,支出水平最高 20% 组的家庭为 20311 元,是最低 20% 组家庭的 3.8 倍。其次,从家庭负担来看,普高阶段的平均家庭教育负担率为 14.1%,随着收入和支出水平的提升迅速下降,从最低 20% 组的 20.8% 下降到最高 20% 组的 8.9%,说明普高阶段的教育支出对收入较低家庭来说压力明显高于中高收入家庭。分城乡来看,普高阶段农村地区教育负担高于城镇地区,随着家庭收入和支出水平的提高而迅速下降,从 24.3% 下降到 7.9%。而城镇地区家庭教育负担率随着家庭收入和支出水平提升也趋于下降,但下降趋势没有农村地区显著,从 17% 下降到 9.5%。可见,高中阶段的教育支出对低收入群体,尤其是农村的低收入群体造成比较大的压力。

表 8-5 普高学生家庭教育支出和负担(分家庭支出水平)

	全国			农村			城镇		
	家庭总支出（元）	家庭生均教育支出（元）	占家庭总支出比（%）	家庭总支出（元）	家庭生均教育支出（元）	占家庭总支出比（%）	家庭总支出（元）	家庭生均教育支出（元）	占家庭总支出比（%）
第1五分位	29384	5279	20.8	22700	4249	24.3	38861	5785	17.0
第2五分位	52240	6416	13.8	36456	6666	18.7	66695	8976	13.8
第3五分位	75437	10717	14.9	54308	6187	12.9	92411	12201	13.7

续表

	全国			农村			城镇		
	家庭总支出（元）	家庭生均教育支出（元）	占家庭总支出比（%）	家庭总支出（元）	家庭生均教育支出（元）	占家庭总支出比（%）	家庭总支出（元）	家庭生均教育支出（元）	占家庭总支出比（%）
第4五分位	115283	11512	10.5	71435	9982	15.1	138298	13112	10.0
第5五分位	264488	20311	8.9	177202	11502	7.9	288055	23758	9.5

根据图8-1，从学费的分布来看，学费在1000—5000元之间的家庭占比为38%—46%，而收费在1000元以下和收费在5000元以上的占比相对低。支出最低20%组家庭中，有32%支出为0元。随着家庭支出水平的上升，学费支出为0元的家庭占比下降，最高20%组家庭占比为26%。从学校其他费用来看，高中阶段家庭校内支出的主要差异体现在学校的其他收费上。首先，校内其他费用为0元的家庭占比低于学费为0元的家庭。其次，支出在5000元以上的家庭明显增加。最低20%组家庭有33%支出在0—1000元之间，30%支出在1000—5000元之间。而最

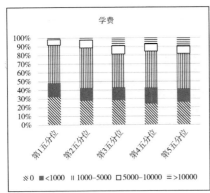 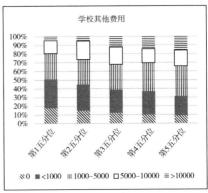

图8-1 普高学费和学校其他费用情况（分家庭支出水平）

高 20%组家庭支出在 1000—5000 元之间的占到 35%,在 5000 元以上的占到 34%。可见,除了学费之外,学校的其他各项收费是普高阶段家庭校内支出的主要组成部分。

3.家庭教育负担

2019 年 CIEFR-HS 调查询问了每一个在校生家庭:"根据目前的收入水平,您觉得孩子校内教育的经济负担重吗?"表 8-6 第一列为觉得经济负担很重的家庭占比,第二列为觉得很重或有点重的家庭占比。全国平均有 26.2%的家庭觉得负担很重,农村家庭(34.3%)高于城镇家庭(18.7%),西部地区家庭(31.1%)高于其他地区。

表 8-6 家庭自我汇报的教育负担情况(城乡和地区)

		负担很重	负担很重/有点重
全国		26.2%	65.1%
城乡	农村	34.3%	76.6%
	城镇	18.7%	54.6%
区域	东部	19.9%	54.2%
	东北部	27.2%	63.4%
	中部	29.2%	71.4%
	西部	31.1%	73.5%

表 8-7 按照家庭支出水平将农村和城镇家庭分别分为五等分组,分别来看城乡家庭自我汇报的教育负担情况。农村支出水平最低 20%组家庭有 44.2%觉得家庭教育的经济负担很重,随着支出水平上升,这个占比下降到了 29.8%。城镇支出水平最低 20%组家庭有 28.8%觉得负担很重,明显低于农村地区。随着支出水平的上升,最高 20%组家庭下降到了 11.1%。如果将范围扩大到觉得负担有点重的家庭,那么农村最低 20%组家庭占比达到 85.9%。尽管随着支出水平的上升,觉得负担重的家庭有所下降,但仍占到 67.5%。

表 8-7 家庭自我汇报的教育负担情况(家庭支出水平)

	全国		农村		城镇	
	负担很重	负担很重/有点重	负担很重	负担很重/有点重	负担很重	负担很重/有点重
第1五分位	32.3%	75.1%	44.2%	85.9%	28.8%	61.4%
第2五分位	32.7%	69.9%	24.9%	74.3%	17.7%	62.0%
第3五分位	25.5%	71.1%	38.5%	76.8%	17.6%	58.8%
第4五分位	17.7%	60.9%	33.6%	79.8%	16.6%	53.3%
第5五分位	18.0%	41.9%	29.8%	67.5%	11.1%	34.2%

(三)获得学生资助情况

1. 资助的覆盖

考虑到家庭对学生资助的资金来源(例如中央、地方、学校事业收入或社会捐赠)并不清楚,2019年调查询问了基础教育阶段的在校生是否获得学费减免、课本教辅材料费减免、早午餐减免或伙食补助、家庭经济困难补助、奖学金。根据表 8-8,整体来看,普通高中学生获得学费减免的占比为25%,获得课本教辅材料费用减免的占比为14.8%,获得伙食补助的占比为4.8%,获得家庭经济困难补助的占比为17.2%,获得奖学金的占比为6.3%。分城乡来看,农村家庭的学生获得各项学杂费减免的占比均高于城镇地区,尤其是家庭经济困难补助。而在奖学金方面,城乡学生没有太大差异。分地区来看,东部地区的学生获得各项学杂费减免、经济困难补助以及奖学金的占比高于其他地区。

表 8-8 普通高中学生资助覆盖情况(城乡和区域)

		学费减免	课本教辅材料费减免	早午餐减免/伙食补助	家庭经济困难补助	奖学金
全国		25.0%	14.8%	4.8%	17.2%	6.3%
城乡	农村	25.9%	15.5%	4.8%	17.8%	6.1%
	城镇	20.7%	11.1%	5.0%	14.4%	7.7%

续表

		学费减免	课本教辅材料费减免	早午餐减免/伙食补助	家庭经济困难补助	奖学金
区域	东部	28.9%	16.3%	5.5%	23.8%	6.3%
	东北部	21.1%	13.3%	4.1%	10.6%	6.3%
	中部	21.2%	14.2%	3.6%	11.0%	5.7%
	西部	25.6%	13.6%	4.0%	17.1%	2.6%

根据《2018年中国学生资助发展报告》，全国层面国家助学金覆盖率为20.5%，全国层面免学杂费覆盖率为8.45%。[①]根据家庭调查估计的家庭经济困难补助覆盖率接近资助报告的全国覆盖率，中西部地区较低，东部较高。而根据家庭调查估计的学费减免的覆盖率要高于资助报告中免学杂费的覆盖率。部分原因是家庭调查的学费减免包括中央、地方、学校和社会各界资助，而发展报告中免学杂费指的是中央和地方按比例分担的建档立卡等家庭经济困难学生免学杂费的资助覆盖面。

2.资助的瞄准

表8-9估计了获得资助的学生家庭支出水平分布。其中，获得家庭经济困难补助和伙食补助的学生中，来自家庭支出水平最低20%组的占比最高，其次是学费减免和课本教辅材料费减免。实际上奖学金也倾向于给家庭经济条件更差的学生。不过也可以看到，中高收入家庭的学生也获得了部分学杂费减免和经济困难补助。

---

① 根据《2018年全国教育事业发展统计公报》，普通高中在校生为2375.37万人。2018年全国共资助普通高中学生1332.74万人次，其中有488.04万普通高中生获得国家助学金，有200.70万普通高中生享受原建档立卡等家庭经济困难学生免学杂费政策。西部、中部、东部地区获得国家助学金人数占其在校生人数比例分别为33.31%、18.39%、9.29%。西部、中部、东部地区享受原建档立卡等家庭经济困难学生免学杂费政策占其在校生人数比例分别为17.3%、6.15%、1.89%。其中，全国层面国家助学金覆盖率为488.04/2375.37=20.54%，全国层面免学杂费覆盖率为200.70/2375.37=8.45%。

表 8-9 获得资助的学生家庭支出水平分布

	学费减免	课本教辅材料费减免	早午餐减免/伙食补助	家庭经济困难补助	奖学金
第1五分位	32.1%	30.7%	42.8%	46.7%	27.1%
第2五分位	23.4%	21.1%	24.7%	29.4%	28.9%
第3五分位	16.3%	16.7%	14.4%	13.8%	17.4%
第4五分位	14.2%	14.5%	10.7%	6.8%	14.6%
第5五分位	14.0%	17.0%	7.4%	3.2%	12.0%

表 8-10 分别估计不同支出水平家庭子女获得资助的情况。家庭支出水平最低的 20% 组有 37.5% 的学生获得了学费减免,19.9% 获得了课本教材费减免,7.1% 获得了伙食补助,30.6% 获得了家庭经济困难补助,6.1% 获得了奖学金。随着家庭支出水平的提高,获得学费减免、伙食补助和家庭经济困难补助的学生占比整体上随之下降,尤其是家庭经济困难补助。但仍有中高支出水平的家庭子女也获得了经济困难补助。可见,家庭经济困难补助的瞄准有一定的误差。此外,最高的 20% 组家庭子女获得学费减免和课本教辅材料减免的占比相对于其支出水平,占比高于中等和中上水平家庭。考虑到学费减免和课本教辅材料减免的政策存在资金来源、资金分配、资助标准等方面的地方差异,其瞄准程度整体上低于经济困难补助。

表 8-10 不同支出水平家庭子女获得资助的情况

	学费减免	课本教辅材料费减免	早午餐减免/伙食补助	家庭经济困难补助	奖学金
第1五分位	37.5%	19.9%	7.1%	30.6%	6.1%
第2五分位	23.6%	11.3%	4.3%	20.6%	7.0%
第3五分位	21.8%	13.0%	4.3%	13.8%	6.0%
第4五分位	17.9%	13.1%	3.7%	8.1%	6.6%
第5五分位	20.4%	17.6%	4.2%	4.8%	5.4%

第八章　普通高中阶段学生资助情况分析

表8-11估计了自我汇报教育负担较重的家庭子女获得资助的情况。整体上,自我汇报教育负担较重的家庭子女获得家庭经济困难补助的占比更高,而其余各项学杂费减免和资助并没有这种倾向。部分原因在于,家庭的自我汇报是对教育负担的一个整体感知。获得资助则减轻了家庭的教育负担,而感知较重的家庭很可能是因为没有获得资助。

表8-11　自我汇报教育负担较重的家庭子女获得资助的情况

	学费减免	课本教辅材料费减免	早午餐减免/伙食补助	家庭经济困难补助	奖学金
第1五分位	35.1%	15.2%	8.1%	36.7%	5.1%
第2五分位	19.2%	9.3%	2.2%	23.8%	5.1%
第3五分位	17.3%	8.9%	6.0%	16.4%	6.4%
第4五分位	16.6%	14.6%	2.0%	11.3%	6.4%
第5五分位	12.8%	10.4%	2.6%	7.4%	8.9%

表8-12为低保户和建档立卡贫困户子女获得资助的情况。低保户家庭学生获得学费减免占比为59.4%,获得家庭经济困难补助占比为47.7%;建档立卡贫困户家庭学生获得学费减免占比为64.2%,获得家庭经济困难补助占比为57.2%。可以看出,在学费和杂费减免、家庭经济困难补助的覆盖率上,低保户和建档立卡贫困户家庭高于非低保户和非建档立卡贫困户,也高于支出水平最低20%组家庭。根据2016年财政部、教育部颁布的《关于免除普通高中建档立卡家庭经济困难学生学杂费的意见》(财教〔2016〕292号),从2016年秋季学期起免除公办普通高中建档立卡家庭经济困难学生(含非建档立卡的家庭经济困难残疾学生、农村低保家庭学生、农村特困救助供养学生)学杂费。从表8-12的覆盖面来看,针对建档立卡贫困户家庭的学生,资助率还有待提高。

表 8-12　低保户和建档立卡贫困户子女获得资助的情况

	学费减免	课本教辅材料费减免	早午餐减免/伙食补助	家庭经济困难补助	奖学金
低保户	59.4%	24.0%	5.0%	47.7%	8.2%
非低保户	22.5%	14.1%	4.8%	15.0%	6.2%
建档立卡贫困户	64.2%	33.4%	9.4%	57.2%	5.9%
非建档立卡贫困户	20.9%	12.8%	4.4%	13.1%	6.4%

表 8-13 给出了与获得学生资助相关的因素的 Logit 回归分析结果。结果显示,目前学生资助主要是根据家庭是否为贫困家庭来分配。此外,资助的分配更加倾向于农村地区、西部地区以及公办学校的学生。从是否获得学费减免来看,首先,建档立卡贫困户的子女获得学费减免的概率是非贫困户的 6 倍,而低保户子女是非低保户的 3.6 倍,自我汇报负担很重家庭子女则并不显著。其次,在控制其他条件的情况下,相对于最低 20% 组家庭,支出水平较高的家庭子女获得学费减免的概率显著更低;相对于公办普高学生,民办普高的学生获得学费减免的概率更低;农村地区和西部地区的学生获得学费减免的概率更高。从是否获得家庭经济困难补助来看,除了贫困户和低保户子女之外,自我汇报负担很重的家庭也更有可能获得经济困难补助。在控制其他条件的情况下,女生相对于男生更可能获得经济困难补助,农村地区和西部地区更可能获得经济困难补助。与学费减免不同的是,民办普高学生在获得经济困难补助方面与公办普高的学生没有显著差异。

表 8-13　与获得学生资助相关的因素的 Logit 回归分析

	学费减免			家庭经济困难补助		
	(1)	(2)	(3)	(1)	(2)	(3)
建档立卡贫困户	6.142***			5.865***		
低保户		3.645***			2.854***	
教育负担很重			0.841			1.365**

续表

	学费减免			家庭经济困难补助		
	(1)	(2)	(3)	(1)	(2)	(3)
家庭消费支出五分位(对照组:第1五分位)						
第2五分位	0.635**	0.541***	0.532***	0.870	0.733	0.710
第3五分位	0.583**	0.499***	0.462***	0.702	0.593**	0.554**
第4五分位	0.463***	0.391***	0.369***	0.624*	0.515***	0.492***
第5五分位	0.471***	0.393***	0.361***	0.324***	0.256***	0.238*
母亲受教育程度（对照组:小学或没上学)						
初中	0.969	0.919	0.842	0.602**	0.581***	0.557***
高中	1.000	0.969	0.884	0.472***	0.465***	0.454***
大学或以上	1.109	1.131	1.008	0.213***	0.226***	0.222***
女生	0.853	0.870	0.894	1.452**	1.470**	1.495**
重点高中	0.965	0.957	0.937	1.240	1.198	1.174
民办高中	0.552**	0.596**	0.591**	0.956	1.029	0.990
流动人口	1.335	1.344	1.340	1.196	1.204	1.187
家庭规模	0.807***	0.807***	0.809***	0.872*	0.876	0.867*
农村地区	1.342	1.532**	1.651***	1.647***	1.910***	1.952***
地区(对照组:东部地区)						
东北部	1.207	1.299	1.309	1.348	1.453	1.369
中部	0.690	0.705	0.744	1.291	1.302	1.349
西部	2.233**	2.304**	2.378***	1.876**	1.950**	2.031***
N	1897	1897	1897	1897	1897	1897
ICC（省)	0.040	0.045	0.042	0.032	0.036	0.033
ICC（县|省)	0.211	0.205	0.206	0.107	0.103	0.103

注:以上分析结果为风险比(Odds ratio),* $p<0.01$,** $p<0.05$,*** $p<0.01$。ICC指组内相关性;ICC(省)表示省一级的组内相关性,ICC(县|省)表示县和省一级的组内相关性。

三、本章小结

（一）研究总结和建议

本章基于 2019 年 CIEFR-HS 家庭调查数据，从家庭端估计了普通高中阶段学生获得各类奖助学金的情况。2018—2019 学年，普通高中阶段学生获得学费减免占比为 25%，获得课本教辅材料费用减免占比为 14.8%，获得伙食补助占比为 4.8%，获得家庭经济困难补助占比为 17.2%，获得奖学金占比为 6.3%。

根据这次家庭调查估计的家庭经济困难补助覆盖率（17.2%）略低于《2018 年中国学生资助发展报告》的全国覆盖率（20.5%）。分地区来看，中西部地区低于资助报告的水平，而东部地区较高。另一方面，从家庭端来看，学生获得的学费和杂费的减免要高于资助报告中国家助学金和家庭经济困难学生免学杂费的覆盖率。部分原因是家庭调查的学费减免包括中央、地方、学校和社会各界资助，而发展报告中免学杂费指的是中央和地方按比例分担的建档立卡等家庭经济困难学生免学杂费的资助覆盖面。

对资助瞄准的分析显示，针对经济困难家庭学生的资助瞄准有一定误差。资助不精准存在两种情况。第一，部分家庭经济不困难的学生得到了资助。分析显示，在获得家庭经济困难补助的学生，来自最高和次高 20% 家庭的分别占 3.2% 和 6.8%。对建档立卡贫困户学生获得资助情况的分析显示，获得学费减免的学生占比为 64.2%，获得家庭经济困难补助的学生占比为 57.2%。第二，部分家庭经济困难学生未获得资助。自我汇报教育负担较重的家庭中，最低 20% 组获得家庭经济困难补助的占比为 36.7%，而最高 20% 组家庭有 7.4% 获得了经济困难补助。

从"健全学生资助制度，完善资助办法，提高精准水平，实现应助尽助""强化资助育人理念，构建资助育人质量提升体系"的要求出发，建议将精准资助作为高中资助政策改善的重点，着力解决家庭经济困难学生资助需求得到满足前的资助资金漏出、流向非家庭经济困难学生的情况。

在普通高中政策体系已经完善的背景下,提高资助精准程度对于提升资金使用效益、确保家庭经济困难学生完成高中学业具有重要的意义。此外,考虑适度增加免学费政策覆盖率。分析结果显示,学生资助对建档立卡贫困户家庭和低保家庭的覆盖面基本上在65%以下。因此,免学费政策可以适当增加对家庭经济困难学生的覆盖比例,包括将城镇低保家庭经济困难学生等群体纳入普高免学费资助对象。

(二)关于普高是否全免费的讨论

各国的教育体系各不相同,高中阶段教育开始的年龄,是否属于义务教育,以及是否为免费教育,也有所不同。从是否进行普通高中教育和职业高中教育的分流来看,部分国家实行单轨制普职融合的教育体制(如美国等),而更多国家实行双轨制普职分离的教育体制(如德国和日本等)。从高中是否免费来看,高中阶段教育是否属于义务教育与高中阶段教育是否免费,并不完全一致。根据对将近200个国家的统计,高中阶段公立体系的免费教育已经成为普遍现象,但几个主要的亚洲国家(日本、韩国、新加坡和印度)均为高中阶段仍在收取学费的国家。

高中是否收取学费首先影响的是高中阶段教育机构经费的来源。表8-14为日、韩等国高中阶段教育机构经费投入中政府投入占比以及就读于私立学校的学生占比。日本高中阶段教育不属于义务教育阶段,在经历了短暂的免费之后(2010—2014年),于2014年开始重新恢复收费。其间,政府投入占比从2010年的65%提升到2015年的81.4%。此后,政府投入占比一直维持在80%以上。韩国高中阶段教育不属于义务教育阶段并且收取学费,政府投入占比为75%。高中阶段免费的几个国家,政府投入占比仍存在较大的差异。其中,私立高中占41%的澳大利亚和私立高中占8%的德国,其政府投入占比在75%左右。私立高中占30%的法国和私立高中占8%的美国,其政府投入占比则在90%左右。公私立高中都免费的芬兰,政府投入达到98%。我国高中还未普及义务教育,部分省份普通高中免学费,部分收取学费。根据《中国教育经费统计年鉴》,2019年普通高中经费中政府投入占比平均为83%,高于澳大利亚、德国和英国,说明我国高中阶段经费最主要的来源还是政府财政投入。由于2012年以来的中职免费政策,政府对中职,尤其是公办中职也有大量的投入。

表8-14　2015年各国高中阶段教育机构经费投入中政府投入占比以及就读于私立学校的学生占比

	是否义务教育	是否免费	政府投入占比	私立学校学生占比
中国	否	否	82.60%	14.9%
日本	否	否	81.36%	32.44%
韩国	否	否	74.89%	43.11%
新加坡	否	否	—	2.78%
芬兰	否	公私立均免费	98.41%	19.39%
澳大利亚	是	公立免费	74.76%	40.53%
德国	是	公立免费	76.12%	8.07%
英国	是	公立免费	82.47%	15.47%
美国	是	公立免费	90.60%	8.19%
法国	否	公立免费	88.46%	30.04%

数据来源:中国数据基于《中国教育经费统计年鉴》和《全国教育事业发展统计公报》,计算的是普通高中政府投入占比和私立学校学生占比。

　　日本在2010年为减轻家庭负担,减少贫富差距导致的教育不公平,实施了公立高中免费政策。由于免费政策实施之前地方政府已为低收入家庭提供了多种学费减免政策,这使得免费政策的受益人更多是高收入家庭,高收入家庭将节省下的学费用于课外补习等校外支出,进一步加剧了教育不公平。[①] 2009年开始,韩国实施过一段时间的高中"多样化"政策。精英高中就是在这样的背景下建立的。普通家庭学生为了进入精英高中,课后培训费用不断攀升,学习时间不断延长,睡眠时间不断减少。鉴于此,韩国政府再次开始分阶段地实施高中阶段免费教育的改革,同时

---

① 金红莲,张德伟,丁建福.日本高中教育财政制度改革研究:以学费政策为例[J].现代教育管理,2014(08):113—118.

第八章 普通高中阶段学生资助情况分析

要将精英高中转化为普通高中,执行和普通高中一样的划片入学政策。这一政策是否能够成功,还有待关注,目前该政策的直接后果就是韩国的学区房价格再度高涨。对东亚其他国家均等化和免学费政策推行经验的回顾显示,义务教育阶段仍然存在质量和公平的挑战,同时学前教育、高等教育以及职业教育对政府公共财政有需求,增加了政府的财政压力。尽管如此,义务教育事业发展的经验显示,一个较高的政策目标并不是在政府财力绝对准备好的情况下制定出来再开始实施的。如何在普及义务教育事业发展的同时做好公平、效率和质量之间的平衡,是值得思考的。

第四编

民办学校、校外培训和课后服务

第九章 基础教育阶段的民办学校在服务于谁?

一、引言

2017年9月1日《中华人民共和国民办教育促进法》正式实施,开启了民办学校分类管理的新时期。而后中央政府层面相继出台了《国务院关于鼓励社会力量兴办教育促进民办教育健康发展的若干意见》《民办学校分类登记实施细则》《营利性民办学校监督管理实施细则》和《关于营利性民办学校名称登记管理有关工作的通知》等相关配套文件。《中华人民共和国民办教育促进法实施条例(修订草案)(征求意见稿)》、《中华人民共和国民办教育促进法实施条例(修订草案)(送审稿)》分别于2018年5月和8月对外公布。伴随着2021年"双减""公民同招"等规范民办义务教育发展政策的出台,"降比例、调结构"成为民办教育改革的主导方向。这些政策不仅将改变民办基础教育供给的格局,也将深刻地影响家庭对民办教育的需求。在此背景下,了解民办教育服务于谁,在何种程度上满足了民众的教育需求,对于政策制定者扶持和规范民办教育以促进教育资源实现优质均衡而言,显得尤为迫切和紧要。

根据《2019年全国教育事业发展统计公报》,2019年全国共有各级各类民办学校19.15万所,各类教育在校生5616.61万人。其中,民办幼儿园17.32万所,在园学生2649.44万人,占所有幼儿园阶段学生的56.21%;民办普通小学6228所,在校生944.91万人,占所有小学阶段学生的8.95%;民办初中5793所,在校生687.40万人,占所有初中阶段学生的14.24%;民办普通高中3427所,在校生359.68万人,占所有普通高中阶段学生的14.90%；民办中职1985所，在校生224.37万人，占所有中职阶段学生的14.23%；民办高校757所，其中普通本专科在校生708.83万人，占所有普通本专科阶段学生的23.38%。与2017年相比，整体上民办学校数量增加了7.83%，学生数增加了9.69%，其中各学段民办学校在校生数占比均略有上升。

在经济发展水平、公办教育的供给与质量、居民教育偏好以及各地政策对民办教育的支持力度等因素的共同作用下，我国省份间民办教育的发展规模有所差异。在各省份内部，不同层级民办教育的发展水平也不尽相同。与此同时，学生和家长对民办教育的需求也有所不同。在考察不同国家公办、民办教育结构时，美国学者埃斯特尔·詹姆斯给出了一个经典分类：超额需求和差异化需求。[①] 在家庭首选公办教育，但由于公共财政投入不足，公办教育不能满足全部家庭的入学需求时，由此产生的对民办学校的需求称为超额需求；在公办教育供给充足，但是由于文化、宗教、教育理念、教育质量等因素所导致的对民办学校的需求则被称为差异化需求。宗教、语言、收入维度的社会分化越严重，家庭对民办学校的差异化需求则会越高。从全球范围来看，差异化需求在很大程度上来自宗教、文化等方面的原因。此外，收入分配维度的社会分化所催生的对民办教育的差异化需求也值得注意。

现实中家庭对民办学校的需求，是差异化需求和超额需求的某种混合。在"前4%"时代，教育财政投入不足导致公办教育供给不足，大量来自弱势群体的孩子（农村贫困地区家庭子女、城市务工人员随迁子女）难以进入公办学校就读，超额需求在我国民办教育需求中占有相当大的比重。随着近年来教育财政投入充足性的提升、以弱势群体为重要关注对象的教育财政制度建设的推进，弱势群体进入公办学校就读的机会大幅增加。对民办学校的超额需求逐渐下降，差异化需求的重要性逐步攀升。在"后4%"时代，什么样的家庭在选择民办学校？不同的收入群体如何

---

① ESTELLE J. Why Do Different Countries Choose a Different Public-Private Mix of Educational Services? [J]. Journal of Human Resources, 1993, 28(3): 571-592.

在公办学校和民办学校之间进行选择？选择了怎样的民办学校？民办学校内部存在着怎样的差异？本章基于2019年中国教育财政家庭调查(CIEFR-HS 2019)对上述问题进行分析。

二、样本分布

2019年第二轮CIEFR-HS调查在校生样本中就读于民办学校的学生3561人，占样本量的19.3%。在本章的分析中，我们关注幼儿园、小学、初中和普通高中阶段的在校生。在高中阶段，我们的分析仅限于普通高中，没有将和普通高中处于相同教育层级的中等职业教育纳入分析范围。下文中，凡谈及高中阶段的研究发现，仅涉及普通高中。在幼儿园、小学、初中和普通高中，民办学校的学生比例分别为58.2%、10.1%、12.9%和12.8%。与《2019年全国教育事业发展统计公报》数据相比，按照抽样比例进行加权之后，各学段民办学校学生比例与统计公报数据较为接近（见图9-1a）。与2017年第一轮CIEFR-HS调查估计相比，各学段民办学校在校生占比有所上升（见图9-1b）。

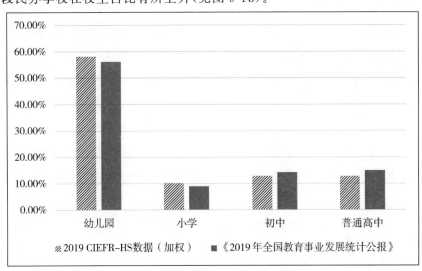

图9-1a 2018—2019学年各学段民办学校学生比例

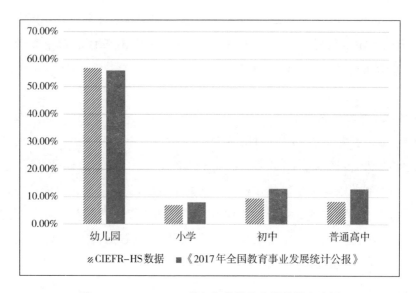

图 9-1b　2016—2017 学年各学段民办学校学生比例

受抽样方式及各省份样本量的影响,分学段的民办学校学生比例在省级层面的代表性不足,但在地区间和不同经济发展水平的城市间,CIEFR-HS 2019 样本则具有较好的代表性。根据行政区划,笔者将 CIEFR-HS 2019 覆盖的 29 个省份分为东部、东北部、中部和西部四个地区[①];根据居住地区在农村还是城市,将学生分为农村学生和城市学生两类;由于城市间经济发展的差异,笔者根据经济发展水平,将 CIEFR-HS 2019 所覆盖的 345 个县、市、区划分为一线城市、二线城市和其他县市[②]。

图 9-2 显示了不同区域各学段(学前和基础教育阶段)民办学校的学生比例。整体而言,中部地区各学段民办学校学生所占比例最高,西部地

[①] 东部地区包括北京、上海、天津、河北、江苏、浙江、福建、山东、广东和海南等十个省份,东北部地区包括黑龙江、吉林和辽宁,中部地区包括山西、安徽、江西、河南、湖北和湖南等六个省份,西部地区包括内蒙古、广西、重庆、四川、贵州、云南、陕西、甘肃、青海和宁夏等十个省份。

[②] 首先,根据居住地为居委会还是村委会的信息,我们将家庭分为城市家庭和农村家庭。在城市家庭中,一线城市为北京、上海、广州和深圳四个城市,二线城市为省会城市、自治区首府城市和其他副省级城市等,共计 31 个城市,除一、二线城市之外的其他县市被划分为其他县市。

区民办学校学生比例在学前和义务教育阶段均较低,在高中阶段,西部地区学生就读于民办高中的比例接近于东部地区,将近11%。在小学和初中阶段,东部地区民办学校学生比例略低于中部地区。学前阶段,民办幼儿园的占比与区域经济发展水平之间呈倒"U"型结构,在经济发展水平较高的东部地区和经济发展水平最低的西部地区,学生就读于民办幼儿园的比例较低。小学、初中和高中阶段,区域间的趋势则较为一致,东部地区和中部地区学生就读于民办学校的比例较高,东北部和西部地区学生就读于民办学校的比例则较低。

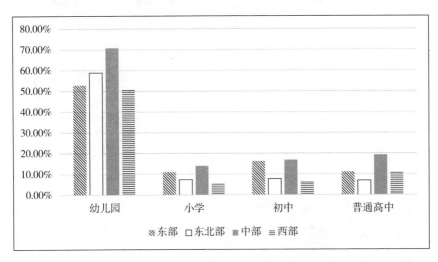

图 9-2　地区间民办学校学生比例对比

图 9-3 显示了城镇和农村各学段民办学校学生比例,民办学校的学生比例在城乡间的差异小于地区间的差异,城乡差异主要体现在小学阶段。在小学阶段,农村地区民办学校在校生比例为 13%,而城镇地区该比例仅为农村地区的一半(6.6%)。相对于城乡差异,城市内部的差异更大,经济发展水平与不同层级民办教育的占比之间具有一定的线性关系(图 9-4)。在幼儿园和高中阶段,随着经济发展水平的提高,就读于民办学校的学生比例在降低。在小学和初中阶段,随着经济发展水平的提高,

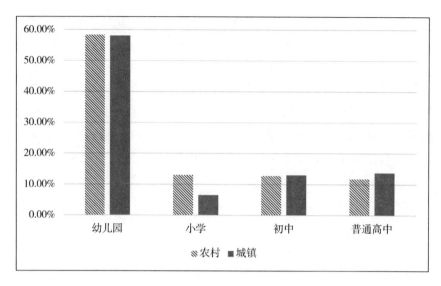

图 9-3 城镇和农村民办学校学生比例

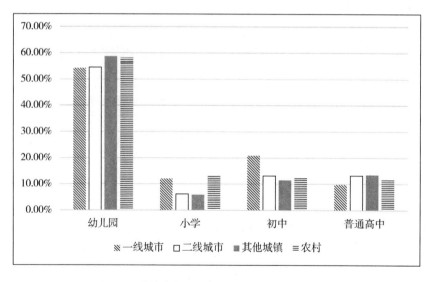

图 9-4 城镇内部和农村民办学校学生比例对比

就读于民办学校的学生比例则在提高。在小学阶段,一线城市有12.0%

的小学生就读于民办学校,在初中阶段,一线城市超过 20% 的初中生就读于民办学校,二线和二线以下其他城镇分别为 6.2% 和 5.9%。普高与义务教育阶段相反,一线城市民办学生占比为 9.8%,低于二线和二线以下其他城镇(13.2% 和 13.5%)。整体而言,较为发达的城镇地区义务教育阶段民办学校学生占比相对较高,而学前和高中阶段则相反。

三、民办教育的功能分化

除地区差异和城市间差异之外,民办学校内部也存在着相当大的差异。不同学段的民办学校在满足学生需求方面各有其侧重点。以幼儿园为例,2019 年,我国民办幼儿园园所数占比为 62%,在园学生数占比为 56.2%,意味着公办园提供的受教育机会极其有限,民办园的存在更多是为了满足学生家长的超额教育需求;地区间(西部地区除外)与城市间随着经济发展水平的提高,民办幼儿园学生比例降低,也从侧面印证了这个推测。义务教育阶段则与幼儿园阶段有所不同:一方面,农村地区小学阶段学生就读于民办学校的比例高于城镇地区;另一方面,在城市内部,一线、二线城市的民办小学与民办初中在校生比例高于其他城镇地区。这表明,在义务教育阶段,民办学校在农村地区和不同经济发展水平的城市中产生了功能分化,一部分民办学校主要满足家庭的超额教育需求,而另一部分则主要满足家庭的差异化教育需求。在以下的讨论中,我们按学段对民办学校的教育质量及服务对象进行分析。

民办学校内部的差异,体现在师资配置、教学内容、教学目的和教学质量等方面,也体现在学校的收费差异等方面。在一定程度上,收费的差异可以用于衡量学校在师资配置、教学质量和所服务的学生群体等方面的不同。此外,就读学生的家庭背景,以及不同家庭经济背景的学生在民办学校和公办学校之间的选择,也可体现学校的服务对象及其所满足的教育需求类型。在 CIEFR-HS 2019 问卷中,调查者详细询问了在校学生和家庭的各项校内支出,包括学费、杂费、书本费、代收代管费等各项费用情况。以此为基础,笔者计算出学生的校内收费总额。

1. 幼儿园阶段

2000年以来,随着家庭对学前教育需求的增加,民办幼儿园数量增长迅速,民办幼儿园在园儿童占比从2000年的13%,增至2010年的47%,2019年达到56%。根据图9-2至图9-4,在学前阶段,不同地区均有超过半数的在园学生就读于民办幼儿园。受政府财力的限制和以公办园为主的财政投入体制的影响,公办学前教育机会的供给一直不足。为满足家庭对学前教育的需求,解决"入园难""入园贵"问题,2010年以来中央政府提出了大力发展普惠性幼儿园的政策,提出到2020年普惠性幼儿园覆盖率达到80%、公办幼儿园在园幼儿占比达到50%的目标。实现以上目标的途径有二,一是增加公办园的供给,二是将民办园转变为普惠园。受普惠性民办幼儿园政策的影响,在学前阶段,民办幼儿园的收费受到一定的限制,这也在一定程度上限制了民办幼儿园与公办幼儿园之间的收费差异。

表9-1显示了幼儿园阶段公办园与民办园的收费差异,按照一线、二线、其他城镇以及农村将公办园和民办园校内收费从低到高分为四组,计算不同组的平均校内收费。就全国而言,公办园的校内收费为5152元/年,民办园的校内收费为8284元/年。公办园与民办园的校内收费差异远小于义务教育阶段的公办学校和民办学校的收费差异,也小于非义务教育阶段的普通高中的公办学校与民办学校的收费差异。根据校内收费的高低,进一步将公办园与民办园各自分为收费最低的25%(第1四分位)到收费最高的25%(第4四分位)四组,各组的公办园和民办园的收费差异均低于其他层级学校。

根据表9-1可知,公办园内部存在着收费的差异。就全国而言,收费最低的25%公办幼儿园平均年收费643元,收费最高的25%公办幼儿园平均年收费1.2万元。民办园内部的收费差异相对要高于公办园,收费最低的25%的民办园平均年收费为1821元,收费最高的25%的民办园平均年收费为1.8万元。无论是公办园还是民办园,收费较高的学校间差异最大。就公办园而言,收费最高的25%的公办园比收费次之的25%的公办园平均年收费高6800元;在民办园,这一差异达到1万元左右,高于较低收费的幼儿园之间的收费差异。

表 9-1 幼儿园阶段公办园与民办园的收费差异

(单位:元/年)

		整体	第1四分位	第2四分位	第3四分位	第4四分位
全国	公办	5152	643	2822	5489	12263
	民办	8284	1821	4757	8244	18394
一线城市	公办	12267	2210	7143	12935	28677
	民办	20163	6963	12978	20447	43699
二线城市	公办	6281	1490	4406	6638	12963
	民办	11295	2758	7801	12891	23304
其他城镇	公办	5084	1109	3279	5563	10781
	民办	7269	2123	4956	8323	15435
农村地区	公办	3021	226	1470	3153	7324
	民办	5082	1313	3417	5511	10184

注:学校收费包括学费和其他校内收费。

在经济发展水平不同的地区,就读于民办幼儿园的学生比例有所差异。从农村地区到一线城市,随着经济发展水平的提高和政府财力的增强,政府提供公办幼儿园服务的能力相应增强,就读于民办幼儿园的学生比例在逐步降低,民办幼儿园满足家庭超额教育需求的功能在降低,而满足家庭差异化教育需求的功能在增强。这体现在以下三个方面:(1)随着经济发展水平的提高,就读于民办幼儿园的学生比例降低;(2)随着经济发展水平的提高,民办园收费水平提高,且与公办园收费差异拉大;(3)随着经济发展水平的提高,就读于民办园和公办园学生家庭收入水平的差异发生变化。

首先,根据图 9-3 和图 9-4,农村地区有 58.3%的学生就读于民办园,一线、二线城市和二线以下城镇该比例分别为 54.2%、54.5%和 58.7%。随着公办幼儿园供给量的增加,民办幼儿园的学生比例在下降。其次,随着经济发展水平的提高,民办幼儿园的收费也在快速增长,与公办幼儿园的收费差异在增大(图9-5)。在农村地区,民办幼儿园的平均收费为每年5082元,公办幼儿园的平均收费为每年3021元,相差2061元。按照公办、民办学校各自的收费水平分组来看,农村地区各组公、民办幼儿园年平均收费的差异在2000—3000元,可以认为差异不大。而在一线城市,民办幼儿园的平均收费为每年2万元,公办幼儿园的平均收费为每年1.2万元,公办、民办幼儿园的校内收费相差将近8000元,差异显著高于农村地区。而且,随着学校收费水平的上升,公、民办幼儿园之间的收费差异显著拉大。二线城市的公、民办幼儿园收费差异的趋势与一线城市类似。二线以下的城镇地区公、民办学校收费差异的趋势与农村地区类似。

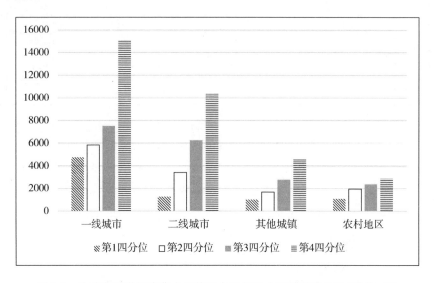

图 9-5　分城乡和学校收费水平的民办园与公办园的收费差异(单位:元)
注:民办幼儿园收费-公办幼儿园收费

再次,就全国平均来看,就读于民办幼儿园的学生家庭年度消费略高于就读于公办幼儿园的学生。就读于民办幼儿园的学生家庭年人均消费为23797元,就读于公办幼儿园的学生家庭年人均消费为22434元。图9-6为分城乡和学校收费水平的民办园与公办园在园儿童家庭年人均消费差异。根据公办园和民办园收费水平分组来看，一线城市民办园在园儿童的家庭年人均消费均高于公办园，随着就读学校收费水平的提高，年人均消费的差异越大。这说明一线城市收入水平越高的家庭越倾向于选择民办幼儿园，民办幼儿园更多满足的是家庭差异化的需求。与一线城市不同，在二线城市、其他县市和农村地区，收费水平较低的幼儿园中，民办园在园儿童的家庭年人均消费均低于公办园；而收费水平较高的幼儿园中，民办园的家庭年人均消费要高于公办园，尤其是二线城市的最高收费组，差异要高于一线城市。这意味着，在这些城市与农村地区，低收费民办园主要是为了满足家庭的超额需求，而高收费民办园主要是为了满足家庭的差异化需求。

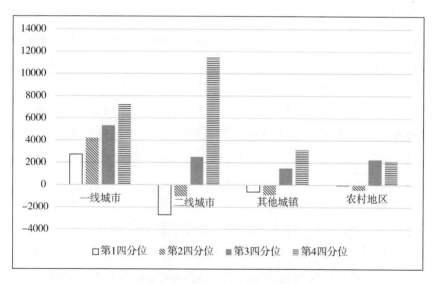

图 9-6　分城乡和学校收费水平的公办园与民办园在园儿童家庭年人均消费差异（单位：元）

注：民办幼儿园学生家庭年人均消费－公办幼儿园学生家庭年人均消费

简而言之，在学前教育阶段，受政府财力所限，公办幼儿园不能完全满足居民的受教育需求，民办幼儿园更多的是承担着满足居民超额教育需求的功能。政府通过多种方式支持普惠性民办幼儿园的发展，以此保证民办幼儿园的收费与公办幼儿园基本持平,在不增加家庭支出负担的前提下,提高学前阶段的入园率。与此同时,也存在着少量满足居民位置性需求的民办幼儿园。与其他地区相比,在经济发展水平较高的一线城市,民办幼儿园的收费显著高于公办幼儿园,相对较高比例民办幼儿园的存在则是为了满足家庭对高质量幼儿园的需求。在二线、二线以下城镇地区和农村,既有满足超额需求的收费较低的民办园,也有满足差异化需求的收费较高的民办园。

2. 义务教育阶段

与幼儿园阶段不同,小学阶段和初中阶段教育在我国属于义务教育。2005年国家提出要在全国范围内分批次按地区实现义务教育免费。2006年在农村地区实行义务教育经费保障新机制,推行"两免一补"政策。2008年,实现了城市地区的免费义务教育。公办小学和初中不收学费,按照学生户籍以及学校所在地区进行划片招生。受惠于免费义务教育政策,公办小学和公办初中的校内收费很低,四分之一的公办小学和公办初中的年度校内收费低于100元(表9-2)。值得注意的是,公办小学和公办初中内部,也存在着校内收费较高的学校,收费最高的25%的公办小学平均年收费将近3800元,收费最高的25%的公办初中的平均年收费接近5800元。

与公办小学和初中相比,民办小学和民办初中的收费较高,绝大多数的民办小学和民办初中的校内收费均为每年数千元至上万元,收费最高的25%的民办小学和初中的平均年收费在2万—3万左右。另一方面,民办学校内部也存在较大差异。在一线城市,民办小学和初中的平均收费分别为15531元和31576元,收费最低的25%民办小学和初中收费平均为1406元和6075元,与收费最高的25%民办学校(分别达到4.3万元和8.2万元)之间差异悬殊。在二线城市、其他城镇和农村地区,收费最低25%的民办小学平均年度校内收费不足200元,收费最高的25%民办学校达到1万—3万元。

第九章 基础教育阶段的民办学校在服务于谁？

表 9-2 义务教育阶段公办学校与民办学校校内收费差异

（单位：元）

		公办小学	民办小学	公办初中	民办初中
全国	整体	1159	6563	2050	13490
	第1四分位	19	100	65	1222
	第2四分位	194	1603	549	7123
	第3四分位	670	5660	1854	13504
	第4四分位	3766	18986	5771	32256
一线城市	整体	5447	15531	2764	31576
	第1四分位	0	1406	23	6075
	第2四分位	468	6716	1035	17763
	第3四分位	2598	11405	2745	25659
	第4四分位	19359	43041	7331	82045
二线城市	整体	3551	8754	2404	14331
	第1四分位	0	174	59	1190
	第2四分位	224	2402	615	8225
	第3四分位	1764	7532	2170	16479
	第4四分位	12361	25264	6788	32088
其他城镇	整体	2541	6407	1807	14535
	第1四分位	0	161	71	1709
	第2四分位	341	1998	437	9117
	第3四分位	1744	6332	1407	14980
	第4四分位	8238	17385	5373	32790
农村地区	整体	1443	4320	2053	8472
	第1四分位	0	122	79	901
	第2四分位	170	1446	682	4973
	第3四分位	710	4537	2080	9652
	第4四分位	4956	11297	5526	18628

说明：包括学费和其他校内收费。

图 9-7 和 9-8 呈现的是按城乡和学校收费水平分组的民办与公办小学、民办与公办初中收费水平的差异。根据表 9-2、图 9-7 与图 9-8,首先,初中阶段民办与公办学校收费水平差异远远高于小学阶段,全国平均来看,小学的公办、民办学校收费差异达到了 5400 元,初中达到了 1.1 万元。其次,随着学校收费水平的提高,民办与公办学校的收费差异扩大。尤其是一线城市,小学的公办、民办学校收费差异达到了 1 万元,初中将近 2.9 万元,且随着学校收费水平的提高,公办、民办学校的收费差异迅速拉大。对于收费最高的 25% 的中小学而言,公办小学与民办小学的收费差异超过 23000 元,而公办初中与民办初中的收费差异超过 74000 元。无论是小学还是初中阶段,二线城市公办、民办学校的收费差异更加接近于二线以下城市,而农村地区公办、民办学校的收费差异最小。

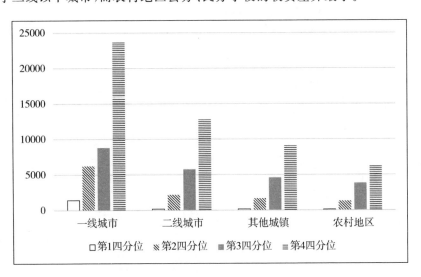

图 9-7 分城乡和学校收费水平的民办小学与公办小学的收费差异(单位:元)

注:民办小学收费—公办小学收费

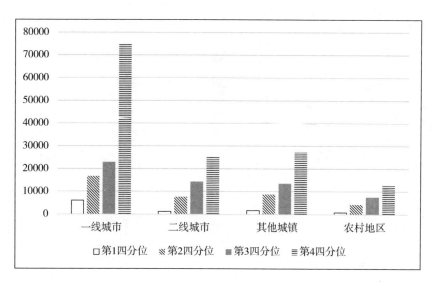

图 9-8　分城乡和学校收费水平的民办初中与公办初中的收费差异（单位：元）

注：民办初中收费—公办初中收费

图 9-9 和图 9-10 为分城乡和学校收费水平的公办、民办小学和初中在校学生的家庭年人均消费差异。相较于公办学校而言，义务教育阶段民办学校的主要功能呈现出两极分化的态势，尤其是在城镇地区。小学阶段，农村地区民办小学在校生家庭年人均消费整体上略高于公办学校。在一线和二线城市，只有收费最高的 25% 民办小学在校生家庭年人均消费水平高于公办小学，而其余 75% 的民办小学在校生家庭年人均消费低于公办学校，尤其是在一线城市。在二线以下城镇地区，仅收费最低的 25% 民办小学在校生家庭年人均消费低于公办学校。与小学阶段不同的是，除了一、二线城市最低 25% 组和其他城镇次低 25% 组之外，初中阶段民办学校在校生家庭年人均消费水平均明显高于公办学校。一线、二线城市，仅收费最低的 25% 民办学校在校生家庭年人均消费水平低于公办学校。其他城镇地区呈现出低端和高端收费水平相对较高的趋势。而农村地区民办初中在校生家庭年人均消费整体上高于公办学校，与小学阶段相比差距更加明显。

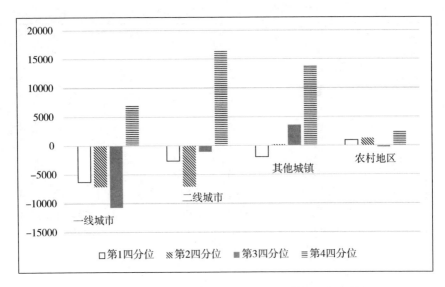

图 9-9 分城乡和学校收费水平的公办小学与民办小学在校学生的家庭年人均消费差异（单位：元）

注：民办小学学生家庭年人均消费—公办小学学生家庭年人均消费

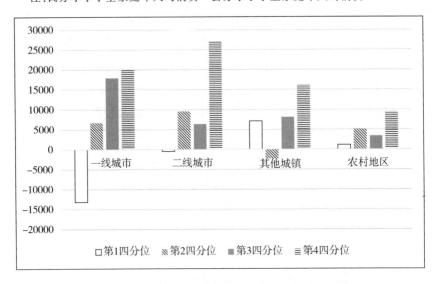

图 9-10 分城乡和学校收费水平的公办初中与民办初中在校学生的家庭年人均消费差异（单位：元）

注：民办初中学生家庭年人均消费—公办初中学生家庭年人均消费

第九章 基础教育阶段的民办学校在服务于谁?

因此,义务教育阶段民办学校满足了两类不同的需求,一类是低收入群体的超额需求,另一类是高收入群体的差异需求。在小学阶段,一、二线城市的民办学校在满足超额需求方面的功能尤其突出;在初中阶段,更多中高收入的家庭开始选择民办学校,差异化需求凸显。在农村地区,民办学校在校生家庭的消费水平一直要高于公办学校。

综上分析,在义务教育阶段,相较于公办学校而言,民办学校的主要功能呈现出两极分化的态势。部分民办学校的存在是为了满足高收入群体差异化的教育需求,对于这部分家庭和学生而言,就读于民办学校意味着更多的教育支出,但可能接受到多元化的、高质量的教育。另一方面,义务教育阶段的民办教育也同时承担着满足超额教育需求的功能,尤其在一线、二线城市,对于中低收入的家庭而言,低价的民办学校或许教学质量要高于其具有就学资格的公办学校,对于外来务工人员家庭而言,低价的民办学校为随迁子女提供了受教育机会。

3. 高中教育阶段

我国的普通高中主要以公办教育为主。按地区划分,中部地区民办高中学生占比最高,为 19.2%。按城市、农村经济发展水平划分,城镇为 13.7%,略高于农村地区的 11.72%。二线和其他城镇民办高中的学生占比差异不大,分别 13.2% 和 13.5%,一线城市民办高中的学生占比较低,为 9.8%。2006 年起,我国开始逐步建立并完善义务教育阶段的经费保障新机制,义务教育的专项性一般转移支付迅速增加,然而,公办普通高中仍以地方办学为主。2010 年之后,中央政府对公办普通高中的收费价格进行严格管制,为弥补收费减少所导致的公办普通高中办学经费不足的状况,各级政府开始逐渐加大对普通高中的财政保障力度。

表 9-3 为普通高中阶段公办学校与民办学校的收费差异。平均而言,公办高中的校内收费为每年 5812 元,民办高中的校内收费为每年 1.7 万元,是公办高中的 3 倍左右。公办和民办高中内部的收费也存在较大差异。收费最低的 25% 公办高中校内收费低于 1000 元,而收费最高的 25% 公办高中收费在 1.5 万元左右。一、二线城市、其他城镇和农村的公

办高中收费水平十分接近,民办高中的内部差异要远高于公办高中。收费最低的25%民办高中校内收费平均为2836元,而收费最高的25%民办高中收费在3.8万元左右。一般来看,经济越发达的地区,民办高中的收费水平越高。例外的是收费最低的25%民办高中,从城镇内部来看,一线城市的这部分学校收费水平最低,其次是二线城市,而收费水平最高的是其他城镇的民办高中。如果将收费作为衡量学校提供的教育质量的重要指标,可以认为,在一线城市存在着部分民办高中提供质量极低的教育服务,可能满足的是低收入群体或非本地户籍群体子女没有被满足的超额教育需求。而在二线以下的其他城镇地区,哪怕是收费最低的民办高中,满足的也是收入相对较高的家庭差异化的教育需求。

表 9-3 普通高中阶段公办学校与民办学校的收费差异

(单位:元)

		整体	第1四分位	第2四分位	第3四分位	第4四分位
全国	公办高中	5812	620	2487	5484	14788
	民办高中	17127	2836	10249	18214	37576
一线城市	公办高中	6041	946	3287	5623	14703
	民办高中	22999	1468	22950	30795	47549
二线城市	公办高中	6121	516	2294	5398	16448
	民办高中	20884	2572	12441	22305	47423
其他县市	公办高中	5738	479	2189	5138	15149
	民办高中	17064	4517	11021	18182	35369
农村地区	公办高中	5717	850	2742	5796	13560
	民办高中	13796	1931	8370	15225	30643

说明:包括学费和其他校内收费。

图9-11为分城乡和学校收费水平的民办普高与公办普高的收费差异。整体上,公办高中与民办高中之间的校内收费差异要高于其他学段。首先,公办、民办高中收费差异平均为1.1万元,农村地区达到8000元,一线城市达到1.7万元。其次,随着学校收费水平的增长,民办与公办学校的收费差

异扩大,尤其是收费水平最高25%学校,一、二线城市、其他城镇和农村的公办、民办收费差异分别达到了3.3万元、3万元、2万元和1.7万元。

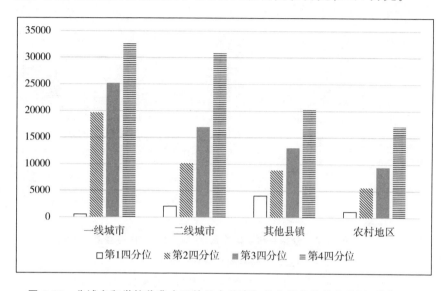

图9-11 分城乡和学校收费水平的民办普高与公办普高的收费差异(单位:元)
注:民办普高收费—公办普高收费

图9-12为分城乡和学校收费水平的公办与民办普高在校学生的家庭年人均消费差异。根据公办、民办学校的收费水平将学校由低到高分为四组。在一线城市,收费最低的25%民办学校在校生家庭年人均消费水平比公办学校平均低8200元,收费最高的25%民办学校在校生家庭年人均消费水平比公办学校平均低2100元,而收费中等的民办学校在校生家庭年人均消费水平则比公办学校平均高1.5万元左右。与一线城市不同,二线城市各收费水平的民办学校在校生家庭年人均消费水平均高于公办学校,尤其是收费水平较高的学校,平均相差1.6万一1.9万元左右。整体上,二线以下的其他县镇和农村民办学校在校生家庭年人均消费水平高于公办学校,差异呈现出低收费和高收费学校两端较高、中等收费学校较低的分布趋势。

在现有的办学体制下,高中以地方办学为主,公办高中收费水平和其

中国教育财政家庭调查报告(2021)

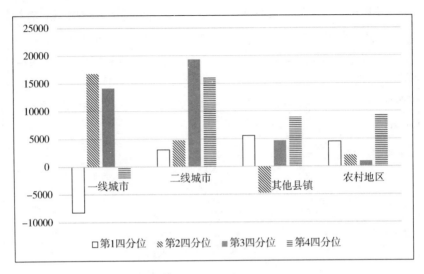

图 9-12 分城乡和学校收费水平的公办与民办普高
在校学生的家庭年人均消费差异（单位：元）

注：民办普高学生家庭年人均消费—公办普高学生家庭年人均消费

他筹措经费的途径受到限制，学校经费来源主要依赖地方政府的拨款，这导致公办高中的经费充裕程度取决于地方政府的财力和财政投入的努力程度。一线城市地方政府的财政能力强于其他地方，对公办高中的投入高于其他城市和农村地区。受惠于充足的财政拨款，一线城市公办高中的质量较高，学生和家长基本以公办高中为首选。民办学校分化为两类，一类是满足在本地无法就读于公办高中的人群的需求，为其提供最为基本的高中教育；还有一类是满足家庭的差异化教育需求，提供多元的高中教育，例如国际学校。值得注意的是，在一线城市，收费水平最高的25%民办学校在校生家庭年人均消费水平略低于收费水平最高的25%公办学校在校生，可以认为，一线城市的高收入家庭更加倾向于选择公办高中。在二线城市、其他县市和农村地区，民办高中满足家庭和学生的差异化教育需求的功能要大于一线城市。尤其是在二线城市，收费水平较高的公办、民办学校在校生家庭年人均消费差异要高于一线城市。这说明，相对于一线城市,二线城市中高收入家庭更加倾向于选择民办高中。

简而言之,民办高中的定位随城市经济发展水平而不同。在一线城市,民办高中的定位产生了两极分化,部分民办高中满足了家庭的超额需求,部分满足收入相对较高家庭的差异化需求,但在高收费区间的学校中,高收入家庭更加倾向于公办高中。在二线城市、其他县市和农村地区,受地方政府财力限制,部分公办高中质量较低,民办高中反而起到了满足家庭和学生对较高质量教育的需求。

四、学生和家庭在公、民办学校之间的选择

受不同教育阶段民办学校功能分化的影响,学生在公办和民办学校之间的选择,也呈现出一定的差异。家长和学生进行学校选择时,不仅考虑办学主体的性质,更重要的是考虑学校的质量,在可以选择的范围内,选择质量最好的学校。学校的质量,一方面体现于学校收费的高低,另一方面体现于学生对所就读学校的评价。尤其对于民办学校而言,在市场化的情况下,收费在很大程度上体现了学校的质量。那么,不同家庭经济水平的学生,如何在公办和民办学校之间进行选择?学生选择民办学校的原因分别是什么?对公民办学校以及所就读的学校又有怎样的评价呢?

1. 家庭经济水平与选择民办学校的关系

图 9-13 至图 9-16 显示了在学前、义务教育和普通高中阶段,不同家庭经济水平的民办学校在校生占比及所选择的民办学校的平均收费情况。横坐标代表以家庭年人均消费水平为衡量指标的家庭经济水平从最低到最高的 100 个百分位,条状图代表相应分位数民办学校在校生占比,散点图代表相应分位数平均收费水平。在幼儿园阶段,不同家庭经济水平的学生选择民办园的比例差异不大,但学生就读的民办学校的校内收费与家庭年人均消费呈现正相关关系。与其他教育阶段相比,幼儿园阶段民办学校在校生占比高,年收费水平较低,而且离散程度不大。这意味着,民办幼儿园的收费水平与家庭的经济水平更加密切相关。在义务教育阶段,随着家庭经济水平的提高,民办在校生占比提高,且民办学校相

应的收费水平也在提高。除了这个整体趋势之外,也可以观察到不同百分位仍然出现民办学校占比较低、学校收费水平较低的情况。

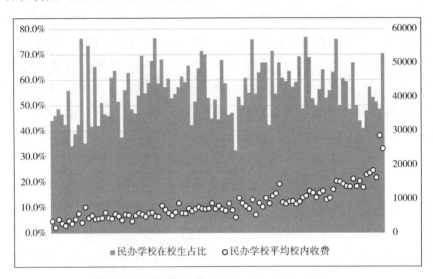

图 9-13 不同家庭经济水平的民办园在园儿童占比
及幼儿园平均收费水平(单位:元/年)

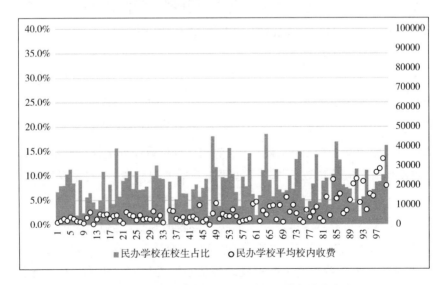

图 9-14 不同家庭经济水平的民办小学在校生占比
及学校平均收费水平(单位:元/年)

第九章 基础教育阶段的民办学校在服务于谁？

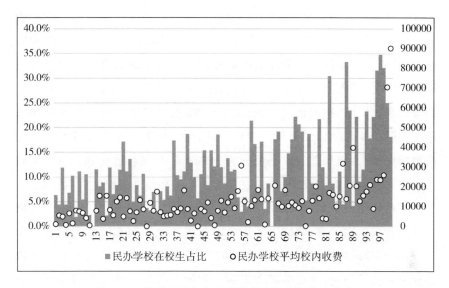

图 9-15 不同家庭经济水平的民办初中在校生占比及学校平均收费水平（单位：元/年）

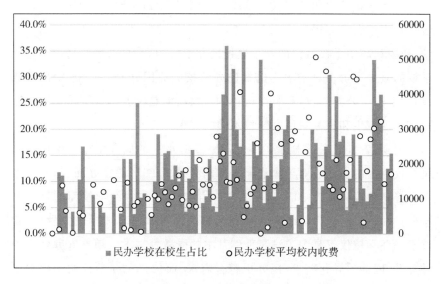

图 9-16 不同家庭经济水平的民办普通高中在校生占比及学校平均收费水平（单位：元/年）

相对于民办幼儿园,民办中小学尤其是民办义务教育阶段的学校受到了较为严格的收费管制。义务教育阶段的收费离散程度高于学前阶段,但是低于高中阶段。普通高中阶段的情况与学前和义务教育阶段不同。整体上,随着家庭经济水平的提高,民办在校生占比和学校收费水平相应提高。同时,我们也观察到在 70 到 95 百分位的民办学校在校生比例较 50 到 70 百分位的更低。此外,不同百分位的民办学校收费水平的离散程度较大,而且随着家庭经济水平的提高,离散程度扩大。在中低收入家庭子女所在的学校中,校内收费水平普遍都偏低;而在中高收入家庭子女所在的学校中,有些学校收费水平接近或低于中低收入家庭,有些则收费昂贵。这也说明,学前阶段家庭的需求和民办幼儿园的定位相对单一,而随着学段的逐渐升高,到了高中阶段家庭的需求和民办学校的定位逐渐多元化。同时,学校的经费筹措受到地方财政和学校收费政策的影响,导致民办学校的收费水平不仅仅取决于家庭的支付能力。

2. 选择民办学校的原因以及对学校质量的评价

义务教育阶段和高中教育阶段,在公办学校占主导的情况下,为什么学生和家长会选择民办学校呢?CIEFR-HS 2019 调查询问了在民办小学、初中和高中学校就读的学生选择民办学校的原因,以及对目前所就读学校的质量评价。对于学生选择民办学校的原因,CIEFR-HS 给出的选择是"上不了公办学校"和"可以上公办学校,但是民办学校更符合需求",可以体现学生和家庭对民办学校不同的需求。

图 9-17 和图 9-18 显示了不同家庭经济水平的民办学校学生以上两类择校理由的占比。对于家庭年人均消费最低 25% 的家庭而言,义务教育和普高阶段分别有 50% 和 22.2% 的学生为了更好的学校而选择民办学校,11.7% 和 40.7% 的学生因为上不了公办学校而选择民办学校,就读于民办学校仅仅是为了满足他们基本的受教育需求。随着家庭经济条件上升,因为差异化需求(民办更符合需求)而选择民办学校的学生占比相应提高,而义务教育阶段因为超额需求(上不了公办学校)而选择民办学校的学生占比没有明显的减少或增长的趋势。另一方面,高中阶段因

第九章 基础教育阶段的民办学校在服务于谁?

为超额需求而选择民办学校的学生占比随着家庭经济条件的上升而下降,从 40.7% 下降到 23.4%。前文对于高中阶段的入学机会的分析也显示,在高中阶段就读公办高中,尤其是公办普通高中的机会随着家庭经济条件和母亲受教育水平的提升而增加,最低组和最高组之间相差很大,基本符合家庭自我汇报的因为上不了公办学校而选择民办学校的原因占比。

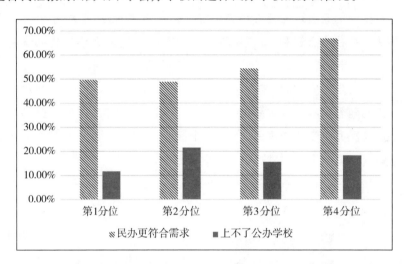

图 9-17 不同家庭经济水平的民办义务教育学校学生择校理由占比

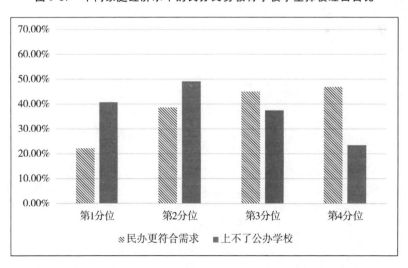

图 9-18 不同家庭经济水平的民办普通高中学生择校理由占比

3. 对公办和民办学校质量的评价

CIEFR-HS 2019 调查询问了家庭对本地公办和民办学校办学质量的评价,分别为"公办学校更好""民办学校更好"和"公办民办差不多"(图9-19 至图 9-22)。整体上来看,相对于义务教育阶段,高中阶段有更多的家庭认为本地的公办普高质量更好,即便是孩子选择民办普高的家庭,也有更高比例的家庭认为公办普高更好。义务教育阶段,平均有 78.6% 的公办学校在校生家庭和 36.5% 的民办学校在校生家庭认为公办学校更好,这个比例随着家庭经济水平的上升而略有下降。平均有 8.4% 的公办学校在校生家庭和 38.3% 的民办学校在校生家庭认为民办学校更好,这个比例随着家庭经济水平的上升而上升,民办学校在校生上升幅度更大。选择民办小学和初中的家庭中,中高收入家庭认为公办更好和民办更好的占比差不多,而高收入家庭认为民办学校更好。

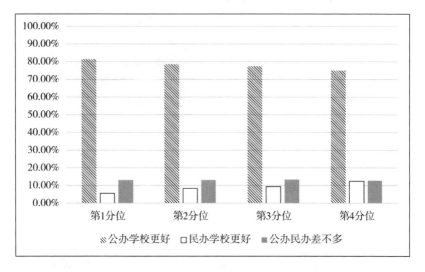

图 9-19 不同家庭经济水平的公办义务教育学校学生家庭对公/民办学校质量的评价

第九章 基础教育阶段的民办学校在服务于谁？

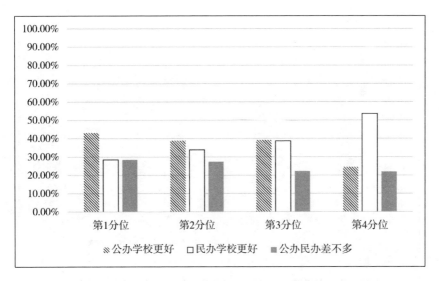

图 9-20 不同家庭经济水平的民办义务教育学校学生家庭对
公/民办学校质量的评价

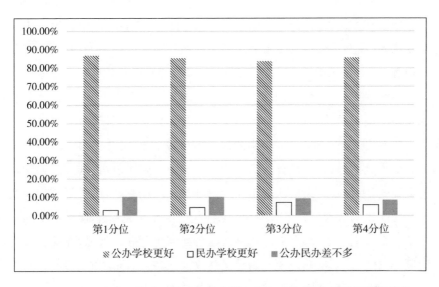

图 9-21 不同家庭经济水平的公办普高学生家庭对公/民办学校质量的评价

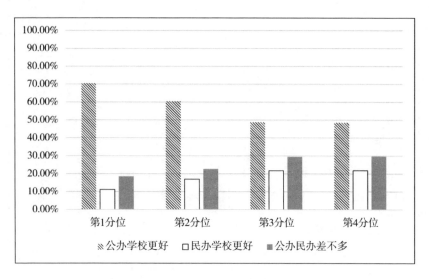

图 9-22 不同家庭经济水平的民办普高学生家庭对公/民办学校质量的评价

高中阶段,平均有85.4%的公办学校在校生家庭和54.1%的民办学校在校生家庭认为公办学校更好,这个比例在公办学校在校生家庭中没有变化,在民办学校在校生家庭中随着家庭经济水平的上升而略有下降。平均有5.0%的公办学校在校生家庭和19.4%的民办学校在校生家庭认为民办学校更好,这个比例随着家庭经济水平的上升而上升,但即使是收入较高的民办学校在校生家庭,也仍然认为公办学校更好。

简而言之,整体来说中小学阶段大部分家庭更倾向于认为本地的公办学校质量更好,尤其是普通高中阶段。义务教育阶段,在选择民办学校的家庭中,中高收入家庭认为本地的民办学校质量更好,而中等收入家庭则有更高比例认为公办学校更好。高中阶段,无论是哪个收入水平的民办学校在校生家庭,都有更高比例认为公办高中更好。可见,在义务教育阶段,部分民办小学和初中开始满足高收入家庭差异化的需求;而在高中阶段,民办普高仍然主要是满足家庭对超额教育的需求。

4.对所就读学校质量的评价

图9-23和图9-24呈现了义务教育和普高阶段不同经济水平的公办、

民办在校生家庭对学校的评价——"就读的学校高于当地平均水平"。学生和家庭的评价也许并不全面,但也从侧面反映了学校的质量。整体来看,家庭年人均消费水平与学生对学校的评价呈现出正相关,家庭年人均消费越高的学生,对学校的评价越高。义务教育阶段,就读于民办学校的学生家庭对学校的评价要略高于公办学校的学生家庭。这表明,在义务教育阶段,家庭经济背景较好的学生选择民办学校,是因为民办学校可以提供的教学质量要高于公办学校或者民办学校提供的服务更符合其需求。普通高中阶段,就读民办学校的学生和家庭对学校的评价低于公办学校,年人均消费水平越低的家庭,对本校的评价越低。这表明,在普高阶段,家庭经济背景较好的学生更加倾向于选择公办学校,因为公办普高的质量平均来说高于民办普高。

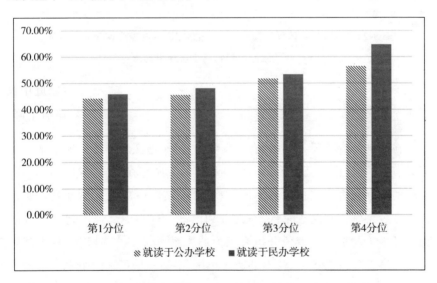

图 9-23 义务教育阶段不同经济水平的公/民办在校生家庭对学校的评价——"就读的学校高于当地平均水平"

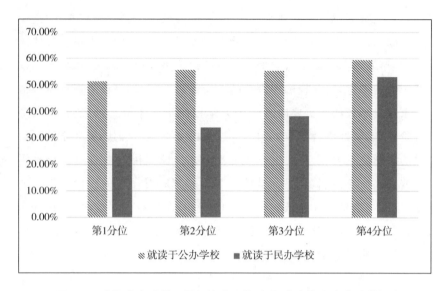

图9-24 普通高中阶段不同经济水平的公/民办在校生家庭对学校的评价——"就读的学校高于当地平均水平"

五、本章小结

在基础教育阶段,民办教育的发展随省份、地区和经济发展水平的不同,呈现出不同的特征。省份间民办教育的发展存在差异,省份内部不同阶段的民办教育发展也大有不同。就地区而言,中部地区民办教育所占比例在各个学段都高于东部、东北部和西部。这与中部地区地方财政能力以及中央与地方的责任分担有很大的关系。与东部地区相比,中部省份的经济发展较为落后,与西部地区相比,中部省份得到的中央转移支付相对较少,因此,整个中部地区政府的财政能力不如东部和西部地区,出现了公办教育的"中部塌陷"。公办教育机会供给不足,质量也有限,最终导致民办教育供给相对较多。

在地区性差异之外,民办学校内部也存在着很大差异。民办学校的两极分化现象很严重,既存在着收费高达数万元的高质量的民办学校,也存在着收费几百元的低质量的民办学校。在不同层级的教育中,民办学

第九章　基础教育阶段的民办学校在服务于谁？

校的功能有所不同。(1)在学前教育阶段,公办幼儿园不能完全满足居民的受教育需求,民办幼儿园主要是为了满足家庭的超额教育需求。同时,政府通过多种途径促进普惠性民办幼儿园的发展,抑制民办幼儿园与公办幼儿园的收费差异。但不能否认的是,也有部分民办幼儿园的存在是为了满足家庭的差异化教育需求。(2)在义务教育阶段,相较于公办学校而言,民办学校的主要功能呈现出两极分化的态势。部分民办学校的存在是为了满足高收入群体的位置性和差异化的教育需求,对于这部分家庭和学生而言,就读于民办学校意味着更多的教育支出,但可能接受到多元化的、高质量的教育。另一方面,义务教育阶段的民办教育也同时承担着满足超额教育需求的功能。(3)在高中阶段,民办高中的定位随城市经济发展水平而不同。在一线城市,民办高中的定位产生了两极分化,部分民办高中满足家庭的超额需求,而部分满足收入相对较高家庭的差异化需求。在二线城市、其他县市和农村地区,受地方政府财力限制,部分公办高中的质量较低,民办高中反而满足了家庭和学生对较高质量教育的需求。

　　受不同教育阶段民办学校功能分化的影响,学生在公办学校和民办学校之间的选择,也呈现出一定的差异。在幼儿园阶段,不同家庭经济水平的学生选择民办园的比例差异不大,但学生就读的民办学校的校内收费与家庭年人均消费呈现正相关关系。在义务教育阶段,随着家庭经济水平的提高,民办在校生占比提高,且民办学校相应的收费水平也在提高。普通高中阶段,随着家庭经济水平的提高,民办在校生占比和学校收费水平相应提高。但同时也能观察到中高收入家庭子女中民办学校在校生比例低于中等收入水平,而且中高收入家庭子女所在学校的收费水平与家庭经济水平并不十分密切相关,部分学校收费水平接近或低于中低收入家庭。总的来说,学前阶段家庭的需求和民办幼儿园的定位相对单一,而随着学段逐渐升高,到了高中阶段家庭的需求和民办学校的定位逐渐多元化。同时,学校的经费筹措受到地方财政和学校收费政策的影响,导致民办学校的收费水平不仅仅取决于家庭的支付能力。

从学生和家庭选择民办学校的原因来看,义务教育和普高阶段,低收入家庭子女中分别有 11.7% 和 40.7% 的学生因为上不了公办学校而选择民办学校,就读于民办学校仅仅是为了满足他们基本的受教育需求。随着家庭经济条件的上升,因为差异化需求而选择民办学校的学生占比相应提高。从学生和家庭对公办、民办学校质量的评价来看,整体上,无论是公办学校在校生家庭,还是民办学校在校生家庭,都倾向于认为本地的公办学校质量好于民办学校。义务教育阶段,平均有 78.6% 的公办学校在校生家庭和 36.5% 的民办学校在校生家庭认为公办学校更好,这个比例随着家庭经济水平的上升而略有下降。相对于义务教育阶段,高中阶段有更多的家庭认为本地的公办普高质量更好,即便是孩子选择民办普高的家庭,也有更高比例的家庭认为公办普高更好。

第十章 中小学生校外培训参与者和提供者都是谁？

一、背景

十八大以来，我国进一步深化教学改革，发展素质教育，取得了一定成效，学生校内课业负担逐渐减轻。尤其是2013年教育部发布的《小学生减负十条规定》（征求意见稿）做出了全面减轻学生课业负担的规定。但同时，也出现了"校内减负、校外增负""教师减负、家长增负"的新问题。时任国务院总理李克强在2018年政府工作报告中提到"着力解决中小学生课外负担重问题"。2018年教育部办公厅等四部门发布《关于切实减轻中小学生课外负担开展校外培训机构专项治理行动的通知》，开展了为期一年半的校外培训机构专项治理工作。2018年年底，教育部等九部门联合发布《中小学生减负措施》（减负三十条），从学校办学行为、校外培训机构管理、家庭教育监护等方面针对减轻学生学业负担做出规定并提出建议。2021年7月，中共中央办公厅、国务院办公厅印发《关于进一步减轻义务教育阶段学生作业负担和校外培训负担的意见》（简称"双减政策"），对校外培训机构的监管力度再次加强，同时再次强调了学校作为教育主阵地的作用。

目前，聚焦于基础教育阶段校外培训的实证研究表明，校外培训的参与和投入在城乡间、区域间、学校间存在明显差异。①②③④ 我国城乡公办教育存在差异,而发达的校外培训市场主要聚集在城市地区,面向优势人群提供服务,既存在北京海淀黄庄式的密集育儿模式,也存在经济欠发达地区的县中放养模式,结果以一种结构性排斥的方式减少了农村地区、低收入弱势群体子女享受这一体制外优质教育资源的可能性,最终影响他们获得高中和高等教育尤其是优质高等教育的机会。已有的实证研究关注的焦点主要集中在与应试紧密相关的学科类校外补习(补习班)上,而忽略了对兴趣类校外培训(兴趣班)的探讨。近年来,市场中所提供的校外培训已不局限于全日制学校所开设的科目,而是囊括了艺术、体育、科创与研学等方面的科目。为了对包括补习班和兴趣班在内的校外培训有较为全面的认识,本章基于 2019 年 CIEFR-HS 调查数据,对 2018—2019 学年我国中小学生参与校外培训的现状及其地区和群体间的差异进行分析,并对学科类校外培训(补习班)提供者的类型和分布进行描述分析。此外,本章还根据网络抓取的校外培训机构数据,对校外培训市场发展进行分析。

二、中小学生参与校外培训的概况

表 10-1 为 2019 年调查样本中各学段在校学生样本的分布情况。

表 10-1 2019 年调查样本各学段在校学生分布情况

	样本量	未加权样本百分比	加权后样本百分比	2019 年教育部统计数据*
幼儿园	3415	18.5%	19.8%	17.3%

---

① 刘保中.我国城乡家庭教育投入状况的比较研究:基于 CFPS(2014)数据的实证分析[J].中国青年研究,2017(12):45—52.
② 杨钋.经济不平等时代的校外教育参与[J].华东师范大学学报(教育科学版),2020(05):63—77.
③ 薛海平.从学校教育到影子教育:教育竞争与社会再生产[J].北京大学教育评论,2015(03):47—69.
④ 曾满超,丁小浩,沈华.初中生课外补习城乡差异分析:基于甘肃、湖南和江苏 3 省的初中学生课外补习调查[J].教育与经济,2010(02):7—11.

续表

	样本量	未加权样本百分比	加权后样本百分比	2019年教育部统计数据*
小学	6495	35.3%	33.7%	38.7%
初中	3175	17.2%	15.3%	17.7%
普通高中	1969	10.7%	11.4%	8.8%
中职	639	3.5%	3.4%	5.4%
高等教育	2725	14.8%	16.4%	12.2%
总计	18418	100.0%	100.0%	100.0%

* 资料来源:2019年教育部教育统计数据.

鉴于本章的研究对象,我们以2019年家庭调查样本中有效回答了校外培训问题的中小学生作为分析的样本。样本在我们所关注的学校、家庭、个人方面的变量缺失率较低,删除所关注的校外培训(补习班和兴趣班)和家庭教育支出变量存在缺失的个案之后,最终得到的分析样本为11940人。其中,小学生6358人,初中生3070人,高中生1896人;农村地区学生4769人,城镇地区学生7171人,县城学生1815人。

1.中小学生校外补习班参与和支出情况

表10-2为全国分城乡中小学生补习班参与率。总体上,有24.4%的中小学生在过去12个月中参加过学科类校外补习班。分城镇和农村来看,城乡差异显著,城镇中小学生补习班参与率是农村学生的2倍;从城镇内部来看,一线城市平均参与率为46.2%,二线城市为34%,而县城参与率不到一线城市的一半。从学段来看,小学生校外补习班参与率为25.3%,初中为27.8%,高中为18.1%,各地区初中生参与率均高于小学和高中。

表 10-2　全国分城乡中小学生补习班参与率

(单位:%)

	全部	城乡		城镇内部		
		城镇	农村	一线城市	二线城市	县城
小学	25.3	32.4	14.9	44.1	36.5	20.8
初中	27.8	36.5	16.0	57.3	36.0	22.8
高中	18.1	23.2	9.0	39.6	25.7	16.0
全部	24.4	31.4	14.1	46.2	34.0	20.1

表 10-3 为全国分城乡中小学生平均校外补习班支出。全国中小学生每年校外补习班支出平均为 8438 元,中位数为 3000 元。分城乡来看,城镇地区平均为 9926 元(中位数为 5000 元),农村地区为 3581 元(中位数为 1500 元),城镇地区为农村地区的 3 倍左右。从城镇内部来看,一线城市的平均支出是全国平均水平的 2.5 倍,是县城地区的 4.6 倍,农村地区的 6 倍左右。从学段来看,各地中学阶段补习班支出普遍高于小学,高中普遍高于初中。

表 10-3　全国分城乡中小学生平均校外补习班支出[①]

(单位:元/年)

	全部		城乡				城镇内部					
			城镇		农村		一线城市		二线城市		县城	
	平均值	中位数	平均值	中位数	平均值	中位数	平均值	中位数	平均值	中位数	平均值	中位数
小学	6580	3000	7811	4000	2702	1200	18125	10000	7658	5000	2895	2000
初中	9887	4000	11372	5000	4167	2000	21748	10000	13318	6000	5012	2550
高中	12208	5000	13628	6000	6064	2125	28602	20000	13398	8000	8021	3000
全部	8438	3600	9926	5000	3581	1500	20881	10000	10169	5500	4495	2200

[①] 仅包括参与校外补习班并发生了支出的样本。

2. 中小学生校外兴趣班参与和支出情况

表10-4为全国分城乡中小学生兴趣班参与率。总体上,有15.5%的中小学生在过去12个月中参加过校外兴趣班。分城镇和农村来看,城乡差异显著,城镇中小学生参与率是农村学生的4倍;从城镇内部来看,一线城市平均参与率为34.9%,二线城市为20.8%,县城参与率不到一线城市的一半。从学段来看,各地区小学生参与率均高于初中和高中。小学阶段,城镇地区兴趣班参与率接近或略超过补习班参与率,到初中阶段下降到补习班参与率的2/5－1/5左右。到高中阶段兴趣班参与率进一步下降,仅农村地区例外。

表10-4 全国分城乡中小学生兴趣班参与率

(单位:%)

	全部	城乡		城镇内部		
		城镇	农村	一线城市	二线城市	县城
小学	22.3	32.5	7.4	47.5	31.6	21.3
初中	9.6	14.5	2.9	24.0	12.2	10.3
高中	5.8	6.7	4.1	10.1	5.4	7.4
全部	15.5	22.2	5.5	34.9	20.8	15.2

表10-5为全国分城乡中小学生平均校外兴趣班支出。全国中小学生每年校外兴趣班支出平均为5340元,中位数为3000元。分城乡来看,城镇地区平均为5612元(中位数为3000元),农村地区为3657元(中位数为1350元),城镇地区为农村地区的1.5倍左右。从城镇内部来看,一线城市的平均支出是全国平均水平的2倍,是县城地区的4倍,农村地区的3倍左右。从学段来看,尽管初中和高中阶段校外兴趣班的参与率远低于小学,在参与兴趣班的学生中,高中阶段支出最高,其次是小学阶段,初中阶段支出最低。

表 10-5　全国分城乡中小学生平均校外兴趣班支出①

（单位：元/年）

	全部		城乡				城镇内部					
			城镇		农村		一线城市		二线城市		县城	
	平均值	中位数	平均值	中位数	平均值	中位数	平均值	中位数	平均值	中位数	平均值	中位数
小学	5265	3000	5776	3000	1730	1200	10693	5000	5530	3600	2931	2400
初中	3808	2400	4122	2600	1833	1600	7097	5000	4624	3000	2026	1500
高中	9307	2000	7391	2000	9385	2250	11222	7000	12813	3000	2059	1550
全部	5340	3000	5612	3000	3657	1350	10170	5000	5809	3400	2668	2000

值得注意的是，农村地区高中阶段校外兴趣班支出反而高于城镇地区。可能的解释是，由于农村地区校外兴趣类培训市场相对不发达、家庭经济能力有限以及对兴趣班回报率的期望较低，因此只有那些具有较强的向上流动期望、对子女教育期望更高的家庭才会为高中阶段的子女选择兴趣班，同时这些家庭在家庭收入、父母受教育水平方面也要高于农村地区平均水平。

表 10-6 主要关注的是发生了兴趣班支出的高中学生家庭和没有兴趣班支出的高中学生家庭之间在生均家庭教育支出、家庭总收入和母亲受教育年限方面的差异。首先，农村地区有兴趣班支出家庭的母亲受教育年限比没有兴趣班支出家庭多 0.7 年；城镇地区有兴趣班支出家庭的母亲受教育年限比没有兴趣班支出家庭多 1.2 年。其次，农村地区有兴趣班支出家庭的生均家庭教育支出是没有兴趣班支出家庭的 2.8 倍，家庭总收入是没有兴趣班支出家庭的 1.5 倍；城镇地区有兴趣班支出家庭的生均家庭教育支出是没有兴趣班支出家庭的 1.9 倍，家庭总收入是没有兴趣班支出家庭的 1.3 倍。家庭收入、母亲受教育水平和相应的兴趣班支出水平部分说明了农村地区为上高中的子女选择校外兴趣班的家庭

---

① 仅包括参与校外兴趣班并发生了支出的样本。

对子女教育的投入倾向更加强烈。

表 10-6 农村和城镇地区有兴趣班支出和没有兴趣班支出的家庭教育支出

	农村地区		城镇地区	
	有兴趣班支出	没有兴趣班支出	有兴趣班支出	没有兴趣班支出
生均家庭教育支出(元/年)	20513	7223	19727	10229
家庭总收入（元/年）	76328	50705	121820	96764
母亲受教育年限(年)	7.7	7.0	11.0	9.8

三、校外培训参与率的差异

1. 分年级的学生校外培训参与率

图 10-1 和图 10-2 为分年级中小学生校外补习班和兴趣班参与率的统计描述。总体来看，小学阶段随着年级升高，补习班的参与率逐渐上升，兴趣班的参与率逐渐下降。三年级是一个转折的时点，三年级之前，学生以参与兴趣班为主。三年级后，学生的参与重点开始转向补习班，而兴趣班的参与率则逐渐走低。初中阶段补习班参与率总体稳定在26%—29%之间，而兴趣班的参与率随着年级上升不断下降，到初三基本上转向了以补习班为主。高中阶段校外补习班和兴趣班参与率相对于小学和初中阶段都有大幅下降，一方面是因为高中阶段尤其是普通高中更加偏向于学术导向的学习内容，另一方面也是因为高中阶段在校时间较长，学习主要发生在校内。

从城乡来看，农村中小学生校外补习班参与率远低于城镇地区，尽管随着年级上升参与率有所提高，但基本在小学高年级之后就稳定在15%—16%左右，直到高中阶段下降到10%以下。另一方面，农村中小学生校外兴趣班参与率一直低于10%，且随着年级和学段升高不断下降，

中国教育财政家庭调查报告(2021)

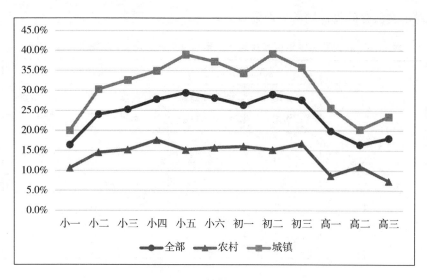

图 10-1　城乡中小学生校外补习班参与率:分年级

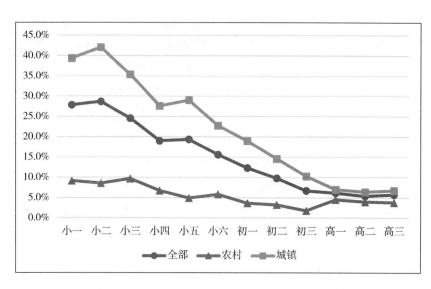

图 10-2　城乡中小学生校外兴趣班参与率:分年级

第十章 中小学生校外培训参与者和提供者都是谁?

直到高中阶段略有上升。反观城镇地区,小学阶段,尤其是小学低年级阶段校外兴趣班的参与率一度达到40%以上,进入小学高年级开始出现大幅下降,此后随着年级和学段升高不断下降,在高中阶段趋同并稳定在5%上下。总的来看,城镇地区中小学校外培训有着较为鲜明的年龄和学段差异,而农村地区则一直处于较低水平。

2.分成绩水平的学生校外培训参与率

接下来看不同学生群体的参与率差异,包括学生在班级的相对成绩、家庭消费水平和母亲受教育水平。图10-3和图10-4为农村和城镇地区不同成绩水平学生的补习班与兴趣班参与率。按照学生成绩分组来看,整体的趋势是成绩越好,校外补习班参与率越高。在农村地区,成绩在班级中上的学生家庭对校外补习班的投入最积极,而成绩前几名的学生家庭对校外补习班投入的倾向与成绩中下的学生家庭更加趋同。在城镇地区,小学阶段,班上成绩最好的学生校外补习班的参与率略低于成绩中上的学生,但差异并不大,属于"培优"型补习;初中阶段,成绩前几名的学生参与率最高,不同排名的学生之间差距拉大,"培优"的倾向更加明显;高中阶段,成绩在中下的学生也呈现出对校外补习班的需求,其参与率甚至高于成绩中上的学生,此时补习开始偏向于"补差"。

校外兴趣班的参与呈现出不同的趋势。在农村地区,小学阶段兴趣班参与率随着成绩提高而增加,初中阶段兴趣班参与率则呈倒U型分布,高中阶段兴趣班的参与率随着成绩的下降而上升。在城镇地区,随着学段升高,兴趣班参与率整体下降,但小学和初中阶段学业成绩较好的学生参与率仍然高于靠后的学生。尤其是在小学阶段,成绩前几名和中上的学生兴趣班参与率甚至高于补习班参与率,呈现出"双高"的趋势。而成绩越靠后,补习班和兴趣班的参与率就越低,补习班和兴趣班参与率之间的差距也越大。到了高中阶段,兴趣班参与率开始呈现出相反的趋势,除了成绩在最后几名的学生之外,成绩越靠后,参与率越高。

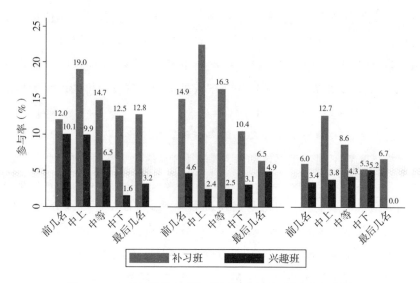

图 10-3 农村地区补习班与兴趣班参与率：学生班级成绩

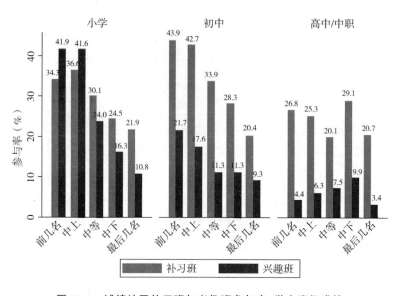

图 10-4 城镇地区补习班与兴趣班参与率：学生班级成绩

第十章 中小学生校外培训参与者和提供者都是谁？

兴趣班参与率的分布从小学阶段的"培优"逐渐过渡到倒 U 型和"补差"，说明对于不同学段的学生家庭来说，校外兴趣班投入的动机可能存在差异。表 10-7 为不同成绩水平的学生各类兴趣班参与率，包括艺术类（如音乐、舞蹈、书画、演讲等）、体育类（如体能、球类、武术、棋类等）、科技类（如机器人、编程、创客、模型等）、夏令营/游学类。在小学阶段，城乡地区各类兴趣班的参与率都随着成绩提高而增加。初中阶段，成绩中下的学生艺术类和体育类的兴趣班参与率增加，尤其是农村地区开始超过成绩中等和中上的学生。高中阶段这个趋势更加明显：农村地区成绩中等的学生艺术类参与率高于其他学生，而成绩中下的学生体育类参与率高于其他学生；城镇地区成绩在中下的学生艺术类和体育类参与率都要高于其他学生。这说明在小学阶段，家庭为子女选择校外兴趣班更加倾向于学生在学有余力的情况下进行素质拓展，而从初中阶段开始，通过投入非学术类的项目在升学过程中取得相对优势的倾向逐渐出现，在高中则更加明显。

表 10-7　不同成绩水平的学生各类兴趣班参与率

（单位：%）

	农村地区				城镇地区			
	夏令营游学类	艺术类	体育类	科技类	夏令营游学类	艺术类	体育类	科技类
高中								
前几名	2.5	0.8	0.0	0.0	2.6	0.9	0.4	0.4
中上	3.0	1.1	0.0	0.0	4.3	1.0	0.2	1.0
中等	4.0	0.4	0.0	0.0	5.2	1.7	0.0	0.4
中下	2.6	2.6	0.0	0.0	7.2	2.6	0.0	0.7
最后几名[①]	0.0	0.0	0.0	0.0	3.4	0.0	0.0	0.0

① 最后几名为 0 部分原因是受访户认为在校学生成绩在最后几名的偏少，造成这一分组样本量偏小。

(单位:%) 续表

	农村地区				城镇地区			
	夏令营游学类	艺术类	体育类	科技类	夏令营游学类	艺术类	体育类	科技类
初中								
前几名	1.1	2.3	0.0	1.1	15.5	5.3	0.8	1.1
中上	2.0	0.0	0.0	0.0	13.1	3.9	0.6	1.0
中等	1.6	1.1	0.2	0.2	7.3	2.5	0.4	0.8
中下	1.5	1.5	0.0	0.5	5.4	5.4	0.0	0.8
最后几名	3.2	3.2	0.0	0.0	5.5	3.6	0.0	0.0
小学								
前几名	8.5	1.2	0.4	0.6	34.8	10.0	2.6	2.1
中上	7.6	2.4	0.0	0.6	33.2	11.6	1.8	1.7
中等	5.0	1.4	0.0	0.1	18.3	7.9	0.9	1.4
中下	0.4	1.2	0.0	0.0	11.1	4.9	0.3	0.6
最后几名	2.1	1.0	0.0	0.0	7.7	3.1	0.0	0.0

3.分家庭消费水平的学生校外培训参与率

图 10-5 和图 10-6 根据家庭年消费总支出由低到高将家庭分为五组,计算各年级学生补习班与兴趣班参与率。从总体趋势来看,家庭消费水平越高,学生参与补习班或兴趣班的比例也更高。在农村地区,小学和初中阶段补习班参与率随着家庭消费水平提高而上升,高中阶段则趋于平缓,除高收入组之外,家庭消费水平与校外补习班参与率之间的关系并不明显。在城镇地区,家庭对补习班和兴趣班的选择与家庭的总体消费水平更加相关,尤其是小学阶段的兴趣班和初中阶段的补习班。

第十章 中小学生校外培训参与者和提供者都是谁？

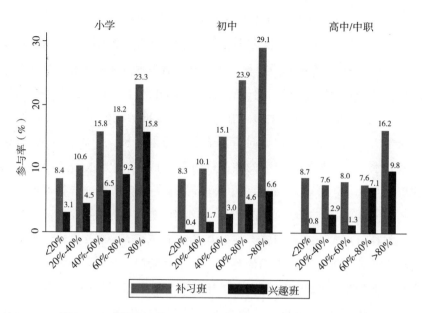

图 10-5 农村地区补习班与兴趣班参与率：家庭总消费水平

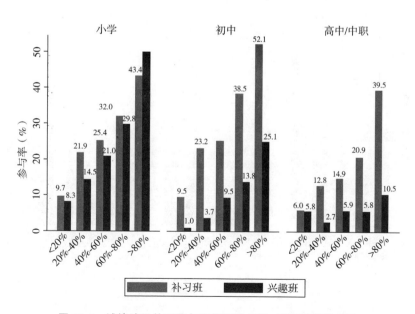

图 10-6 城镇地区补习班与兴趣班参与率：家庭总消费水平

4.分母亲受教育水平的学生校外培训参与率

图 10-7 和图 10-8 根据母亲受教育水平分为五组,分别为小学及以下、初中、高中、本专科以及本科以上。从总体趋势来看,母亲受教育水平越高,学生参与补习班或兴趣班的比例越高;相较于家庭消费水平较高的学生,母亲学历较高的学生参与补习班或兴趣班的比例更高;小学阶段,母亲学历较高的家庭更加偏向于为子女选择兴趣班。在农村地区,母亲受教育水平与兴趣班参与率的相关性更强,母亲学历为本专科的学生兴趣班参与率高于补习班;到初高中阶段,母亲受教育水平则与补习班参与率的相关性更强。在城镇地区,无论是小学、初中还是高中,母亲受教育水平与补习班参与率之间都存在较强的正向关系,而母亲受教育水平与兴趣班的关系则呈现出不同的趋势。在小学阶段,母亲受教育水平为高中及以上的学生兴趣班参与率高于补习班参与率;到了初中,兴趣班参与率出现大幅下降,仅有母亲学历为本科以上的学生兴趣班参与率维持在较高水平;到高中阶段,两者的关系趋于平缓,出现与农村类似的趋势。

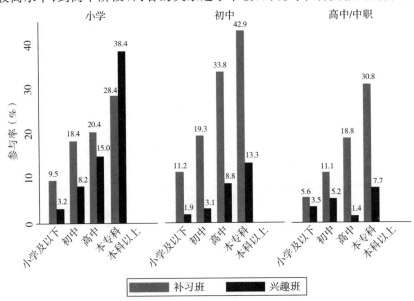

图 10-7　农村地区补习班与兴趣班参与率:母亲受教育水平

第十章 中小学生校外培训参与者和提供者都是谁？

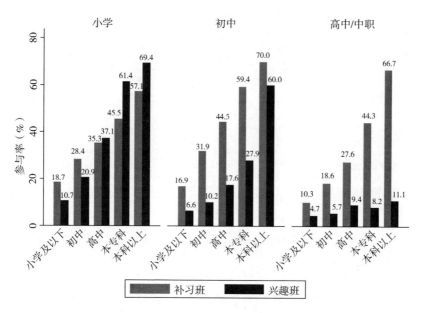

图 10-8 城镇地区补习班与兴趣班参与率：母亲受教育水平

三、家庭校外培训支出的差异

1. 分家庭消费水平的学生校外培训支出

首先，我们根据家庭全年消费总支出，由低到高将家庭分为五组，分别为最低 20％组、20％－40％组、40％－60％组、60％－80％组和最高 20％组。此外，我们还关注消费支出处于最低 5％以及最高 5％的两组家庭。由表 10-8 可见，随着家庭消费支出的提高，校外培训总支出（包括补习班和兴趣班）呈现不断上升的趋势。来自家庭年消费最高 20％组的学生人均校外培训支出为 7447 元/年，最低 20％组为 209 元/年。而年消费支出最高 5％组的学生人均校外培训支出为 13675 元/年，最低 5％组为 171 元/年。从校外培训支出占生均家庭教育支出的比例来看，随着家庭经济实力的提高，这一比例不断提高，最低 5％组仅为 6％，而最高 5％组为 47.9％。

表 10-8　不同消费水平组的家庭子女校外培训支出情况

	最小5%	<20%	20%—40%	40%—60%	60%—80%	>80%	最大5%
校外培训支出（元/年）	171	209	464	966	2188	7447	13675
补习班(元/年)	149	185	374	691	1602	5275	9759
兴趣班(元/年)	22	24	89	275	586	2173	3916
占生均家庭教育支出比例(%)	6.0	6.7	11.6	17.4	25.9	40.1	47.9

注：生均支出采用的是全部有效样本，包括参与和未参与校外培训的中小学生。

图 10-9 和图 10-10 为根据家庭年消费总支出分为五组，不同学段的学生校外培训支出。考虑到支出分布本身的特征以及一些极端值的影响，同时给出了均值和中位数的变化趋势。在各学段，家庭消费水平越高，校外培训支出越多。此外，消费水平较低的家庭由于经济条件限制，

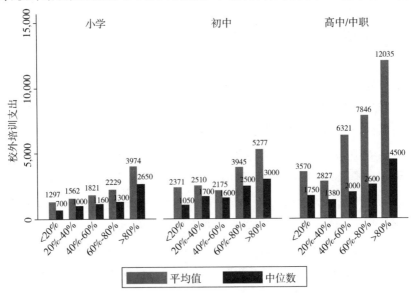

图 10-9　农村地区家庭生均校外培训支出：家庭年消费总支出

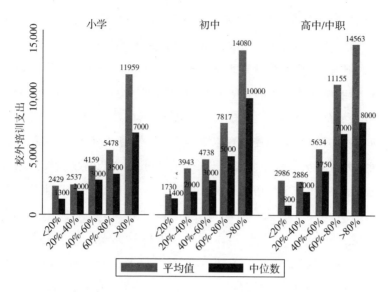

图 10-10　城镇地区家庭生均校外培训支出:家庭年消费总支出

对子女的校外培训选择和投入趋同,而消费水平较高的家庭在收入约束不大的情况下,对子女的校外培训选择和投入更多地受到其他因素的影响,例如家庭文化资本等,因而呈现出较大的差异。

就城乡差异来看,小学和初中阶段,农村地区的校外培训支出维持在较低的水平,而城镇地区校外培训的投入在各个学段都维持着较高的水平。到高中阶段,农村地区的校外培训支出开始与城镇靠拢,家庭消费处于中低水平的农村家庭校外培训支出甚至要高于城镇家庭。需要注意的是,图 10-9 和图 10-10 采用的是参加校外培训并发生支出的样本。也就是说,在农村校外培训参与率仅为城镇地区的 1/3 到一半的情况下,那些为子女选择校外培训的农村家庭支出水平接近城镇家庭。

2.分母亲受教育水平的学生校外培训支出

图 10-11 和图 10-12 为根据母亲受教育水平分为五组的校外培训支出。从总体趋势来看,母亲受教育水平越高的家庭校外培训支出越高。在城镇地区这个趋势更加明显,母亲学历在本科及以上的家庭校外培训

支出均明显高于高中及以下家庭,也高于家庭消费水平最高的20%组家庭。此外,母亲学历为本科及以上的家庭内部差异较小。

在农村地区,母亲受教育水平与校外培训支出的关系并不一致。小学阶段,母亲学历为本专科的家庭校外培训投入远高于母亲学历为高中及以下的家庭,同时组内差异也较大(均值为6667元/年,中位数为3300元/年)。初中阶段,母亲受教育水平越高,校外培训支出也越高,但家庭组之间的差异不大。高中阶段,母亲受教育水平较低的家庭校外培训的投入反而更高,从母亲学历为小学及以下到本专科,校外培训生均支出依次为6819元/年、7743元/年、7061元/年和4940元/年。中位数则相反,依次为1800元/年、2500元/年、3100元/年和4000元/年。一方面,在这些发生了校外培训支出的家庭中,母亲受教育水平较低的家庭很可能更加倾向于通过增加校外培训的投入来弥补文化资本的不足;另一方面,尽管平均支出低,但母亲受教育水平较高的家庭组内差异小。也就是说,在母亲受教育水平较低的农村家庭中,有部分家庭倾向于对子女进行高额

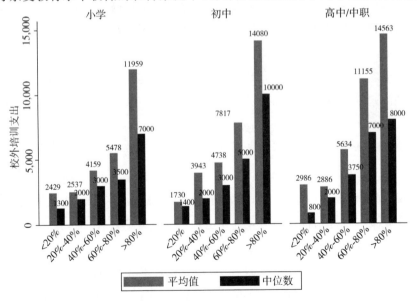

图10-11 农村地区家庭生均校外培训支出:母亲受教育水平

第十章 中小学生校外培训参与者和提供者都是谁？

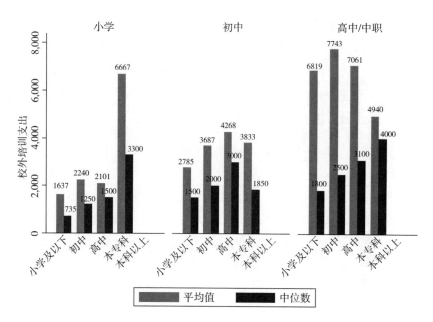

图 10-12 城镇地区家庭生均校外培训支出：母亲受教育水平

的校外投入,另一部分家庭则投入较少,结果造成较大的组内差异。而在母亲受教育水平较高的农村家庭中,对子女校外培训投入的努力程度相近。这种受教育程度越高,对子女校外教育投入的态度越接近的趋势在城镇中也存在。

四、学科类校外培训的提供者

在讨论校外培训的提供者时,我们主要关注学科类校外培训(补习班),主要关注商业公司和个人两类举办者。根据表 10-9 第一部分,参与商业公司补习班的学生占所有参加校外补习班学生的 26.6%。从学段来看,小学阶段占比最高,为 27.4%;其次是初中,为 26.3%;高中阶段最低,为 24.3%。从城乡来看,城镇地区参加商业公司补习班的学生占比为 32%,农村地区仅为 8.1%。从城镇内部来看,一线城市高达 60.4%,其次是二线城市,为 37.7%,县城最低,为 16.1%。根据表 10-9 第二部分,参与个人举办的补习班的学生占所有参加校外补习班学生的70.6%。从学段来看,小学阶段占比最高,为71.2%,其次是初中70.8%,高中阶段最低,为68.2%。① 从城乡来看,城镇地区参加个人补习班的学生占比为65.7%,农村地区为87.6%。从城镇内部来看,一线城市最低,为35.4%,二线城市为60.4%,县城最高,为80.9%。

表10-9 商业公司和个人举办的补习班参与率

(单位:%)

	商业公司举办					
	全部	城乡		城镇内部		
		城镇	农村	一线城市	二线城市	县城
小学	27.4	33.5	7.0	64.7	38.7	16.9
初中	26.3	31.4	10.2	53.8	37.9	17.5
高中	24.3	27.5	7.9	56.4	33.1	10.9
全部	26.6	32.0	8.1	60.4	37.7	16.1
	个人举办					
	全部	城乡		城镇内部		
		城镇	农村	一线城市	二线城市	县城
小学	71.2	65.9	88.7	34.2	60.9	80.9
初中	70.8	65.7	86.7	37.4	58.8	82.5
高中	68.2	65.1	84.1	36.4	61.7	78.2
全部	70.6	65.7	87.6	35.4	60.4	80.9

一般来说,商业公司补习班的费用较高,因此我们不难想到家庭条件较好的学生选择商业公司补习班的比例高于家庭条件较差的学生。图10-13和图10-14根据家庭全年消费总支出,由低到高将家庭分为五组,分别为最低20%组、20%—40%组、40%—60%组、60%—80%组和最高

---

① 表10-9主要关注商业公司和个人两类举办者,此外还有家教等其他形式。

20%组。根据图10-13,家庭消费水平越高,参与商业公司补习班的学生占比越高。城镇地区,尤其是一线城市这个趋势尤其明显,一线城市家庭消费水平最低20%组参加商业公司补习班占比为0,而最高20%组占比为62.5%。二线城市的趋势与城镇地区接近,略高于城镇平均水平,而县城的趋势则更加接近于农村地区。从农村地区来看,整体上参与商业公司补习班的比例低于10%,同样,也随着家庭消费水平的提高而提高。根据图10-14,家庭消费水平越高,参与个人补习班的学生占比越低。城镇地区,尤其是一线城市的这个趋势尤其明显,一线城市家庭消费水平最低20%组参加个人补习班占比为100%,而最高20%组占比为34%。县城学生参与个人补习班的比例与农村地区接近,与家庭消费水平的关系并不明显,各组家庭个人补习班的参与率均在80%以上,家庭消费水平较低的两组家庭占比略高于其他家庭。

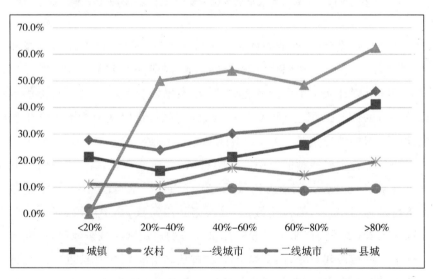

图10-13 不同消费水平的家庭子女参与商业公司补习班的比例

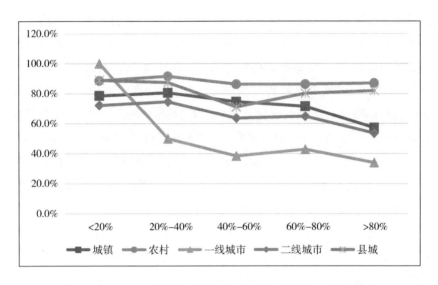

图 10-14　不同消费水平的家庭子女参与个人补习班的比例

在个人提供者中,在职教师是一个特殊群体。教育部自 2015 年发布了《严禁中小学校和在职中小学教师有偿补课的规定》(教师〔2015〕5号),但仍有媒体报道个别教师上课不教、鼓励学生参与自己课后提供的课外补习的情况。通过分析家庭调查数据发现,在职教师给本校学生提供课外补习的情况仍然存在,且不同的地区程度不同。表 10-10 列出了补习班教师为本校教师的比例。从学科来看,语文占比最高,为 19%,其次是数学,为 15.8%,英语占比最低,为 13.1%。从学段来看,小学阶段由本校教师提供补习的占比最低,其次是初中阶段,高中阶段占比最高。从地区来看,农村地区由本校教师提供补习的占比高于城镇地区,一线城市低于二线城市和县城,而县城则与农村地区的平均水平接近。结合机构的地区分布来看,可能是因为部分地区课外补习的资源较少,在职教师仍然是满足家长和学生校外补习需求的最佳选择。

第十章 中小学生校外培训参与者和提供者都是谁?

表 10-10 补习班教师为本校教师的比例

(单位:%)

语文						
	全部	城乡		城镇内部		
		城镇	农村	一线城市	二线城市	县城
小学	17.4	13.1	27.7	3.6	12.1	24.6
初中	20.6	16.3	31.2	9.1	12.8	40.0
高中	30.3	29.3	33.3	12.5	16.7	27.3
全部	19.0	15.0	28.8	5.6	12.5	28.4
数学						
	全部	城乡		城镇内部		
		城镇	农村	一线城市	二线城市	县城
小学	14.8	10.8	26.1	4.6	9.6	21.5
初中	18.1	14.0	31.2	5.8	11.9	34.3
高中	14.6	13.4	21.3	8.3	11.2	22.5
全部	15.8	12.3	27.3	5.8	10.6	25.4
英文						
	全部	城乡		城镇内部		
		城镇	农村	一线城市	二线城市	县城
小学	9.3	5.7	22.8	1.3	5.1	14.3
初中	17.9	13.6	31.1	6.7	9.8	32.0
高中	19.8	16.6	35.3	15.6	7.8	26.1
全部	13.1	9.3	26.8	4.4	6.8	21.7

五、校外培训机构大数据

上文根据家庭调查受访家庭的自我汇报数据对校外培训机构的类型和分布进行了描述分析,接下来我们使用从大众点评网学习培训频道抓取的课外培训机构数据,对校外培训机构中的升学辅导类机构在全国的分布情况进行描述分析。数据采集于2019年5月,总计包括全国325个城市约86.4万培训机构信息。我们保留其中的四类,即中小学综合辅导、小学辅导、初中辅导、高中辅导,经过去重和无效样本筛除后,共有全国325个地级市约18.7万培训机构。这些机构直接与学科类补习服务的市场供给相关,是家庭校外教育资源的一个主要获取渠道。总体上看,东部沿海地区(尤其是江浙沪、山东和京津地区)聚集了大量培训机构,中西部的若干省会城市同样驻扎了较多的机构。从城市层面来看,北京、上海和广州的培训机构数量最多,三地均超过了4000家。

由于机构数量一定程度上受制于人口因素,在考虑了城市中小学在校学生规模后,培训机构分布的不均衡性依然存在。在东部沿海地区、珠三角地区、京津地区以及东北部地区,培训市场十分活跃;中西部地区的培训市场则相对沉寂。城市层面的估算结果表明,在北京和上海,每千人中小学生拥有的学科类培训机构数分别为3.8和3.3家;在西部地区的若干城市(主要在青海和西藏),即便考虑了学生规模,生均学科类培训机构拥有量依然接近于0。

我们进一步检验了城市民众"购买力"与生均学科类培训机构之间的关系。在未调整其他变量的情况上,两者之间的正相关关系十分明显(见图10-15)。随着城镇居民可支配收入的提高,学生家庭对培训的需求也在升高。供给侧的活跃与需求侧的火热彼此映照,补习支出的热度分布与培训机构的密度分布非常相似。

上述分析将每个机构视为权重相同的个体,并未考虑培训机构的异质性。事实上,培训机构在办学规模、师资水平、品牌知名度等方面往往存在差异。知名培训机构的生源量通常更多,具有一定的垄断能力,大型连锁培训机构的入驻甚至可能会冲击一个城市的培训市场,即"赢者通吃"现象。基于大众点评网的数据特征,我们通过文本识别,从大众点评网18.7万学科类培训机构中筛选出约1.2万家连锁性质的培训机构,占比约为6.5%。一方面,从数量上看,连锁型机构集中于直辖市、省会或

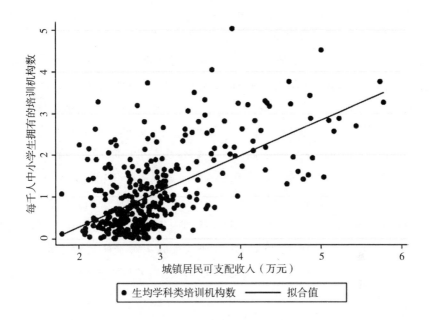

图 10-15　"购买力"效应：城镇居民可支配收入与生均学科类培训机构数量
注：城镇居民可支配收入为 2016 年数据。

副省级等一、二线城市，这与我们日常观察到的连锁型机构布局策略一致，城市发展水平、学龄人口规模等都是连锁型机构必须考虑的市场因素。另一方面，从生均连锁型机构拥有量看，东部沿海地区和若干大城市有明显的优势，上海尤为突出。上海是各类连锁型学科类培训机构入驻量最大的城市，数量超过了 1000 家。考虑学生规模后，上海每千人中小学在校生拥有的连锁培训机构接近 0.78 家，同样是全国之最。此外，中西部地区依然是培训机构布点的洼地，东北部地区"培训机构高地"的现象不再突出——这表明我国东北部城市的培训市场虽然火热，但主要以小型培训机构为主，这种经济模式或消费特点有待更多研究的挖掘。总的来看，不论是一般性的培训机构，还是连锁性质的培训机构，布点都倾向于经济发达、人口密度大的城市或地区。

我们将家庭调查数据与培训机构数据进行匹配，分析城乡家庭在校外教育资源方面的可及性差异。表10-11为农村和城镇校外培训机构分布情况,据此可以观察到城镇地区和农村地区家庭可获得的教育资源的差异。从社会经济背景来看,城镇地区户主是本专科及以上学历占比为23.98%,体制内就业占比为33.16%,年收入中位数为7.02万元;而农村地区户主是本专科及以上学历占比仅为1.3%,体制内就业占比为4.7%,年收入中位数为2.93万元。从家庭可获得的教育资源来看,城镇社区周边一千米范围内中小学数量为4.59所,而农村社区周边中小学数量为1.4所;城镇社区周边一百米范围内补习机构数量为0.26所,一千米范围内增加到18.05所,其中连锁型机构9.92所;农村社区周边一百米范围内仅有0.04所,一千米范围内不足一所,其中连锁型机构平均0.04所。由表10-11可见,农村地区家庭相对于城镇地区家庭,其受教育程度、收入水平、工作稳定性更低,而校内和校外教育资源的可及性也更低。

表10-11 农村和城镇校外培训机构分布情况

变量	均值(标准差)	
	城镇	农村
周边机构数(<0.1 km)	0.26 (0.79)	0.04 (0.23)
周边机构数(<0.5 km)	5.27 (8.15)	0.34 (1.30)
周边机构数(<1 km)	18.05 (25.02)	0.93 (4.20)
周边连锁型机构数(<0.1 km)	0.01 (0.13)	0
周边连锁型机构数(<0.5 km)	0.47 (1.19)	0.02 (0.15)
周边连锁型机构数(<1 km)	1.82 (3.51)	0.04 (0.36)
户主平均受教育年限	9.92 (2.01)	6.96 (1.32)
户主大专/高职及以上学历占比(%)	20.73	1.30
女性户主的比例(%)	23.98	11.18
家庭年收入中位数(万元)	7.02 (3.87)	2.93 (1.96)
非农户籍户主的比例(%)	63.09	6.13

续表

变量	均值(标准差)	
	城镇	农村
户主体制内就业的比例(%)	33.16	4.70
周边1km内的中小学数量	4.59 (4.40)	1.40 (1.26)
数量	819	609

注:培训机构数来自大众点评网;社区周边中小学校数量通过高德地图的周边POI搜索获得;其他变量通过将家庭调查原始数据进行社区层面的汇总得到。社区受访家庭数量的均值为27.9户,中位数为25户;总有效样本家庭样本39890户。

六、本章小结

本章基于2019CIEFR-HS调查据对2018—2019学年我国中小学生参与校外培训的现状和校外培训提供者的情况进行了分析,主要发现如下。

首先,2018—2019学年,分别有24.4%和15.5%的中小学生在过去一学年里参加过补习班和兴趣班。城乡差异显著,城镇地区中小学生补习班参与率是农村地区的2倍,平均支出是农村地区的3倍;城镇地区中小学生兴趣班参与率是农村地区的4倍,平均支出是农村地区的1.5倍左右。从不同年级和学段的学生群体来看,城镇地区的中小学生校外补习班和兴趣班的参与变化有着较为鲜明的年龄和学段差异,而农村地区则一直处于低位。从家庭消费水平来看,小学和初中阶段,农村地区的校外培训支出维持在较低的水平。到高中阶段,农村地区的校外培训支出开始与城镇靠拢,家庭消费处于中低水平的农村家庭校外培训支出甚至要高于城镇家庭。也就是说,在农村校外培训参与率仅为城镇地区的三分之一到一半的情况下,那些为子女选择校外培训的农村家庭支出水平接近城镇家庭。从学生家长受教育水平来看,母亲受教育水平越高,学生校外培训的参与率和支出越高,而且家庭之间的投入努力程度也越接近。这种受教育程度越高,对子女校外教育投入的态度越接近的趋势在农村和城镇中都存在,但在农村的高中阶段尤为明显。

其次,本章还关注校外补习班的提供者,以及农村和城镇家庭选择不同提供者的差异。本章主要关注了商业公司和个人两类校外补习班提供者,农村地区参与商业公司补习班的学生占8.1%,参与个人补习班的学生占87.6%,城镇地区的相应比例分别为32%和65.7%。家庭消费水平越高,越倾向于选择商业公司提供的补习班。此外,农村地区补习班教师为本校教师的占比接近30%,而城镇地区低于15%,一线城市更是在5%左右。农村地区以个人补习班为主以及本校教师授课占比高这两个趋势,部分是因为农村地区校外补习班资源较少,校外培训市场不存在或不发达,个人提供的补习班以及在职教师仍然是满足家长和学生校外补习需求的最佳选择。根据从大众点评网学习培训频道抓取的全国18.7万所中小学校外培训机构数据,发现商业校外培训机构,尤其是大型连锁型培训机构多集中于东部沿海地区、直辖市、省会或副省级城市等一、二线城市。农村地区家庭相对于城镇地区家庭,不仅在户主受教育程度、工作稳定性和家庭收入水平等社会经济背景方面更低,其中小学阶段校内和校外教育资源的可及性也更低。

第十一章 2018年的校外培训机构治理是否有效？

一、引言

中小学生学业负担重一直是我国基础教育领域的一个重要问题。自1955年7月教育部发布《关于减轻中小学生过重负担的指示》以来，减轻学生学业负担一直是教育政策和改革的重要目标。从20世纪50—70年代重视学生身体健康，到20世纪80年代批评应试教育和追求升学率，再到20世纪90年代和21世纪初十年推进素质教育，减轻学生负担的政策和改革的关注点主要集中在校内。随着校外培训机构的迅速发展，尤其是以应试、升学为目标的课外补习的发展，减负政策开始将关注范围由校内扩大到校外。2013年教育部发布《小学生减负十条规定》（征求意见稿），对学校教学安排的各个方面做出了减轻学生课业负担的规定，其中也包括禁止学校和教师组织参与课外和假期补课。2018年2月教育部办公厅等四部门发布《关于切实减轻中小学生课外负担开展校外培训机构专项治理行动的通知》，针对有安全隐患、无证无照、超纲教学、应试倾向、学校非零起点教学、教师课上不讲课后讲等六类问题，开展了为期一年半的校外培训机构专项治理工作。2018年12月底，教育部等九部门联合印发《中小学生减负措施》（减负三十条），从学校办学行为、校外培训机构管理、家庭教育监护等方面针对减轻学生学业负担做出规定并提出建议。

2018年开始的新一轮校外培训机构治理对家庭校外培训参与和投入有何影响？本章基于中国教育财政家庭调查（CIEFR-HS）在2017年

和2019年采集的家庭入户追踪调查数据,对2017—2019年中小学生家庭校外学科类补习和兴趣类培训的参与率和家庭校外培训支出的变化情况进行分析。

二、文献综述

面对校外培训市场的迅速发展,各国政府出于不同的政策目标以及本国政府和市场、社会的关系,对校外培训机构采取了不同的政策,根据政府对教育市场的态度,大致可分为不干涉、管制和支持鼓励三类。由于教育不同于其他商品,兼具位置性属性和发展性属性,如果完全放任校外培训市场的发展,有可能会反过来影响学校的教学安排,导致教育"军备竞赛"不断升级,破坏教育的选拔功能和育人功能之间的平衡,进一步强化教育资源和机会分配的不平等。[①②③] 鉴于校外培训市场可能造成的影响,一些国家和地区的政府对校外培训市场进行了管制乃至禁止,其目标通常是为了促进教育公平,减轻学生和家庭的负担,保证全日制学校的地位和教学秩序。典型的例子是韩国政府自20世纪80年代到2010年前后对课外教育的管制历史。[④⑤] 与管制校外培训市场的政策相反,一些国家和地区政府出台了政策鼓励和支持校外培训机构向在校学生提供服务。这些政策制定者认为通过设计良好的政策引导,市场能够更有效率地完成传统上需要公共部门提供的服务(比如医疗、保险和教育)。美国、

---

① BRAY M. Schooling and Its Supplements:Changing Global Patterns and Implications for Comparative Education[J]. Comparative Education Review,2017,61(3):469-491.

② DOHERTY C,DOOLEY K. Responsibilising Parents:The Nudge towards Shadow Tutoring[J]. British Journal of Sociology of Education,2017,39(4):551-566.

③ HALLIDAY D. Private Education,Positional Goods,and the Arms Race Problem[J]. Politics,Philosophy & Economics,2015,15(2):150-169.

④ LEE C J,LEE H,JANG H M. The History of Policy Responses to Shadow Education in South Korea:Implications for the Next Cycle of Policy Responses[J]. Asia Pacific Education Review,2010,11(1):97-108.

⑤ CHOI J,CHO R M. Evaluating the Effects of Governmental Regulations on South Korean Private Cram Schools[J]. Asia Pacific Journal of Education,2015,36(4):599-621.

澳大利亚、英国、法国等国家都尝试通过补习券、政府购买、税收减免等方式,为弱势家庭的学生提供更多的资源,鼓励他们参加校外补习。总的来看,政府出台政策引导市场提供补习服务的国家通常是校外补习参与强度较低的国家。

是什么因素导致部分国家和地区的家庭对校外补习的需求比其他国家和地区更加强烈?根据以往的研究,家庭对校外补习的需求主要受到两方面因素的驱动:一是家庭对教育回报率的期望,二是对主流学校教育提供的服务的不满。[①②] 在基础教育乃至高等教育基本普及的今天,精英学校的入学机会意味着更好的工作机会、更高的收入和社会地位。尤其是当精英学校的入学机会主要通过高利害考试进行分配的时候,各社会阶层的家庭都希望通过增加对子女教育的投入,提升其在升学考试中的竞争力。[③④⑤] 从主流学校提供的教育来看,由于基础教育阶段学校教育的普及和学校选拔性的下降,家庭期望通过增加额外的教育投入进而增加子女的竞争优势,从而增加进入高选拔性学校的机会。[⑥⑦] 为了缓解愈演愈烈的应试教育倾向和由此带来的沉重负担,20世纪60年代日本和韩国政府开始取消基础教育阶段的升学考试,同时进行了随机

---

① 薛海平. 从学校教育到影子教育:教育竞争与社会再生产[J]. 北京大学教育评论,2015(03):47—69.

② 杨钋. 经济不平等时代的校外教育参与[J]. 华东师范大学学报(教育科学版),2020(05):63—77.

③ BAKER D P,AKIBA M,LETENDRE G K,et al. Worldwide Shadow Education:Outside-School Learning,Institutional Quality of Schooling,and Cross-National Mathematic Achievement[J]. Educational Evaluation and Policy Analysis,2001,23(1):1—17.

④ BRAY M,LYKINS C. Shadow Education:Private Supplementary Tutoring and Its Implications for Policy Makers in Asia [R]. Mandaluyong City:Asian Development Bank,2012.

⑤ LEE S,SHOUSE R C. The Impact of Prestige Orientation on Shadow Education in South Korea[J]. Sociology of Education,2011,84(3):212—224.

⑥ DANG H A,ROGERS F H. The Growing Phenomenon of Private Tutoring:Does It Deepen Human Capital,Widen Inequalities,or Waste Resources? [J]. The World Bank Research Observer,2008,23(2):161—200.

⑦ DAVIES S. School Choice by Default? Understanding the Demand for Private Tutoring in Canada[J]. American Journal of Education,2004,110(3):233—255.

分配学校和学校均衡化改革。20世纪70年代日本政府开始实施宽松教育改革,2014年韩国政府开始实施快乐教育改革,尝试减轻学生课业负担,实现全面发展。有研究指出这一系列改革进一步推高了家庭对校外教育的需求,其原因在于精英大学入学机会的稀缺性不会改变,取消基础教育阶段学校的升学考试并没有消除教育的位置物品属性,于是升学压力进一步上升到大学入学考试。①②

中国在减负改革的过程中有没有出现类似日本和韩国的情况?张薇和马克·贝磊(Mark Bray)通过对上海校外培训市场的案例研究,发现在政府投入了大量努力进行学校均衡化改革的同时,许多家庭乃至部分学校通过校外培训机构组织对学生进行测试、筛选和分层教学,在学校之外重新建立起了一套分层机制,使得自己的子女和学生在升学竞争中获得更大的优势。③ 目前国内与减负政策相关的实证研究数量不多,聚焦于减负政策带来影响的研究则更少。其中,王云峰等人依托2011年和2013年北京市三万多名五年级学生的抽样调查,分析了2013年减负政策前后学生课业负担的变化情况,发现2013年学生的课业负担较2011年有所下降,但校外补习仍维持在较高水平。④ 陆伟等人基于2017年全国1.2万名中小学生家庭教育支出调查,利用2013年减负政策作为自然实验,采用双重差分的准实验方法估计了减负对小学生课外补习参与率的影响,发现减负政策实行之后一年级学生首次课外补习参与率上升,且

---

① CHO J, HUH J. New Education Policies and Practices in South Korea [EB/OL]. (2017−12−20) [2020−11−01]. https://bangkok.unesco.org/content/new-education-policies-and-practices-south-korea.

② TAKAYAMA K. Is Japanese Education the "Exception"? Examining the Situated Articulation of Neo-Liberalism through the Analysis of Policy Keywords[J]. Asia Pacific Journal of Education, 2009, 29(2): 125−142.

③ ZHANG W, BRAY M. Equalising Schooling, Unequalising Private Supplementary Tutoring: Access and Tracking through Shadow Education in China[J]. Oxford Review of Education, 2017, 44(2): 221−238.

④ 王云峰,郝懿,李美娟. 小学生课业负担与学业成绩的关系研究[J]. 中国教育学刊, 2014(10): 59−63.

第十一章　2018年的校外培训机构治理是否有效？

随着时间推移不断增加。① 这些研究主要关注校内的相关改革措施对家庭选择校外补习的影响,发现校内减负的同时家庭对校外培训机构的投入增加,学生课内负担减少的同时课外负担增加。然而,目前尚未有研究基于实证数据,对2018年开始的针对校外培训机构的专项治理造成的影响进行分析。本章基于CIEFR-HS调查2017年和2019年采集的家庭入户追踪调查数据,分析中小学生家庭在2017—2019年间家庭校外培训选择和投入的变化情况。

三、数据和分析方法

1. 数据来源

本章基于CIEFR-HS在2017年和2019年采集的家庭入户追踪调查数据,对2018年前后我国中小学生参与校外培训的变化情况进行分析。2019年成功追踪的家庭中,仍在中小学阶段的学生4713人,1020人完成小升初,778人完成初升高。另有608人在2019年升入大学。

本章主要关注的因变量为2017年和2019年校外培训参与率和家庭校外培训支出。较早的校外培训研究主要关注的是对应于全日制学校课程的学科类补习,主要是服务于全日制学校的学习和考核目标,也称为"影子教育"。近年来,校外培训市场提供的内容已不局限于全日制学校所开设的科目,还包括艺术、体育、科创与研学等方面的内容。本研究关注的校外培训包括应对校内学科学习和考试的学科类补习班,以及不直接对应校内学习目标,旨在满足学生兴趣特长发展、综合素质提升的兴趣班。本章关注的第一类因变量是过去12个月是否参加补习班、是否参加兴趣班。第二类因变量是过去12个月以家庭为单位的子女校外补习班和兴趣班支出。第三类因变量是那些两轮调查都有支出数据的家庭在2017年到2019年校外补习班和兴趣班支出的差异。

---

① LU W, ZHOU S, WEI Y. Government Policies and Unintended Consequences: Rising Demand for Private Supplementary Tutoring in China[J]. International Journal of Educational Development, 2022, 94: 102653.

此外,根据已有实证研究中影响家庭教育支出的有效变量,在回归分析中考虑的中小学生个人特征变量包括性别、年级、独生子女、双亲家庭、农村户籍、流动人口[①]、班上成绩;学校特征变量包括学校公/民办性质和学校在当地的质量;家庭特征变量包括家庭年收入、母亲教育水平、家庭规模、未成年家庭成员人数、代际结构;地区变量为家庭住址(农村、城镇)、地区(东部、东北部、中部、西部)以及是否一、二、三线城市。所有变量的说明见表11-1。

表 11-1 所有变量的说明

变量类型	变量名	变量说明
因变量	过去12个月是否参加校外补习班/兴趣班	0=否,1=是
	过去12个月校外补习班/兴趣班支出	连续变量
	2017—2019年校外补习班/兴趣班支出的差值	连续变量
自变量		
个人	性别	0=男性,1=女性
	年级	1=小学,2=初中,3=高中
	独生子女	1=是,0=否
	双亲家庭	1=是,0=否
	户籍	1=农村,0=其他
	流动人口	1=是,0=否
	班上成绩	1=前几名,2=中上,3=中等,4=中下,5=不清楚

---

① 本章的流动人口是指人户分离人口中扣除市辖区内人户分离的人口。本章的人户分离指居住地和户口所在地不在同一乡镇/街道。市辖区内人户分离的人口是指一个直辖市或地级市所辖区内和区与区之间,居住地和户口登记地不在同一乡镇街道的人口。人户分离人口中的非农业人口包含了较大比例的市辖区内人户分离人口。

续表

变量类型	变量名	变量说明
	升学	2017—2019年间完成升学
	毕业班	2019年在六年级、初三或高三
家庭	家庭年纯收入对数	连续变量
	母亲教育水平	1=小学及以下,2=初中,3=高中,4=本专科,5=本科以上
	家庭规模	整数
	未成年人人数	整数
	代际结构	1=亲子核心,2=祖孙隔代同住,3=三代同住
学校	公/民办	1=民办,0=公办
	学校在当地的质量	1=较好及以上,0=一般及以下
地区	城乡	1=农村,0=城镇
	地区	1=东部,2=东北部,3=中部,4=西部
	城市	1=一线,2=二线,3=三线,4=其他

2.分析方法

首先,本章使用统计描述的方法呈现2017年和2019年中小学生校外培训参与率和支出的变化情况。其次,本章基于2017年和2019年全样本数据和追踪样本数据,采用Logsitic模型和OLS模型分析2018年校外培训机构专项治理前后家庭校外培训的参与和支出的变化。

$$y_{it} = \beta_0 \cdot Y_0 + \beta_1 \cdot Y_1 + \beta_2 \cdot GR_{it} \cdot Y_0 + \beta_3 \cdot GR_{it} \cdot Y_1 + \eta' x_{it} + e_{it} \quad (1)$$

因变量y_{it}包括两类,一是在过去12个月是否参加过校外培训,二是家庭校外培训支出。Y_0为2017年第一轮调查,Y_1为2019年第二轮调查。GR为不同地区、家庭收入和母亲受教育程度的学生群体。其中,地区包括农村和一、二线城市两个虚拟变量,家庭收入包括收入最低的40%家庭和收入最高的40%家庭两个虚拟变量,母亲受教育程度包括学历为小学及以下和学历为大学本科及以上两个虚拟变量。本模型主要关注 β_2 和 β_3 是否存在显著差异，如果原假设 $\beta_2=\beta_3$ 被拒绝，则说明 2017 年和 2019 年同一类学生群体参与校外培训的可能性存在显著差异。β_3 是地区、收入和母亲受教育程度与 2019 年的交叉项系数，衡量的是不同学生群体参与校外培训和家庭校外培训支出的变化情况。x_{it} 为学生个人、家庭控制变量。

对于第三类因变量 2017—2019 年校外培训支出的差值，本章采用 OLS 模型进行分析。

$$\Delta y_i = a_0 + Sch_i + \eta' x_i + e_i \tag{2}$$

其中 Δy_i 是学生 i 的家庭 2019 年与 2017 年花在校外培训上的支出差异。Sch_i 是分析关注的变量，包括两个：2017—2019 年之间是否升学（包括小升初、初升高），以及 2019 年是否毕业班（包括六年级、初三和高三）。$\eta' x_i$ 包括学生在 2019 年调查的个人、家庭、学校和地区层面的特征。

四、分析结果

1. 描述统计

表 11-2 为 2017 年和 2019 年样本中小学生家庭教育支出和校外培训参与情况。2017 年，有 38% 的中小学生在过去 12 个月参加过校外补习班，21% 参加过校外兴趣班。在发生校外培训支出的家庭中，平均校外补习班支出为 6139 元，平均校外兴趣班支出为 4105 元。2019 年，参加过校外补习班和兴趣班的中小学生比例下降为 24.4% 和 15.5%，相应的平均支出则增加到 8438 元和 5340 元。追踪样本中有 4713 名学生在 2019 年仍在中小学阶段，其家庭的教育支出、校外培训参与和支出呈现出相同的趋势。生均家庭教育支出平均下降 1000 元左右，校外补习班参与率从 34% 下降为 26.8%，校外兴趣班参与率从 18.8% 下降为 14.1%。尽管整体参与率在下降，但那些选择校外培训的家庭的校外补习班和兴趣班支出分别增加了 50% 和 25%。

表 11-2 2017 年、2019 年样本中小学生生均家庭教育支出和校外培训参与情况

	全样本				追踪样本			
	2017 年		2019 年		2017 年		2019 年	
	平均值	样本量	平均值	样本量	平均值	样本量	平均值	样本量
生均家庭教育支出	10372	11003	6090	11957	7553	3628	6504	3628
校外补习班参与率	38.0%	11076	24.4%	12142	34.0%	3699	26.8%	3699
校外兴趣班参与率	21.0%	11038	15.5%	12189	18.8%	3710	14.1%	3710
校外补习班费用(元)	6139	4044	8438	2866	6504	594	9757	594
校外兴趣班费用(元)	4105	2162	5340	1783	4467	292	5583	292

2. 不同群体学生校外培训参与的变化

表 11-3 呈现的是 2019 年不同地区、收入和母亲受教育程度的中小学生是否参与校外补习班相对于 2017 年的变化,结果仅呈现了每一项回归的 β_1、β_2 和 β_3 的估计系数。最后一行测试了 β_2 和 β_3 是否没有差异,如果原假设 $\beta_2 = \beta_3$ 被拒绝,则说明 2017 年和 2019 年同一类学生群体参与校外补习班的可能性存在显著差异。第一列没有加入年份与不同学生群体的交叉项,结果显示 2019 年中小学生平均校外补习班参与率比 2017 年低 44.2%。分不同群体来看,首先,2017 年农村地区的校外补习班参与率比城镇地区低 25%,2019 年农村地区的参与率较城镇地区进一步下降,农村地区比城镇地区低 38.7%;2017 年,一、二线城市校外补习班参与率较其他地区没有显著差异,到 2019 年一、二线城市的校外补习班参与率上升,显著高于其他地区。其次,从家庭收入来看,2017 年低收入家庭校外补习班的参与率低于中高收入家庭,2019 年其参与率进一步下降,低

于中高收入家庭;另一方面,高收入家庭的参与率则进一步提高。再次,从母亲的受教育水平来看,2017年母亲学历是小学及以下的学生校外补习班参与率比其他学生低,2019年进一步降低,而母亲学历是大学及以上的参与率则大幅上升。

表11-3的第二部分基于2017年和2019年的追踪样本进行了同样的分析,得出的结果与全样本基本相同:2019年校外补习班参与率较2017年有显著下降,并且在地区和学生群体之间存在差异,呈现出两极分化的倾向。相对于农村地区,城镇地区,尤其是一、二线城市校外补习班参与率进一步上升。相对于低收入和母亲受教育程度较低的家庭,中高收入和母亲受教育程度较高的家庭参与率进一步上升。

表11-3 2017年、2019年中小学生校外补习班参与率的变化

	(1)全样本						
	基准回归	交叉项:农村	交叉项:一二线	交叉项:低收入	交叉项:高收入	交叉项:母亲小学	交叉项:母亲大学
2019年(β_1)	0.558*** (0.022)	0.597*** (0.028)	0.494*** (0.024)	0.608*** (0.029)	0.473*** (0.027)	0.618*** (0.027)	0.513*** (.023)
2017年交叉项(β_2)		0.750*** (0.071)	1.074 (0.124)	0.775*** (0.038)	1.313*** (0.062)	0.757*** (0.041)	1.143* (0.072)
2019年交叉项(β_3)		0.613*** (0.068)	1.479** (0.185)	0.546*** (0.044)	1.792*** (0.129)	0.476*** (0.044)	1.884*** (0.172)
样本	16548	16548	16548	16548	16548	16548	16548
R-squared	0.121	0.121	0.122	0.120	0.121	0.121	0.118
p-value ($H_0:\beta_2=\beta_3$)		0.017	0.000	0.000	0.000	0.000	0.000
2019年(β_1)	0.713*** (0.038)	0.774*** (0.049)	0.637*** (0.042)	0.780*** (0.051)	0.610*** (0.045)	0.819*** (0.049)	0.651*** (.038)
2017年交叉项(β_2)		0.822*** (0.119)	1.108 (0.209)	0.702*** (0.058)	1.366*** (0.114)	0.861+ (0.078)	1.081 (0.125)

续表

	(2)追踪样本						
	基准回归	交叉项：农村	交叉项：一二线	交叉项：低收入	交叉项：高收入	交叉项：母亲小学	交叉项：母亲大学
2019年交叉项(β_3)		0.650*** (0.097)	1.501* (0.284)	0.498*** (0.048)	1.881*** (0.160)	0.490*** (0.053)	1.991*** (0.233)
样本量	7130	7130	7130	7130	7130	7130	7130
R-squared	0.120	0.121	0.122	0.120	0.119	0.120	0.119
p-value ($H_0: \beta_2 = \beta_3$)		0.028	0.000	0.004	0.003	0.000	0.000

注：(1) $^+ p<0.10$，$^* p<0.05$，$^{**} p<0.01$，$^{***} p<0.001$；(2)括号内为标准误差；(3)回归控制了中小学生个人特征变量包括性别、年级、独生子女、双亲家庭、农村户籍、流动人口、班上成绩；学校特征变量包括学校公/民办性质和学校在当地的质量；家庭特征变量包括家庭年收入、母亲的受教育年限、家庭规模、未成年家庭成员人数、代际结构；地区变量为家庭住址（农村、城镇）、地区（东部、东北部、中部、西部）以及是否一、二、三线城市。

表11-4基于2017年和2019年的中小学生全样本，以过去12个月是否参加过校外兴趣班为因变量进行了同样的分析，结果同样只呈现每一项回归的β_1、β_2和β_3的估计系数。2019年中小学生平均校外兴趣班参与率比2017年低32.7%。分地区来看，2017年农村地区低于城镇地区，2019年略有回升，但对原假设$\beta_2 = \beta_3$的检验显示差异仅仅在0.05%的水平上显著；一、二线城市兴趣班参与率高于其他地区，但并不显著，两年之间也并无显著差异。从家庭收入来看，低收入家庭参与率低于中高收入家庭，而高收入家庭参与率则高于其他家庭，两年之间仍没有显著差异。再从母亲受教育程度来看，母亲学历是小学及以下的学生参与率低于其他学生，而母亲学历为大学及以上的学生参与率显著更高，但两年之间仍没有显著差异。

综上，对校外兴趣班参与率的分析显示，与校外补习班类似，农村地区、低收入家庭和母亲学历较低的家庭参与率显著低于城镇地区和社会经济背景较高的家庭;与校外补习班不同,2017年和2019年不同学生群体的校外兴趣班参与没有出现"低的越低,高的越高"的两极分化趋势。

表11-4 2017年、2019年中小学生校外兴趣班参与率的变化(全样本)

	基准回归	交叉项:农村	交叉项:一二线	交叉项:低收入	交叉项:高收入	交叉项:母亲小学	交叉项:母亲大学
2019年(β_1)	0.773*** (0.034)	0.764*** (0.041)	0.831** (0.053)	0.754*** (0.042)	0.866+ (0.067)	0.813*** (0.042)	0.795*** (0.046)
2017年交叉项(β_2)		0.402*** (0.058)	1.125 (0.190)	0.545*** (0.037)	1.874*** (0.112)	0.419*** (0.037)	1.993*** (0.138)
2019年交叉项(β_3)		0.524*** (0.084)	1.041 (0.189)	0.671*** (0.072)	1.601*** (0.143)	0.463*** (0.061)	2.182*** (0.217)
样本量	16530	16530	16530	16530	16530	16530	16530
R-squared	0.225	0.231	0.231	0.228	0.231	0.220	0.221
p-value ($H_0: \beta_2 = \beta_3$)		0.030	0.426	0.086	0.115	0.494	0.401

注:(1) + $p<0.10$, * $p<0.05$, ** $p<0.01$, *** $p<0.001$;(2)括号内为标准误;(3)同表11-3。

3. 不同群体学生校外培训支出的变化

表11-5基于2017年和2019年的中小学生全样本,以过去12个月生均家庭教育总支出、校外培训支出的对数为因变量,结果同样只呈现每一项回归的β_1、β_2和β_3的估计系数。2019年生均家庭教育总支出较2017年大幅下降。分不同家庭群组来看,2019年一、二线城市和母亲学历为大学及以上的家庭支出相对于其他地区的家庭和母亲学历在大学以下的家庭进一步上升。

与家庭教育总支出下降相反的是,2019年家庭校外补习班和兴趣班支出较2017年分别增加31%和14.6%。分地区、家庭经济背景来看,对原假设$\beta_2 = \beta_3$的检验显示,相对于2017年,2019年不同群组家庭之间的支出差异没有产生显著的变化,但可以观察到发达地区以及收入水平、受教育程度较高的家庭与其他相对弱势群体家庭在校外培训支出方面的差距略有缩小。

表 11-5　2017 年、2019 年生均家庭教育总支出、校外培训支出的变化(全样本)

	生均家庭教育总支出						
	基准回归	农村	一二线	低收入	高收入	母亲小学	母亲大学
2019 年 (β_1)	−0.539*** (0.024)	−0.543*** (0.031)	−0.575*** (0.029)	−0.586*** (0.030)	−0.541*** (0.031)	−0.534*** (0.028)	−0.567*** (0.026)
2017 年交叉项(β_2)		−0.226*** (0.053)	0.323*** (0.028)	−0.326*** (0.028)	0.362*** (0.028)	−0.194*** (0.031)	0.474*** (0.040)
2019 年交叉项(β_3)		−0.215*** (0.061)	0.437*** (0.046)	−0.234*** (0.044)	0.346*** (0.044)	−0.191*** (0.046)	0.678*** (0.062)
样本	15666	15666	15666	15666	15666	15666	15666
R-squared	0.374	0.374	0.371	0.37	0.372	0.363	0.371
p-value ($H_0:\beta_2=\beta_3$)		0.824	0.019	0.061	0.726	0.945	0.002
	校外补习班支出						
	基准回归	农村	一二线	低收入	高收入	母亲小学	母亲大学
2019 年 (β_1)	0.310*** (0.034)	0.286*** (0.038)	0.317*** (0.045)	0.285*** (0.039)	0.322*** (0.050)	0.307*** (0.037)	0.345*** (0.040)
2017 年交叉项(β_2)		−0.496*** (0.079)	0.484*** (0.039)	−0.246*** (0.042)	0.311*** (0.040)	−0.189*** (0.049)	0.338*** (0.047)
2019 年交叉项(β_3)		−0.404*** (0.093)	0.474*** (0.061)	−0.171* (0.072)	0.276*** (0.062)	−0.095 (0.086)	0.228*** (0.068)
样本	4780	4780	4780	4780	4780	4780	4780
R-squared	0.354	0.355	0.347	0.352	0.358	0.346	0.352
p-value ($H_0:\beta_2=\beta_3$)		0.236	0.881	0.348	0.599	0.13	0.312

续表

	校外兴趣班支出						
	基准回归	农村	一二线	低收入	高收入	母亲小学	母亲大学
2019年 (β_1)	0.146** (0.047)	0.133** (0.049)	0.223*** (0.062)	0.140** (0.051)	0.148+ (0.081)	0.132** (0.048)	0.211*** (0.063)
2017年交叉项 (β_2)		−0.377* (0.156)	0.283*** (0.054)	−0.233** (0.071)	0.173** (0.058)	−0.319** (0.113)	0.340*** (0.056)
2019年交叉项 (β_3)		−0.267 (0.171)	0.122 (0.078)	−0.218* (0.109)	0.167* (0.083)	0.046 (0.173)	0.180* (0.079)
样本量	2420	2420	2420	2420	2420	2420	2420
R-squared	0.207	0.207	0.203	0.199	0.198	0.19	0.2
p-value ($H_0:\beta_2=\beta_3$)		0.438	0.075	0.91	0.947	0.071	0.073

注：(1) + $p<0.10$，* $p<0.05$，** $p<0.01$，*** $p<0.001$；(2)括号内为标准误；(3)同表11-3

为进一步了解那些在2017年和2019年两轮调查都发生了校外培训支出的家庭在支出水平方面的变化，表11-6基于两轮调查都发生了校外培训支出的家庭进行了分析。其结果与表11-5全样本的分析结果基本相同：首先，对于这部分家庭来说，2019年校外培训支出显著增加，而且增加幅度更大；其次，对原假设$\beta_2=\beta_3$的检验显示，2019年校外培训支出相对于2017年基本上没有显著的变化，但从系数来看，城乡之间、高低收入家庭以及高低学历的家庭之间差异缩小。

表11-6 2017年、2019年家庭校外培训支出的变化（追踪样本）

	校外补习班支出						
	基准回归	农村	一二线	低收入	高收入	母亲小学	母亲大学
2019年 (β_1)	0.410*** (0.054)	0.375*** (0.060)	0.401*** (0.071)	0.384*** (0.062)	0.456*** (0.085)	0.411*** (0.059)	0.447*** (0.066)
2017年交叉项 (β_2)		−0.538** (0.179)	0.372*** (0.094)	−0.327** (0.111)	0.411*** (0.096)	−0.002 (0.122)	0.279** (0.105)

第十一章 2018年的校外培训机构治理是否有效？

续表

	校外补习班支出						
	基准回归	农村	一二线	低收入	高收入	母亲小学	母亲大学
2019年交叉项(β_3)		−0.362* (0.182)	0.397*** (0.086)	−0.270* (0.110)	0.321*** (0.092)	0.014 (0.133)	0.164 (0.100)
样本	1106	1106	1106	1106	1106	1106	1106
R-squared	0.373	0.374	0.365	0.364	0.372	0.368	0.373
p-value ($H_0:\beta_2=\beta_3$)		0.195	0.806	0.69	0.412	0.923	0.311
	校外兴趣班支出						
	基准回归	农村	一二线	低收入	高收入	母亲小学	母亲大学
2019年(β_1)	0.226** (0.078)	0.217** (0.079)	0.216+ (0.111)	0.188* (0.084)	0.330* (0.146)	0.190* (0.080)	0.498*** (0.106)
2017年交叉项(β_2)		−0.776 (0.513)	0.181 (0.121)	−0.457* (0.177)	0.285* (0.132)	−0.635** (0.224)	0.457*** (0.122)
2019年交叉项(β_3)		−0.62 (0.522)	0.214+ (0.114)	−0.155 (0.178)	0.15 (0.125)	0.125 (0.315)	−0.107 (0.124)
样本量	532	532	532	532	532	532	532
R-squared	0.324	0.216	0.212	0.21	0.205	0.202	0.215
p-value ($H_0:\beta_2=\beta_3$)		0.639	0.831	0.198	0.423	0.035	0.0002

注：(1) + $p<0.10$，* $p<0.05$，** $p<0.01$，*** $p<0.001$；(2) 括号内为标准误；(3) 同表11-3

4. 校外培训支出变化的影响因素

表11-7以2017年和2019年家庭校外补习班、兴趣班支出差异为因变量，分析学生个人、家庭和学校层面对支出变化的影响。结果显示，大部分个人特征、家庭背景、学校性质和质量在解释2017年和2019年的校外培训支出差异并不显著，表11-7中仅呈现显著的解释变量。其中，在2017—2019年之间完成小升初或初升高的学生家庭在校外补习班支出

方面显著减少,而 2019 年为小学、初中和高中毕业班的学生其家庭校外补习班支出显著增加。收入水平较高的家庭、母亲学历为本科以上的家庭在校外补习班上增加的投入更多。另外,尽管社会经济背景较好的家庭在校外兴趣班上的投入更多,随着学生年级的上升兴趣班的参与率和投入都更少,但升学、毕业班和家庭经济文化因素都不能够很好地解释 2017 年到 2019 年校外兴趣班支出的变化。可见,学科类的校外补习班主要受到升学需求的影响,而校外兴趣班则没有明显的升学需求驱动。

表 11-7 2017 年、2019 年校外培训支出变化的相关因素

	校外补习班支出变化		校外兴趣班支出变化	
已升学	−4.404* (2.070)		−0.866 (1.366)	
毕业班		2.568* (1.262)		−0.643 (1.255)
家庭收入	0.004+ (0.002)	0.004+ (0.002)	−0.001 (0.003)	−0.001 (0.003)
母亲学历: 初中	0.643 (1.242)	0.694 (1.238)	0.904 (4.269)	0.841 (4.285)
高中	1.612 (2.314)	1.677 (2.299)	−0.119 (4.360)	−0.237 (4.382)
本专科	1.783 (1.921)	1.839 (1.914)	−2.325 (4.426)	−2.422 (4.447)
本科以上	15.941** (5.614)	16.307** (5.328)	0.06 (6.243)	0.059 (6.185)
样本量	550	550	278	278
R-squared	0.109	0.104	0.195	0.197

注:(1) + $p<0.10$,* $p<0.05$,** $p<0.01$,*** $p<0.001$;(2)括号内为标准误;(3)家庭的支出和收入水平以千元为单位,其他控制变量同表 11-3。

综上,我们主要有三个发现。

(1)对校外培训参与率的描述统计显示,2019 年中小学生校外补习

第十一章 2018年的校外培训机构治理是否有效？

班和兴趣班的参与率下降。进一步的分析显示，2019年校外补习班参与率的变化存在地区和学生群体之间的异质性：从地区来看，城镇地区尤其是一、二线城市校外补习班参与率进一步上升；从家庭经济背景来看，中高收入和母亲受教育程度较高的家庭参与率进一步上升，其结果是城乡家庭之间、高低收入和不同受教育水平的家庭之间差距有所扩大。另一方面，对校外兴趣班的分析显示：农村地区、低收入家庭和母亲学历较低的家庭参与率显著低于城镇地区和社会经济背景较高的家庭，但没有出现校外补习班"低的越低、高的越高"的两极分化趋势。

(2) 对家庭教育支出和校外培训支出的分析显示，2019年家庭教育支出较2017年下降，但家庭校外补习班和兴趣班平均支出上升。对异质性的进一步分析显示，在发生校外补习班和兴趣班支出的家庭中，城乡地区、不同收入和受教育水平的家庭之间的差距在缩小。对于低收入家庭来说，为子女选择校外补习班的家庭减少了，而那些选择了校外补习班的低收入家庭则支付了更高的费用。对高收入家庭来说，是否选择校外补习班以及投入水平受到的影响小于低收入家庭。

(3) 对于学生个人和家庭而言，目前学科类的校外补习班主要受到升学需求的影响，而校外兴趣班则没有明显的升学需求驱动。

五、本章小结

本章基于CIEFR-HS调查在2017年和2019年采集的家庭入户追踪调查数据，分析了2018年校外培训机构专项治理行动前后家庭在校外补习班和兴趣班选择和投入方面的变化。首先，校外培训机构治理能够在短期内降低参与率，但无法抑制成本的上涨，家庭在校外补习班和兴趣班方面的支出显著增加。由于数据所限，并不清楚是否是因为家庭选择了更加昂贵的辅导方式，还是因为校外培训市场整体价格上涨。其次，校外培训机构治理对家庭校外培训选择和投入的影响存在群体差异：尽管整体上参与率在下降，但社会经济背景较低的家庭受到的影响更大；同时，那些为子女选择校外补习班和兴趣班的农村家庭、低收入家庭面临着更加高昂的费用。

校外培训是个人和家庭教育选择的重要体现,本质上属于家庭教育投资行为。同时,个人和家庭的校内和校外教育选择是相互联系的。由于基础教育阶段注重教育资源、机会分配的公平性多于精英性,注重教育的育人功能多于筛选功能,完全放任校外培训市场的发展会对公共教育造成负面的影响。韩国等国对校外培训市场的管制历史表明,如果家庭对筛选性考试中胜出的刚性需求没有改变,则任何管制只能局部地、暂时地减少学生和家庭的负担。韩国政府意识到了管制政策效果的有限性之后,开始加强公立学校的质量,包括建立教育广播系统(Educational Broadcasting System)等由公立学校向学生提供的低成本的课后补习,以期能够替代更加昂贵的校外补习。美国、澳大利亚等国则主要借助市场力量,允许通过政府购买的方式由市场机构进入学校,向无法负担校外培训的贫困学生和弱势群体学生提供各类学科辅导、艺体类和科技类课程、安全教育课程和学业咨询等服务。目前在国内,一些地区已开始尝试采取政府购买社会服务的形式,主要是为学生提供非学科类的课后服务。我们建议在加强和规范教育收费管理、完善学校服务性收费和代收费政策、明确学校可以组织开展课后活动的基础上,通过政府购买社会服务或公共财政支持公立学校提供服务的方式,更加精准地向贫困生提供补助,以弥合收入不平等带来的家庭教育投入的差距。

本章的分析存在着局限性。首先,本章没有采用因果推断估计2018年校外培训机构专项治理对校外培训参与率和家庭支出的直接影响,而只是通过年份固定效应以及年份与不同家庭群组的交叉项来分析参与率和支出在不同年份的差异。由于专项治理行动是同一时间在全国推开,无法通过实验组和对照组的方式进行准实验分析。政策执行的强度、进度和贯彻程度的影响因素较为复杂,具有很大的内生性,很难采用政策推行时间点的先后、政策执行的强度进行双重差分估计。其次,到目前为止,国内针对校外培训的实证研究并没有对不同的类型,包括线下和线上进行细分研究。已有的国别研究显示不同类型授课方式的培训班之间在办学条件、教师、内容和成本等方面有很大差异。此外,线上教育也迅速成为校外培训中非常重要的一种授课方式。因此,未来的研究需要考虑家庭对不同的校外培训班类型的需求,以及同一项政策对不同类型的校外培训和不同类型的家庭所造成的影响差异。

第十二章 谁在享受课后服务？

一、背景

中小学生学业负担是关系到我国教育发展、青少年成长和社会民生问题的重要政策议题。十八大以来，我国进一步深化教学改革，发展素质教育，取得一定成效，学生校内课业负担逐渐减轻。2013年教育部发布的《小学生减负十条规定》（征求意见稿）对学校教学安排的各个方面做出了减轻学生课业负担的规定，其中包括禁止学校和教师组织参与课外和假期补课。随着校外培训机构的迅速发展，尤其是以应试、升学为目标的课外补习的发展，出现了"校内减负、校外增负""教师减负、家长增负"的新问题，减负政策也开始将关注范围由校内扩大到校外。2018年教育部办公厅等四部门发布《关于切实减轻中小学生课外负担开展校外培训机构专项治理行动的通知》，开展了为期一年半的校外培训机构专项治理工作。2018年年底，教育部等九部门联合印发《中小学生减负措施》（减负三十条），从学校办学行为、校外培训机构管理、家庭教育监护等方面就如何减轻学生学业负担做出规定和提出建议。2021年7月，中共中央办公厅、国务院办公厅印发了《关于进一步减轻义务教育阶段学生作业负担和校外培训负担的意见》（简称"双减政策"），对校外培训机构的监管力度再次加强，同时再次强调了学校作为教育主阵地的作用，中小学课后服务再度成为"双减"政策的焦点。

本章基于中国教育财政家庭调查（CIEFR-HS）2019年家庭入户追踪调查数据，对中小学阶段校内是否提供课后服务，服务的类型、价格以及家庭的选择进行分析。

二、数据和方法

本章主要关注的是校内课后服务的供给和需求。2019年的家庭调查详细询问了每一名中小学生就读学校是否提供课后托管班、语数外等学科类课后补习班、音体美等非学科类课后兴趣班、观看电影/演出/参观游览等其他课后活动,并进一步询问是否选择参加学校组织的以上活动以及收费水平。鉴于本章的研究对象,我们以2019年CIEFR-HS数据中有效回答了校内课后服务相关问题的中小学生作为分析的样本,共12276人。其中,小学生6494人,初中生3175人,高中生2607人;农村地区学生4957人,城镇地区学生7319名。

首先,我们估计了样本中小学生所在学校各类课后服务的提供情况、学生的参与情况以及收费情况,并分析了来自不同家庭背景的学生所在学校提供课后服务的类型和收费水平。其次,为了分析学校经费投入和学校课后服务提供之间的关系,我们根据2019年CIEFR-HS样本中在校生就读的学校信息,将调查数据与学校经费投入数据进行了匹配,从而得到了学生所在学校的课后服务提供情况和经费投入情况信息。在匹配成功的样本中,共有1680所小学,1113所初中。在此基础上,采用回归分析,来看学校经费投入和课后服务提供情况的关系。结果变量包括学校是否提供课后服务和学校课后服务是否收费两个虚拟变量,以及学校课后服务收费水平的连续变量。主要关注的自变量为学校的经费投入,包括生均教育事业性经费、生均公用经费和教师平均工资三个指标。

三、分析结果

(一)校内课后服务供给情况

表12-1为样本中小学生所在学校提供课后服务的情况。总体上,约有36%的学校提供至少一类课后服务,其中5.7%的中小学校提供课后托管服务,8.4%提供课后补习班,10.1%提供课后兴趣班,20.1%的学校提供参观游览、观看电影演出等课后活动。从城乡差异来看,城镇和农村

的学校在是否提供课后服务以及课后服务的类型方面皆存在较大差异。约30%的农村学校提供至少一类课后服务,而城镇地区有40%的学校提供至少一类课后服务。城乡学校最大的差异主要集中在更加依托于学校和地区资源的参观游览等课后活动,相差13.6个百分点。其次是音体美等课后兴趣班和课后托管班,分别相差5.5个百分点和4.6个百分点。而在课后补习班方面,城乡不存在明显差异。

从地区差异来看,整体上东部地区学校提供的课后服务更加丰富,尤其是非学科类的课后兴趣班和实践活动。东北部和中部地区学校则倾向于提供学科类的课后补习班,而东部地区学校在提供课后补习班方面更加接近于西部地区的学校。从城镇内部的差异来看,一线城市学校提供课后服务的比例远高于二线和其他城镇,超过66%的学校提供至少一种课后服务。城镇内部最大的差异在于,一线城市更多地提供满足家庭托管孩子的基本需求的课后托管服务,以及非学科类的课后服务;而在学科类课后补习班方面,一线城市学校反而略低于二线城市和其他城镇地区的学校。

表 12-1　样本中小学生所在学校提供课后服务的情况

		课后托管班	课后补习班	课后兴趣班	其他课后实践活动	没组织以上活动
全国		5.7%	8.4%	10.1%	20.1%	64.5%
城乡	农村	2.9%	8.4%	6.8%	12.0%	71.9%
	城镇	7.7%	8.4%	12.3%	25.6%	59.5%
地区	东部	8.0%	7.6%	12.2%	25.6%	59.7%
	东北部	9.2%	11.5%	8.1%	19.8%	61.6%
	中部	6.2%	10.6%	10.7%	18.1%	63.7%
	西部	2.7%	7.1%	7.9%	16.2%	70.1%
城镇内部	一线城市	17.1%	7.8%	25.0%	50.1%	33.7%
	二线城市	8.4%	8.2%	11.2%	26.5%	59.3%
	其他城镇	5.1%	8.5%	10.0%	19.4%	65.6%

进一步来看不同学段的学校在提供校内课后服务方面的差异。表12-2 为分学段的样本中小学生所在学校提供课后服务的情况。总体上，小学阶段学校向学生提供更多非学科类的课后服务，包括课后托管、兴趣班和其他课后实践活动。随着学段升高，提供课后补习班的城乡学校占比增加，而提供课后兴趣班的学校则明显下降。小学阶段的城乡差异主要体现在托管和非学科类兴趣班和活动上，其中12.5%的城镇学校有课后托管班的服务，接近30%的城镇学校有其他课后实践活动，而学科类课后补习班反而低于农村学校。中学阶段城镇和农村学校的差异主要体现在其他课后实践活动方面，而课后补习班和兴趣班的差异相对较小。

表 12-2　分学段样本中小学生所在学校提供课后服务的情况

		课后托管班	课后补习班	课后兴趣班	其他课后实践活动	没组织以上活动
小学	全国	9.1%	7.8%	12.9%	21.8%	62.2%
	农村	4.2%	8.2%	7.8%	12.7%	71.6%
	城镇	12.5%	7.5%	16.4%	28.1%	55.7%
初中	全国	2.6%	8.9%	7.4%	19.0%	66.9%
	农村	2.0%	8.0%	5.3%	11.2%	73.0%
	城镇	3.1%	9.6%	9.0%	24.8%	62.3%
高中	全国	1.0%	9.2%	6.2%	17.1%	67.3%
	农村	0.4%	9.3%	6.2%	10.9%	70.9%
	城镇	1.4%	9.2%	6.2%	20.7%	65.3%

分公办、民办学校来看，总体上提供课后服务的民办学校占比略高于公办学校。就提供的内容来看，无论是城镇地区还是农村地区，提供课后托管服务的公办学校高于民办学校，而提供课后补习班和其他非学科类活动的民办学校高于公办学校（表12-3）。

表 12-3 分公办、民办样本中小学生所在学校提供课后服务的情况

		课后托管班	课后补习班	课后兴趣班	其他课后实践活动	没组织以上活动
公办		5.9%	7.9%	9.7%	19.9%	64.9%
民办		4.4%	13.1%	13.2%	22.1%	61.0%
农村	公办	2.9%	7.9%	6.6%	11.9%	72.0%
农村	民办	2.6%	12.2%	8.3%	12.2%	70.5%
城镇	公办	7.9%	7.8%	11.8%	25.2%	60.1%
城镇	民办	5.7%	13.7%	16.9%	29.6%	53.8%

（二）校内课后服务的参与和收费情况

中小学阶段校内课后服务的参与情况包括是否参加学校组织的课后服务、是否发生费用以及费用水平。表12-4是家长汇报的学校提供的课后服务的参与情况,其中第1—4列为参加学校各类课后服务的学生占比,第5—9列分别为参加一类到四类都参加的学生占比。

表 12-4 学校提供的课后服务的参与情况

		参加课后托管班	参加课后补习班	参加课后兴趣班	参加其他课后实践活动	参加一类	参加两类	参加三类	参加四类
全国		3.7%	5.4%	7.1%	18.0%	21.8%	4.3%	0.9%	0.3%
城乡	农村	1.8%	5.4%	4.5%	10.6%	16.2%	1.9%	0.4%	0.3%
城乡	城镇	5.0%	5.4%	8.9%	23.1%	25.7%	5.9%	1.3%	0.3%
地区	东部	4.2%	4.9%	9.1%	23.4%	24.8%	5.5%	1.5%	0.4%
地区	东北部	6.9%	8.5%	5.1%	17.4%	24.2%	4.7%	1.3%	0.1%
地区	中部	5.1%	6.8%	7.0%	15.8%	22.2%	4.8%	0.7%	0.2%
地区	西部	1.7%	4.5%	5.7%	14.4%	18.3%	2.7%	0.5%	0.2%

续表

		参加课后托管班	参加课后补习班	参加课后兴趣班	参加其他课后实践活动	参加一类	参加两类	参加三类	参加四类
城镇内部	一线城市	8.8%	5.2%	20.3%	46.0%	40.7%	11.8%	3.8%	1.2%
	二线城市	5.9%	5.0%	8.4%	24.4%	26.4%	5.7%	1.4%	0.4%
	其他城镇	3.4%	5.6%	6.8%	17.0%	21.6%	4.3%	0.7%	0.1%

表 12-5 是家长汇报的学校提供的课后服务的收费情况，第 1—4 列为参加学校各类课后服务的学生中需要缴纳费用的占比，第 5—9 列为学校各类课后服务的平均收费水平，其中包括收费为 0 的样本。首先，作为一种基础性的课后服务，平均有 56.8% 的学校向参加的学生收取费用，平均收费水平为 1560 元/年。其次，就学科类的课后补习班来看，平均有 72% 的学校向参加的学生收费，平均收费水平为 2418 元/年。相对于学科类课后补习班，非学科类的兴趣班和其他课后活动有超过半数乃至三分之二的学校不向学生收取费用，收费的水平也低于托管和学科类课后补习班（分别是 873 元/年和 188 元/年）。平均来看，一名学生参加学校活动的总费用为 1018 元/年。

从城乡和地区差异来看，城镇地区、东部地区以及一、二线城市有更多学校提供免费的课后服务，尤其是托管服务和非学科类的兴趣班。而农村地区、中西部地区以及小城镇有更高比例的学校向学生收取托管费和课后补习班费用。从收费水平来看，城镇学校收费是农村学校的 2 倍，东北部地区学校在托管和学科类课后补习班方面的收费是其他地区的 2 倍左右。城镇地区内部来看，一方面有大量的学校向学生提供免费的课后服务，另一方面一线城市有大量的学校免费向学生提供课后服务，同时也有学校收取较高的课后服务费用。

表 12-5 学校提供的课后服务的收费情况

（单位：%,元/年）

		发生托管费	发生课后补习班费用	发生课后兴趣班费用	发生其他活动费用	托管费	课后补习班费用	课后兴趣班费用	其他活动费用	参加学校活动总费用
全国		56.8%	72.0%	27.6%	49.6%	1560	2418	873	188	1018
城乡	农村	67.5%	75.8%	20.7%	36.9%	951	1558	480	92	678
	城镇	54.5%	69.5%	29.9%	53.5%	1693	2989	1002	217	1145
地区	东部	33.9%	61.8%	25.4%	50.4%	1203	2428	914	172	893
	东北部	61.8%	90.9%	24.4%	36.0%	2895	5965	392	165	2466
	中部	78.1%	82.9%	35.3%	58.6%	1479	2074	1213	225	1175
	西部	66.2%	64.9%	25.4%	45.1%	1528	1407	617	191	678
城镇内部	一线城市	23.8%	45.9%	21.6%	48.2%	1679	4115	1554	216	1336
	二线城市	39.0%	67.2%	31.7%	59.5%	1217	2427	885	180	900
	其他城镇	82.9%	75.0%	30.9%	49.6%	2112	2990	689	236	1188

（三）不同家庭经济背景的差异

进一步的分析发现，来自不同家庭背景的学生所在学校提供课后服务的类型和收费水平存在较大差异。首先，本章用家庭的全年消费支出衡量家庭的收入水平，来看不同收入群组的家庭子女所在学校提供的课后服务的类型和丰富程度，以及不同收入水平家庭对校内课后服务的选择。其次，本章选择孩子母亲的受教育水平，来看不同教育水平群组家庭子女所在学校的课后服务提供情况，以及家庭对课后服务的选择。

1. 家庭收入水平

表 12-6 是不同收入水平家庭的孩子所在学校的课后服务提供情况，其中第 1—5 列为每一类收入群组家庭子女所在学校组织课后服务占比，第 6—9 列为每一类群组学校提供不同类型课后服务的占比。收入越高的家

庭,其子女校内课后活动的可得性越高,活动的类型越丰富。(1)从可得性来看,高收入群组学校提供至少一类课后服务的占比高于低收入群组家庭。最高收入群组学校中超过半数的学校提供至少一类课后服务,而最低收入群组学校中仅有不到四分之一的学校提供至少一类课后服务。(2)从课后服务的内容来看,低收入群组学校中提供四类课后服务的学校占比低于高收入群组,而其中最大的差异是课后兴趣班和其他课后实践活动。有19.1%和38.1%的最高收入群组学校提供兴趣班和其他课后实践活动,而最低收入群组学校提供两类课后活动的仅占5.2%和9.8%。课后托管班,仅有2.1%的最低收入群组学校提供托管服务,而最高收入群组学校中提供托管服务的超过11.4%。(3)从学校课后活动的丰富程度上来看,除最低收入组外,其他收入群组学校中都有超过20%的学校提供一类课后活动,高收入群组学校的比例超过30%。而提供两类以及两类以上课后活动的学校占比迅速下降,仅最高收入群组有超过10%的学校提供。

表12-6 不同收入水平家庭的孩子所在学校的课后服务提供情况

	学校组织课后托管班	学校组织课后补习班	学校组织课后兴趣班	学校组织其他课后实践活动	学校没组织以上活动	学校组织一类活动	学校组织两类活动	学校组织三类活动	学校组织四类活动
第1五分位	2.1%	6.4%	5.2%	9.8%	76.0%	14.7%	2.8%	0.8%	0.2%
第2五分位	3.9%	8.6%	7.6%	15.7%	68.8%	21.2%	4.3%	1.3%	0.5%
第3五分位	6.4%	8.4%	10.4%	20.0%	63.8%	24.8%	6.2%	1.3%	1.0%
第4五分位	8.2%	9.5%	12.6%	26.2%	58.1%	28.3%	8.4%	2.6%	0.9%
第5五分位	11.4%	10.5%	19.1%	38.1%	45.6%	33.8%	12.1%	4.9%	1.5%

表12-7是不同收入水平家庭的孩子参加学校课后服务的情况,其中第1—4列为每一个收入群组的家庭子女参与学校课后服务的占比,第

5—8列为每一个群组参与的类型占比。高收入群组家庭选择校内课后服务的可能性略高于低收入群组家庭,尤其是在课后兴趣班和其他课后实践活动方面,但主要还是取决于学校是否提供该项课后服务。

表 12-7 不同收入水平家庭的孩子参加学校课后服务的情况

	参加课后托管班	参加课后补习班	参加课后兴趣班	参加其他课后实践活动	参加一类	参加两类	参加三类	参加四类
第1五分位	1.5%	4.3%	3.6%	8.3%	12.8%	1.8%	0.3%	0.1%
第2五分位	2.4%	5.2%	4.6%	13.9%	18.6%	2.7%	0.5%	0.1%
第3五分位	4.1%	5.2%	7.3%	17.9%	23.7%	3.9%	0.6%	0.3%
第4五分位	5.6%	6.5%	9.2%	23.7%	26.7%	6.0%	1.5%	0.4%
第5五分位	7.1%	6.9%	14.6%	35.4%	34.9%	9.6%	2.4%	0.6%

表 12-8 是不同收入水平家庭的孩子参加学校课后服务的费用情况,第 1—4 列为参加学校各类课后服务的学生中需要缴纳费用的占比,第 5—9 列为学校各类课后服务的平均收费水平,其中包括那些收费为 0 的样本。从学校是否提供有偿的课后服务来看,在那些提供课后服务的学校中,不同收入群组学校课后服务的收费存在差异。与高收入群组的学校相比,中低收入群组的学校更可能向学生收取托管费;而在课后补习班、兴趣班和其他活动方面,中高收入群组的学校更可能向学生收取费用。从课后服务的收费水平来看,家庭收入越高,单项课后活动和总费用也越高。最低收入组平均一年的课后服务费为 483 元,中低收入组为 572 元,中等收入组为 627 元,中高收入组为 1092 元,高收入组为 1810 元。课后活动的收费水平与可得性一样,主要还是取决于学校对于课后服务的定价。中高收入群组学校,课后服务的可得性、丰富性以及定价都

高于中低收入群组学校。

表12-8 不同收入水平家庭的孩子参加学校课后服务的费用情况

(单位：%，元/年)

	发生托管费	发生课后补习班费用	发生课后兴趣班费用	发生其他活动费用	托管费	课后补习班费用	课后兴趣班费用	其他活动费用	参加学校活动总费用
第1五分位	60.0%	68.5%	17.3%	28.4%	630	1307	127	57	483
第2五分位	69.8%	71.7%	26.0%	49.5%	885	1429	367	136	572
第3五分位	56.2%	70.4%	28.4%	52.6%	750	1375	747	142	627
第4五分位	60.0%	74.2%	26.6%	55.7%	1812	2847	660	164	1092
第5五分位	47.3%	75.4%	32.7%	52.0%	2568	5078	1629	311	1810

2. 母亲受教育水平

表12-9是不同母亲受教育水平家庭的孩子所在学校的课后服务提供情况。可以看出，母亲受教育水平越高的家庭，其子女校内课后活动的可得性和丰富性都越高。(1)从可得性来看，高等教育群组学校提供至少一类课后服务的占比为54%，高中教育群组占比为42%，初中教育群组学校为33%，小学教育群组为28%，母亲没上过学的群组占比为22%。(2)从课后服务的内容来看，高等教育群组学校提供课后托管服务和其他课后实践活动的占比远高于其他群组，而各组学校提供课后补习班服务的占比则较为接近，甚至高等教育群组学校反而低于其他。(3)从学校课后活动的丰富程度上来看，母亲是初中及以上教育水平群组的学校中，有超过20%的学校提供一类课后活动，高等教育群组学校的占比超过30%。同样，提供两类以及两类以上课后活动的学校占比迅速下降，仅高等教育群组有超过10%的学校提供两类课外活动。

表 12-9　不同母亲受教育水平家庭的孩子所在学校的课后服务提供情况

	学校组织课后托管班	学校组织课后补习班	学校组织课后兴趣班	学校组织其他课后实践活动	学校没组织以上活动	学校组织一类活动	学校组织两类活动	学校组织三类活动	学校组织四类活动
没上过学	2.3%	7.3%	4.2%	9.0%	77.5%	13.0%	4.0%	0.5%	0.1%
小学	3.5%	8.7%	7.1%	12.1%	71.6%	18.1%	3.8%	1.2%	0.6%
初中	4.4%	8.2%	8.5%	18.5%	66.8%	22.4%	5.3%	1.5%	0.5%
高中	7.6%	9.6%	12.4%	25.2%	58.2%	27.9%	8.5%	2.1%	0.9%
大学及以上	13.2%	7.5%	19.9%	38.6%	46.1%	34.7%	10.8%	5.1%	1.9%

表 12-10 是不同母亲受教育水平家庭的孩子参加学校课后服务的情况，其中第 1—4 列为每一类受教育群组家庭子女参与学校课后服务的占比，第 5—8 列为每一类受教育群组参与的类型占比。从是否选择学校提供的课后服务的倾向来看，高等教育群组选择学校提供的课后补习班的可能性低于中低教育群组，选择兴趣班和其他课后实践活动的可能性则更高。在托管方面，不同受教育水平群组的差异不大，主要取决于学校是否提供这项服务。

表 12-10　不同母亲受教育水平家庭的孩子参加学校课后服务的情况

	参加课后托管班	参加课后补习班	参加课后兴趣班	参加其他课后实践活动	参加一类	参加两类	参加三类	参加四类
没上过学	1.4%	5.3%	2.4%	7.7%	11.3%	2.0%	0.5%	0.0%
小学	2.2%	5.4%	4.6%	10.0%	16.3%	2.1%	0.4%	0.2%
初中	2.7%	5.5%	5.7%	16.3%	20.4%	3.7%	0.5%	0.2%
高中	5.5%	6.3%	8.9%	23.6%	27.0%	6.1%	1.1%	0.4%
大学及以上	8.3%	4.4%	16.1%	36.2%	35.1%	8.9%	3.1%	0.7%

表12-11是不同母亲受教育水平家庭的孩子参加学校课后服务的费用情况,第1—4列为参加学校各类课后服务的学生中需要缴纳费用的占比,第5—9列为学校各类课后服务的平均收费水平,其中包括那些收费为0的样本。平均来看,提供有偿的托管、课后补习班的学校占比较高,其次是提供有偿的课后实践活动,而提供有偿兴趣班的占比则普遍低于30%。从不同群组的差异来看,高等教育群组学校中,免费提供托管服务的学校占比远高于其他群组的学校。在母亲受教育水平是小学或以下的学校中,提供有偿课后托管的占比超过70%。而课后补习班、兴趣班和其他活动,母亲受教育水平为小学及以下群组学校收费的占比则相对较低。从课后服务的收费水平来看,母亲受教育水平越高,单项课后活动和总费用也越高。整体上,各组之间的平均收费水平差距小于不同收入群组学校之间的差异。

表12-11 不同母亲受教育水平家庭的孩子参加学校课后服务的费用情况

(单位:%,元/年)

	发生托管费	发生课后补习班费用	发生课后兴趣班费用	发生其他活动费用	托管费	课后补习班费用	课后兴趣班费用	其他活动费用	参加学校活动总费用
没上过学	75.0%	57.1%	10.5%	30.6%	900	1196	132	67	610
小学	70.0%	71.8%	26.0%	37.0%	1179	1548	845	116	837
初中	66.7%	79.1%	28.6%	50.8%	2086	2500	402	143	925
高中	58.2%	72.4%	26.3%	56.8%	1204	3069	881	202	1074
大学及以上	39.9%	57.7%	29.4%	51.2%	1568	3736	1392	280	1283

(四)课后服务提供情况与学校经费水平的关系

表12-12结果变量为学校是否提供课后托管、课后学科类补习班、课后兴趣班和课后综合实践活动。主要关注的是学校经费水平(生均经费、生均公用经费和教师平均工资)与学校是否提供课后服务之间的关系。

可以看出，经费较为充足的学校更加倾向于提供非学科类的课后服务，包括课后托管、兴趣班和综合实践活动，而不倾向于提供学科补习类的课后服务。分别来看四类课后服务。首先，学校是否提供课后托管与教师平均工资显著正相关。由于学校的课后托管服务基本上由学校教师自己来承担，因此教师需要有相应的补偿才能够保证托管服务的可持续性。其次，课后学科类补习班与生均经费和教师平均工资显著负相关。就"双减"落地之前的情况来看，学生和家长的需求基本上由较为成熟的校外学科类补习机构满足。而统计描述也显示，在双减之前，越是发达城镇地区，学校越不倾向于提供这项服务。在农村地区，由于校外学科类补习市场并不发达，学校填补了这个空缺。再次，学校课后兴趣班和综合实践活动与生均公用经费和教师平均工资显著正相关。学校的兴趣班和综合实践活动既与教师的能力和投入的时间、精力相关，也与学校公用经费能否支持活动所需要的设备和耗材相关。提供此类课后活动，既需要对教师的补偿，也需要对活动经费的支持。

表12-13主要关注的是提供课后服务的学校是否收取相关服务的费用与学校经费水平（生均经费、生均公用经费和教师平均工资）之间的关系。表12-14关注的则是那些收取费用的学校，其课后服务的收费水平与学校经费水平之间的关系。首先来看是否收费，学校生均经费越充足、教师平均工资越高，学校越倾向于提供免费的课后服务。其次来看课后服务收费水平，与是否收费和学校经费水平的关系不同，并不是生均经费越充足的学校，收费水平越低。整体来看，较为显著的是学校提供的学科类课后补习班的收费水平与生均经费和教师平均工资显著正相关。也就是说，生均经费越高、教师平均工资越高的学校，如果提供课后补习班，那么收费相对更高。此外，生均公用经费越充足的学校，如果组织收费的综合实践活动，那么收费相对也更高。需要注意的是，这个关系限于提供有偿课后服务的学校。

第十二章　谁在享受课后服务？

表12-12　学校是否提供课后服务与学校经费水平的关系

	托管	补习	兴趣	综合实践
生均经费	0.00275 (0.00531)	-0.0131** (0.00546)	0.0104 (0.00638)	0.0663*** (0.00804)
生均公用经费	0.00425 (0.00398)	-0.00104 (0.00410)	0.0170*** (0.00478)	0.0327*** (0.00605)
教师平均工资	0.0292*** (0.00699)	-0.0278*** (0.00718)	0.0220*** (0.00839)	0.109*** (0.0106)
其他控制变量	√	√	√	√
样本量	6,537	6,535	6,537	6,535

表12-13　学校课后服务是否收费与学校经费水平的关系

	托管	补习	兴趣	综合实践
生均经费	-0.215*** (0.0429)	-0.130*** (0.0444)	-0.130*** (0.0269)	-0.0557*** (0.0208)
生均公用经费	-0.0980*** (0.0327)	-0.104*** (0.0331)	-0.0546*** (0.0211)	-0.0272* (0.0161)

续表

	托管		补习		兴趣		综合实践	
教师平均工资		-0.320*** (0.0587)		-0.121** (0.0497)		-0.159*** (0.0361)		-0.0154 (0.0297)
control	√	√	√	√	√	√	√	√
Observations	320	319	299	297	547	545	1,303	1,302

表 12-14 学校课后服务收费水平与学校经费水平的关系

	托管		补习		兴趣		综合实践	
生均经费	-245.5 (205.4)		817.6** (389.6)		24.90 (216.2)		12.19 (12.97)	
生均公用经费		-84.22 (153.2)		417.0 (291.7)		118.2 (166.9)		18.43* (10.03)
教师平均工资		-459.9 (281.9)		1,036** (432.9)		-99.23 (282.6)		18.54 (18.46)
control	√	√	√	√	√	√	√	√
Observations	320	319	299	299	547	547	1,303	1,303

*** $p<0.01$,** $p<0.05$,* $p<0.1$

第十二章 谁在享受课后服务？

四、本章小结

第一,从供给端来看各地中小学课后服务的提供情况。

总体来看,中小学阶段约有36%的学校提供至少一类课后服务,其中5.7%的中小学校提供课后托管服务,8.4%提供课后补习班,10.1%提供课后兴趣班,20.1%提供参观游览、观看电影演出等课后活动。实际上,从2017年开始,教育部就对各地开展中小学生课后服务工作提出了要求。2018年,国务院办公厅进一步强调中小学校在课后服务中的主渠道作用,重点解决"课后三点半"难题。根据数据分析,尽管有近五分之一的中小学提供了各类国家课程要求之外的综合活动,但能够提供针对"课后三点半"问题的课后活动的学校则相对较少,尤其是课后托管服务,仅有不到6%的学校提供。

从城乡差异来看,整体上约30%的农村学校和40%的城镇学校提供至少一类课后服务。从类别来看,由于家庭的实际需求,城镇学校提供课后托管服务的比例要明显高于农村地区,而在提供课后学科类补习班方面则不存在差异。进一步的分析发现,在经济相对发达的地区,由于校外培训市场发达,家庭更多通过校外补习班来满足对于学科辅导的需求。而在农村地区,尤其是东北部和中部地区,家庭则更多通过学校的课后补习班来满足相应的需求。城乡学校最大的差异主要集中在更加依托于学校和地区资源的参观游览等课后活动,以及音体美等课后兴趣班。

第二,从需求端来看校内课后服务的参与和费用水平。

课后托管服务作为一种基础性的课后服务,平均有56.8%的学校向参加的学生收取费用,平均收费水平为1560元/年。就学科类的课后补习班来看,平均有72%的学校向参加的学生收费,平均收费水平为2418元/年。就非学科类的兴趣班和其他课后活动来看,有超过半数乃至三分之二学校不收取费用,收费的水平也低于托管和学科类课后补习班。平均来看,一名学生参加学校活动的总费用为1018元/年。

从城乡和地区差异来看,城镇地区、东部地区以及一、二线城市有更多学校提供免费的课后服务,尤其是托管服务和非学科类兴趣班。而农村地区、中西部地区以及小城镇有更高比例的学校向学生收取托管费和课后补习班费用。经济较为发达地区的学校生均经费,尤其是用于支持各类学校活动的公用经费较为充足。尤其是东部城镇地区,生均公用经费一般远高于国家规定的最低标准,此外,区县政府的财力相对充足,有能力在每年的预算内教育经费之外额外增加对"双减"政策的经费支持。而经济较为落后地区,尤其是中西部农村地区,生均经费仅能够维持学校的运转,没有经费来支持学校提供额外的课后活动。而师资人员的不足,尤其是能够支持非学科类活动的师资不足,也造成了相应的困难。

第三,从需求端来看不同经济背景家庭子女参与课后服务的差异。

首先,从课后服务的可得性来看,高收入群组家庭子女所在的学校提供至少一类课后服务的占比高于低收入群组家庭。从课后服务的内容来看,低收入群组家庭子女所在的学校中提供四类课后服务的学校占比都低于高收入群组,其中最大的差异是课后兴趣班和其他课后实践活动。从家庭选择来看,高收入群组家庭子女选择校内课后服务的可能性略高于低收入群组家庭子女,尤其是在课后兴趣班和其他课后实践活动方面,但主要还是取决于学校是否提供该项课后服务。课后活动的收费水平与可得性一样,主要取决于学校对于课后服务的定价。中高收入群组家庭子女所在的学校,课后服务的可得性、丰富性以及定价都高于中低收入群组家庭。

其次,根据孩子母亲的受教育水平来看不同教育水平群组子女所在学校的课后服务提供情况,以及家庭对课后服务的选择。可以看出,母亲受教育水平越高的家庭,其子女校内课后活动的可得性和丰富性都越高。从可得性来看,高等教育群组学校提供至少一类课后服务的占比为54%,高中教育群组占比为42%,初中教育群组为33%,小学教育群组为28%,母亲没上过学的群组占比为22%。从课后服务的内容来看,高等教育群组学校提供课后托管服务和其他课后实践活动的占比远高于其他群组。在此,不排除母亲受教育水平较高的家庭对子女的校内学习和活动的信息了解得更加充分。

最后,初步的回归分析显示,经费较为充足的学校更加倾向于提供非学科补习类的课后服务,而不倾向于提供学科补习类的课后服务。学校生均经费越充足、教师平均工资越高,学校越倾向于向学生提供免费的课后服务。而在那些提供有偿课后服务的学校中,生均经费、教师平均工资越高的学校收费相对也更高。

综上,尽管中小学阶段属于就近入学,一些地区执行了义务教育阶段学校零择校的政策,但从不同家庭收入水平和家长受教育水平的孩子所能够获得的学校课后服务来看,家庭经济背景较好的孩子所在学校一方面能够提供更多的基础性托管服务,另一方面能够提供更加丰富的课后活动。尽管收取的费用相对较高,但分析显示家庭是否选择校内课后服务主要还是取决于学校是否能够提供该项服务。可见,优势家庭不仅更有经济实力在校外教育培训市场中选择相应的教育服务,其子女所在学校也有能力提供更多的基础性和拓展性的课后服务。而中低收入家庭所在学校在本轮"双减"过程中面临着更大的压力。

第五编
家庭教育投资决策

第十三章　谁在"鸡娃"？谁在"躺平"？

一、背景

过去四十年中,全球范围内收入不平等程度急剧上升。[①] 与此同时,基础教育、中等教育和高等教育逐渐普及,高等教育的回报率显著上升。在收入差距扩大和高等教育回报率上升的双重影响下,家庭在育儿上的投入和对优质教育资源的竞争日益激烈,各国家庭均出现从放任型向密集型育儿转变的趋势。[②③④] 中高收入群体试图通过增加对子女的教育投入来维持自身原本的优势,而中低收入群体也希望通过投入子女教育来获得向上流动的机会。德普克和齐利博蒂提出了影响父母是否选择密集型育儿的两个因素:一是孩子未来的收入水平在多大程度上取决于教育成功,二是教育机会不平等程度。当教育的回报率越高,家庭就越倾向于通过教育提升子女未来的收入水平。而收入分配的不平等程度上升,使得教育的重要性进一步上升,父母就更加倾向于选择通过密集型教养方式以帮助孩子取得成功。此时,精英学校的教育回报率相对于其他类型学校的教育回报率越高,则教育竞争越激烈。

[①] PIKETTY T, SAEZ E. Inequality in the Long Run[J]. Science, 2014, 344(6186): 838−843.

[②] 德普克,齐利博蒂. 爱、金钱和孩子:育儿经济学[M]. 吴娴,鲁敏儿,译. 上海:格致出版社,上海人民出版社,2019.

[③] RAMEY G, RAMEY V A. The Rug Rat Race[R]. NBER Working Paper No. w15284, 2009.

[④] SCHNEIDER D, HASTINGS O P, LABRIOLA J. Income Inequality and Class Divides in Parental Investments[J]. American Sociological Review, 2018, 83(3): 475−507.

传统的欧美社会中,父母参与育儿的主要方式包括校内参与(如充当校内志愿者或者参与家校合作协会)和校外辅导与沟通。[1][2] 在东亚社会中,学校制度性因素使得家庭的校内参与十分有限。对日本和韩国的研究发现,公立学校体系内部普遍强调均衡化和标准化。[3] 高度的教育标准化限制了家长对校内教学内容、进度和方式的控制;取消留级制度、限制校内分流等措施进一步限制了家长对教育过程的参与。同时,家庭对子女升学竞争相对优势的需求一直都存在,如果学校不能够提供分层和筛选的信号,那么家庭就会设法绕过学校,通过校外教育资源重新安排子女的学习时间和强度,选择学习内容、授课教师、同伴和学习环境。在分析我国校外培训参与扩张机制的研究中,有学者指出基础教育阶段的均衡化与高等教育阶段的分层发展战略,促使家庭通过投入校外教育获得更高的升学竞争力和选择权;减负措施为家庭参与校外学习提供了时间和空间,使得家长可以通过校外教育机构对子女进行额外投入,最终导致竞争的场域逐步从校内转移到校外。[4] 校外补习是市场化配置教育服务,收入越高的家庭购买力越强,因而进一步强化了教育资源和机会分配的不平等。我国城乡公办教育存在较大差距,同时发达的校外培训市场主要聚集在城市地区,面向优势人群提供服务。其结果是既存在北京海淀黄庄式的密集育儿模式,也存在经济欠发达地区的县中放养模式。校内教育资源和校外教育投入的差距最终以一种结构性排斥的方式减少了农村地区、低收入弱势群体子女享受这一体制外优质教育资源的可能性,最终影响他们获得高中和高等教育尤其是优质高等教育的机会。

---

[1] 拉鲁.不平等的童年:阶层、种族和家庭生活[M].宋爽,张旭,译.北京:北京大学出版社,2018.

[2] PARK H,BYUN S. Y, KIM K K. Parental Involvement and Students' Cognitive Outcomes in Korea:Focusing on Private Tutoring[J]. Sociology of Education,2011,84(1):3−22.

[3] MORI I,BAKER D. The Origin of Universal Shadow Education:What the Supplemental Education Phenomenon Tells Us about the Postmodern Institution of Education[J]. Asia Pacific Education Review,2010,11(1):36−48.

[4] 杨钋.经济不平等时代的校外教育参与[J].华东师范大学学报(教育科学版),2020(05):63−77.

第十三章 谁在"鸡娃"？谁在"躺平"？

国内学者利用不同的调查数据对我国家庭教育支出水平和负担进行了大量研究，发现城乡、地区以及不同收入的家庭之间存在着明显的差异。①②③ 面对不断扩大的课外补习现象，有研究开始关注家庭的校外教育支出。④⑤⑥ 根据以往的研究，无论是总的家庭教育支出，还是细分的校内、校外教育支出，农村家庭、贫困地区家庭和低收入家庭都明显低于城镇地区、收入更高的优势阶层的家庭，同时这些家庭的教育支出负担更重，面临着更大的预算约束。与以往研究相比，本章更加关注家庭教育投入中不同于一般趋势的"异常值"。例如，尽管城镇中高收入家庭更可能选择校外培训，并且花费更高，但是根据本书第十章的发现，高中阶段农村校外补习班参与率仅为城镇地区三分之一到一半的情况下，选择校外补习班的农村家庭支出水平接近甚至超过城镇家庭。本书第十章还发现，在小学阶段，家庭选择校外兴趣班更加倾向于学生在学有余力的情况下进行素质拓展，而从初中阶段开始，学业成绩处于中下水平的学生家庭通过投入非学术类项目（例如艺术类和体育类培训）在升学过程中取得相对优势的倾向逐渐出现，在高中则更加明显。由此可见，除了制度和结构性影响之外，家庭对子女教育投入的策略有不同的倾向和选择。家庭对子女教育投入的程度并不是随着家庭收入水平、社会阶层单向递增，传统的弱势群体家庭也会选择通过增加对子女教育的投入以争取向上流动的机会。基于2019年中国教育财政家庭调查（CIEFR-HS）相关数据，本章聚

---

① 雷万鹏，钟宇平.中国农村家庭教育支出的实证研究：1985—1999[J].教育理论与实践，2003(07)：38-42.
② 丁小浩，薛海平.我国城镇居民家庭义务教育支出差异性研究[J].教育与经济，2005(04)：39-44.
③ 迟巍，钱晓烨，吴斌珍.我国城镇居民家庭教育负担研究[J].清华大学教育研究，2012(03)：75-82.
④ 雷万鹏.高中生教育补习支出：影响因素及政策启示[J].教育与经济，2005(01)：39-42.
⑤ 薛海平.从学校教育到影子教育：教育竞争与社会再生产[J].北京大学教育评论，2015(03)：47-69.
⑥ 魏易.校内还是校外：中国基础教育阶段家庭教育支出现状研究[J].华东师范大学学报（教育科学版），2020(05)：103-116.

焦于低收入家庭中对子女教育高投入的"鸡娃"家庭,以及高收入家庭中对子女教育低投入的"躺平"家庭,探讨这些家庭具备怎样的特征,使其成为同群家庭中的"异常值"。

二、数据和方法

本章主要关注的是基础教育阶段不同经济水平的家庭对子女教育投入水平以及与之相关的家庭和个人特征。

(一)因变量

图13-1将基础教育阶段学生的家庭生均教育支出按照0元、0—1000元、1000—5000元、5000—10000元、10000元以上分为五组,将样本按家庭人均消费支出水平由低到高排序并划分为五个等分组,分别计算各组家庭不同教育支出水平所占比例。从家庭支出水平最低的20%组到最高的20%,教育支出在5000元以上的占比分别为12.4%、21.4%、29.9%、42.1%、60.6%,教育支出在1000元以下的占比分别为58%、43.5%、37.6%、24.6%、17.8%。我们将家庭支出水平在40%以下、40%—60%和60%以上,教育支出水平在5000元以上的分别定义为"低收入鸡娃""中等收入鸡娃"和"高收入鸡娃"。[①] 我们相应将家庭支出水平在40%以下、40%—60%和60%以上,教育支出水平在1000元以下的分别定义为"低收入躺平""中等收入躺平"和"高收入躺平"。本章主要关注的是"低收入鸡娃"和"高收入躺平"两组家庭,以及中等收入的"鸡娃"和"躺平"两组。

图13-2将基础教育阶段学生的家庭学费支出和校外培训费支出按照同样的分组方法,计算不同支出水平组家庭不同水平的学费和校外培训费占比。从学费来看,基础教育阶段,无论是最低20%组还是最高

[①] 根据弗里德曼的持久收入假说,居民的消费水平不取决于暂时的现期收入,而是取决于持久收入,即在较长时期中可以维持的稳定的收入流量。2019年家庭调查的家庭收入采用的是家庭在上一年度的净收入。本章选择家庭上一年度的总支出作为收入的代理变量,在分析和解释结果的过程中收入、消费支出和经济水平都是指根据家庭消费支出做出的估计。

20%组,都有接近或超过80%的家庭学费支出为0,而支出超过5000元乃至1万元的家庭占比低于10%。从校外培训费来看,不同组家庭的差异较大,最低20%组有接近90%的家庭没有支出,而随着家庭支出水平的上升,没有支出的家庭占比迅速下降。最高20%组仅40%的家庭没有支出,而支出超过1万元的家庭占到了27.3%。我们对学费和校外培训费做了与家庭生均教育支出同样的分组处理。

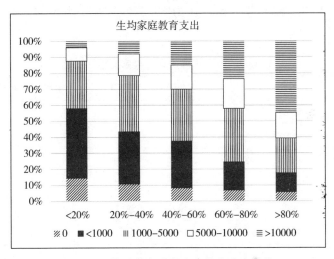

图 13-1 基础教育阶段家庭教育支出结构

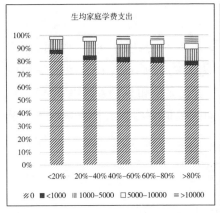
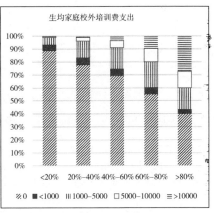

图 13-2 基础教育阶段家庭学费和校外培训费支出结构

表13-1是不同家庭组在相应支出水平的家庭组中的占比。从教育支出的分组来看,"低收入鸡娃"家庭占最低20%组家庭的16.5%,而"高收入鸡娃"家庭则占最高20%组的51.2%。40%—60%组家庭中,"躺平"占比(37.6%)要高于"鸡娃"占比(29.9%)。从学费支出的分组来看,无论是低收入还是高收入家庭,在学费支出方面投入较多的家庭占比都不高,分别为3.8%、7.2%和9.1%。从校外培训费支出的分组来看,"高收入鸡娃"家庭高投入的占比为29.8%,远高于中等(8.9%)和低收入家庭(2.3%)。

表13-1 不同家庭组在同群家庭中的占比

		样本量	教育支出	学费	校外培训费
低收入组	低收入"鸡娃"	5,871	16.6%	3.8%	2.3%
	低收入"躺平"	5,871	51.2%	86.9%	88.8%
中等收入组	中等收入"鸡娃"	2,278	29.9%	7.2%	8.9%
	中等收入"躺平"	2,278	37.6%	83.0%	74.8%
高收入组	高收入"鸡娃"	3,808	51.2%	9.1%	29.8%
	高收入"躺平"	3,808	21.2%	81.5%	51.9%

(二)主要自变量

1. 家庭社会经济背景

包括家庭资产和母亲受教育程度两个方面。第一,在影响家庭对子女教育投入的因素中,家庭收入水平是解释家庭教育支出最为关键的变量之一。[①][②] 家庭收入水平与父母教育程度、职业以及社会地位紧密相关,因此家庭收入的高低与子女教育投入也高度相关。家庭收入越低,对教育的直接成本和机会成本越敏感,同时也更容易受到其他非经济因素

---

① FILMER D, PRICHETT L. The Effect of Household Wealth on Educational Attainment: Evidence from 35 Countries [J]. Population and Development Review, 1999, 25(1), 85—120.

② GLEWWE P, JACOBY H. Economic Growth and the Demand for Education: Is There a Wealth Effect? [J] Journal of Development Economics, 2004, 74(1), 33—51.

(包括与个人能力相关的学业成绩、学习态度和兴趣,以及与个人能力不直接相关的家庭规模和结构、父母教育和父母职业等)的影响。本章选择家庭资产来衡量家庭的收入和财富水平,一方面是因为结果变量是基于支出生成的,选择资产一定程度上避免影响对结果的估计;另一方面是因为相对于收入和支出,家庭资产是另一个维度的衡量家庭财富水平的变量。

第二,父母受教育程度也是影响家庭教育投入的关键因素。一方面,父母受教育程度与先天的认知能力相关,从而影响到子女认知能力发展;另一方面,父母受教育程度与社会经济地位和文化资本积累相关,从而影响父母对教育的价值判断、对子女的教育期望以及家庭教养方式等。在控制了家庭收入等因素之后,父母受教育程度越高,尤其是母亲受教育程度越高,家庭对子女教育的投入也相应越高。①②③

2. 家庭结构

包括家庭规模和子女结构。除家庭收入和父母受教育程度之外,子女受教育的机会成本和教育回报的预期也受到家庭结构,以及社会文化对男性和女性在家庭和社会中所承担工作的价值判断的影响。在独生子女政策推行之后,核心家庭在我国逐渐占据了主导地位。根据国家卫计委 2015 年发布的《中国家庭发展报告》,我国 3 人及 3 人以下家庭户数占比达到 70.2%,而由夫妻和独生子女构成的核心家庭占比为 64.3%。反映到家庭的消费选择上,独生子女不论性别皆成为家庭的中心,而子女的教育消费成为其中最重要的一个方面。④这也与贝克尔的孩子数量和质

---

① SCHULTZ T. Investment in Human Capital[J]. American Economic Review,1961,51(1),1—17.
② SCHULTZ T. Why Governments Should Invest more to Educate Girls[J]. World Development,2002,30(2),207—225.
③ MAULDIN T,MIMURA Y,LINO M. Parental Expenditures on Children's Education[J]. Journal of Family and Economic Issues,2001,22,221—241.
④ FONG V L. Only Hope:Coming of Age under China's One-Child Policy[M]. Stanford, California:Stanford University Press,2004.

量的替代理论相应:当家庭收入增加的时候,父母会更加倾向于提高孩子的质量,而非增加孩子的数量。[1]

3.子女个人特征

包括子女性别、就读的学段、学校公/民办性质以及子女的学业成绩。第一,子女的性别对父母就业、收入和消费的影响一直以来是家庭资源配置研究关注的重点。不同于以往研究发现的"儿子偏好"[2][3],随着世界各国的少子化趋势,开始有研究发现"儿子偏好"消失。[4][5] 有针对家庭校外教育选择的研究发现,在长期受到独生子女政策影响的中国,同为独生子女家庭,独生女孩能够获得更多的校外教育机会和投入,尤其是在非学科补习的兴趣拓展领域。[6][7]

第二,父母对子女的教育投入在很大程度上取决于孩子的年龄和所处的学段,本章采用儿童的学段而不是年龄来代表不同年龄阶段孩子对教育发展的需求。再次,以往的研究提出导致家庭选择民办学校和投入校外培训的两个主要因素:高利害的考试和低质量的公立学校。当公立教育系统的质量无法达到预期的时候,一部分家庭可能转而选择将子女送到私立学校就读,或为子女购买校外培训服务,从而导致不同家庭在学校教育之外获得的市场教育资源的分化。此外,研究表明,家庭预算约束越紧,

---

[1] BECKER G. Human Capital[M]. New York:Columbia University Press,1964.

[2] KNIGHT J,SHI L,QUHENG D. Son Preference and Household Income in Rural China[J]. Journal of Development Studies,2010,46(10),1786-1805.

[3] GONG X,VAN SOEST A,PING Z. The Effects of the Gender of Children on Expenditure Patterns in Rural China:a Semiparametric Analysis[J]. Journal of Applied Econometrics,2005(20):509-527.

[4] CHUNG W,GUPTA M. The Decline of Son Preference in South Korea:The Roles of Development and Public Policy[J]. Population and Development Review,2007,33(4):757-783.

[5] 叶华,吴晓刚.生育率下降与中国男女教育的平等化趋势[J].社会学研究,2011(05):153-177.

[6] 魏易,薛海平.我国基础教育阶段家庭校外培训的消费行为研究:基于2017中国教育财政家庭调查的分析[J].教育学报,2019(06):68-81.

[7] 林晓珊."购买希望":城镇家庭中的儿童教育消费[J].社会学研究.2018(04):163-190.

越容易受到其他非经济因素的影响,包括与个人能力相关的学业成绩、学习态度和兴趣。因此,本章也考虑了以班上相对位置衡量的子女学业成绩。

(三) 分析方法

第一,本章对基本情况进行描述性分析。第二,为了确定与家庭教育投入选择相关的因素,我们使用了 Logit 回归模型:

$$Logit(Y_i) = \beta_0 + (家庭特征)_i \alpha + (个人特征)_i \beta + (地区)_i \delta + \varepsilon_i$$

其中 $Logit(Y_i)$ 表示学生 i 的家庭教育投入选择,包括三组回归:第一组为家庭教育支出方面是否"鸡娃"或"躺平",第二组为家庭的学费支出方面是否"鸡娃"或"躺平",第三组为家庭的校外培训支出方面是否"鸡娃"或"躺平"。三组回归均包括低收入组、中等收入组和高收入组三组回归分析样本。家庭特征包括家庭资产、母亲受教育水平和家庭规模及结构,个人特征包括子女性别、学段、学校及学业成绩,地区特征包括城乡、区域和城市层级。标准误 ε_i 聚类在家庭层面。

三、分析结果

1. 描述统计

表 13-2 为不同家庭结构的"鸡娃"家庭教育支出水平和结构。从生均家庭教育支出水平来看,低收入家庭的生均教育支出在 1 万元左右,其中多子女家庭低于独生子女家庭,男孩女孩基本没有差异。中等收入家庭的生均教育支出均超过 1.2 万元。同样,多子女家庭低于独生子女家庭,女孩高于男孩,尤其是独生子女家庭,女孩平均比男孩高出近 1000元。高收入家庭生均教育支出接近或超过 2 万元。其中独生子女家庭的女孩接近 2.5 万元,男孩接近 2.4 万元。

从教育支出中校外培训支出的占比来看,高收入家庭校外培训支出占比非常高,多子女家庭中的男孩占比为 46.6%,独生子女家庭中的女孩占比达 63.1%。独生子女和多子女家庭,女孩的校外支出占比都明显高于男孩。中等收入家庭校外培训支出占比为 28%—42%,独生子女家庭比多子女家庭占比要高,男孩和女孩之间差别不大。低收入家庭校外培训支出占比为14%—25%,其中多子女家庭中的男孩占比为14.4%,而独生子女家庭中的女孩占比为24.9%。

从教育负担率来看,低收入"鸡娃"家庭的教育负担率达到23%—35%,其中独生子女家庭中的女孩达到33.5%,而多子女家庭中的男孩也达到了23.3%。随着家庭经济水平的提升,教育负担率随之下降。中等收入家庭的负担率为14%—22%,高收入家庭的负担率为9%—15%。

表13-2 不同家庭结构的"鸡娃"家庭教育支出水平和结构

			生均家庭教育支出	校外培训支出占比	教育负担率
低收入"鸡娃"	独生子女	女孩	10318	24.9%	33.5%
		男孩	10817	22.3%	32.4%
	多子女	女孩	9785	18.2%	24.5%
		男孩	9756	14.4%	23.3%
中等收入"鸡娃"	独生子女	女孩	14118	41.8%	22.3%
		男孩	13144	41.9%	20.4%
	多子女	女孩	12684	28.3%	14.1%
		男孩	12278	31.0%	13.7%
高收入"鸡娃"	独生子女	女孩	24997	63.1%	14.6%
		男孩	23845	57.8%	14.4%
	多子女	女孩	18716	52.5%	8.7%
		男孩	19493	46.6%	8.6%

表13-3为不同家庭结构的"躺平"家庭教育支出水平和结构。根据上文,低收入、中等收入和高收入家庭分别有51.2%、37.6%和21.1%的家庭生均家庭教育支出低于1000元,被划分为"躺平"家庭。这一类家庭平均支出为200—300元左右,校外培训支出占比低于6%,教育负担率低于1.5%,且多子女和独生子女家庭之间的差异不大。

表 13-3 不同家庭结构的"躺平"家庭教育支出水平和结构

			生均家庭教育支出	校外培训支出占比	教育负担率
低收入"躺平"	独生子女	女孩	291	3.6%	1.4%
		男孩	289	6.0%	1.2%
	多子女	女孩	278	4.9%	0.8%
		男孩	248	3.5%	0.7%
中等收入"躺平"	独生子女	女孩	264	1.9%	0.5%
		男孩	331	5.4%	0.6%
	多子女	女孩	314	5.1%	0.4%
		男孩	330	5.4%	0.4%
高收入"躺平"	独生子女	女孩	335	4.7%	0.3%
		男孩	310	5.0%	0.3%
	多子女	女孩	264	6.1%	0.2%
		男孩	271	5.1%	0.2%

2. 回归分析结果

表 13-4 给出了生均家庭教育支出模式的 Logit 回归结果,其中第 1—3 列为生均家庭教育支出高于 5000 元的低、中、高收入家庭,第 4—6 列为生均家庭教育支出低于 1000 元的低、中、高收入家庭。表 13-5 和表 13-6 分别给出的是生均家庭学费支出模式和校外培训支出模式的 Logit 回归结果。本章较为关注的是那些收入较低但是支出较高的家庭,以及收入较高但是支出较低的家庭,是什么特征使得这些家庭选择了与一般趋势不同的投入方式。同时本章也关注中等收入家庭中,选择"鸡娃"和"躺平"的家庭之间存在什么差异。

首先,本章关注具备什么样特征的低收入家庭会选择"鸡娃"。(1)与中等和高收入家庭最大的区别在于,低收入组家庭对子女的学业成绩十分敏感。以往的研究指出,家庭收入越低,对教育的直接成本和机会成本越敏感,同时也越容易受到其他非经济因素的影响,其中包括与个人能力相关的学业成绩、学习态度和兴趣,以及与个人能力不直接相关的家庭规模和结构、父母教育和职业等。表13-4的结果显示,与之前的研究发现一致,相对于学业成绩较差的子女,那些子女学业成绩较好的低收入家庭更可能是"鸡娃"的高投入家庭,选择"躺平"的可能性更小。而中等收入和高收入家庭中,无论是"鸡娃"还是"躺平"家庭,对子女的学业成绩高低都没有显著的反应。(2)从子女所处的学段上来看,整体上学段越高,投入越大。相对来看,低收入"鸡娃"家庭更加可能在中学阶段,尤其是高中阶段投入子女教育;而收入越高,学段之间的差异则越小。(3)从家庭的结构和子女的性别来看,独生子女或女孩得到的投入没有显著差异。而非本地户籍的低收入家庭则更倾向选择"鸡娃"。(4)从母亲受教育水平来看,在控制了家庭资产等因素之后,低收入家庭母亲学历与家庭投入模式的选择关系更加紧密,母亲学历为高中、大学或以上的家庭更可能"鸡娃",而中高收入家庭中,仅母亲是大学或以上的显著。根据第4—6列是否选择"躺平"的分析结果来看更加明显,低收入家庭母亲学历越高,越不可能选择"躺平";而母亲学历的因素并没有体现在中等和高收入但"躺平"的选择中。综上,对于低收入选择"鸡娃"的家庭来说,子女的学业成绩和以母亲学历来衡量的父母辈受教育水平与家庭的投入模式选择相关度更显著,而家庭的子女结构等则与是否"鸡娃"之间没有显著的关系。此外,随着学段的上升,低收入家庭更可能选择增加子女的教育投入。也就是说,低收入家庭是否"鸡娃"是更加学术和升学导向的,对子女教育的机会成本更加敏感,同时父母辈的受教育水平也极大影响选择。

其次,本章关注具备什么样特征的高收入家庭会选择"躺平"。(1)与低收入家庭相比,子女的学业成绩和以母亲学历来衡量的父母辈受教育水平与家庭投入模式选择之间相对较弱,尤其是学业成绩,子女在班上成绩排名的好坏并没有使得家庭显著增加或减少投入。(2)相对于子女学业和母亲学历,对于高收入家庭而言,家庭的规模、子女结构与投入模式的选择关系更大。独生子女家庭以及女孩家庭更可能选择"鸡娃",而多子女家庭更容易选择"躺平"。此外,对于高收入家庭而言,家庭是否本地户籍与投入模式之间无显著关系。(3)从子女的学段来看,与中低收入家庭相同,学段越高,家庭越不可能选择"躺平",但对小学和中学的投入差距小于中低收入家庭。也就是说,高收入家庭在各学段都更可能进行投入,而不是集中在中学。

最后,中等收入家庭中"鸡娃"或"躺平"家庭的特征更加接近于高收入家庭。其区别在于,非本地户籍家庭虽然不一定选择"鸡娃",但选择"躺平"的可能性显著更小。同时,中等收入家庭对男孩女孩的教育投入没有显著的差异。

此外,是否选择民办学校与各类"鸡娃"家庭都有显著相关。本书第九章对民办学校满足家庭什么样的需求以及不同收入水平的家庭会如何选择民办学校进行了比较详细的分析。在义务教育阶段和高中阶段,民办学校的主要功能都呈现出两极分化的态势。部分民办学校是满足家庭的超额需求,部分是满足家庭的差异化需求。但整体来说,基础教育阶段家庭选择民办学校都会导致教育支出大幅增加。

表13-4 家庭教育投入模式的 Logit 回归结果:生均家庭教育支出

	"鸡娃"			"躺平"		
	低收入	中等收入	高收入	低收入	中等收入	高收入
家庭						
家庭资产	1.131*** (0.038)	1.124** (0.049)	1.319*** (0.045)	0.863*** (0.021)	0.884*** (0.032)	0.831*** (0.030)
母亲学历(对照组为小学/以下)						
初中	1.143 (0.105)	0.884 (0.118)	1.001 (0.126)	0.839** (0.056)	1.032 (0.121)	0.812 (0.104)
高中	1.521** (0.209)	1.242 (0.201)	1.055 (0.148)	0.780* (0.087)	0.843 (0.128)	0.755+ (0.115)
大学或以上	1.620* (0.385)	1.583* (0.313)	1.586** (0.227)	0.602** (0.111)	0.688+ (0.136)	0.680* (0.108)

续表

	"鸡娃"			"躺平"		
	低收入	中等收入	高收入	低收入	中等收入	高收入
非本地户籍家庭	1.447** (0.198)	1.209 (0.179)	1.018 (0.096)	0.733** (0.083)	0.696* (0.103)	0.83 (0.096)
家庭规模	0.978 (0.028)	0.935 (0.040)	0.855*** (0.030)	1.058** (0.022)	1.063 (0.040)	1.194*** (0.043)
独生子女	1.193 (0.128)	1.2941* (0.163)	1.306** (0.115)	0.677*** (0.056)	0.702** (0.085)	0.753** (0.076)
个人						
女生	0.965 (0.079)	1.1 (0.114)	1.185* (0.053)	0.890+ (0.053)	0.780** (0.075)	0.9 (0.077)
民办学校	6.381*** (0.788)	4.339*** (0.648)	4.846*** (0.636)	0.272*** (0.033)	0.508*** (0.086)	0.332*** (0.058)
学段（对照组为小学）						
初中	2.479*** (0.249)	1.866*** (0.233)	1.435*** (0.129)	0.374*** (0.025)	0.582*** (0.065)	0.617*** (0.066)
高中	9.805*** (1.002)	4.490*** (0.564)	2.527*** (0.254)	0.109*** (0.010)	0.216*** (0.031)	0.311*** (0.042)
班上成绩（对照组为最后几名）						
前几名	2.598** (0.863)	1.033 (0.374)	1.475 (0.483)	0.678* (0.123)	0.589 (0.204)	0.576 (0.210)
中上	3.825*** (1.238)	1.131 (0.395)	1.831+ (0.593)	0.579** (0.101)	0.508* (0.170)	0.521+ (0.188)
中等	2.944*** (0.942)	1.105 (0.379)	1.312 (0.423)	0.652* (0.111)	0.59 (0.195)	0.703 (0.251)
中下	2.259* (0.773)	0.918 (0.338)	1.211 (0.408)	0.738 (0.139)	0.727 (0.254)	0.795 (0.296)

续表

	"鸡娃"			"躺平"		
	低收入	中等收入	高收入	低收入	中等收入	高收入
地区						
农村地区	0.96 (0.084)	0.810[+] (0.096)	0.716** (0.076)	0.9 (0.058)	1.031 (0.110)	1.152 (0.130)
区域(对照组为东部)						
东北	2.996*** (0.514)	1.594* (0.357)	1.376* (0.217)	0.321*** (0.047)	0.452*** (0.107)	0.594* (0.120)
中部	1.456*** (0.163)	1.381* (0.186)	1.178 (0.125)	0.502*** (0.042)	0.573*** (0.074)	0.570*** (0.075)
西部	0.961 (0.104)	0.84 (0.111)	0.745** (0.071)	1.11 (0.084)	1.199 (0.139)	1.176 (0.123)
城市(对照组三线及以下)						
一线	1.294 (0.490)	1.415 (0.378)	1.939*** (0.241)	0.416** (0.127)	0.555* (0.146)	0.477*** (0.078)
二线	1.256* (0.138)	1.547*** (0.187)	1.684*** (0.145)	0.753*** (0.064)	0.638*** (0.077)	0.624*** (0.067)
Pseudo R^2	0.203	0.145	0.154	0.168	0.119	0.123
样本量	5807	2265	3790	5807	2265	3790

[+] $p<0.10$, * $p<0.05$, ** $p<0.01$, *** $p<0.001$

表 13-5 为生均家庭学费支出模式的 Logit 回归结果。在学费的支出方面,低收入组家庭对子女的学业成绩仍然十分敏感,而母亲学历、家庭资产、规模和子女结构等与学费支出模式之间都不存在显著的关系。子女的成绩越好,家庭越可能有高额的学费支出。而对于中等和高收入家庭而言,除了高收入家庭中资产较高的家庭更可能有高额的学费支出,家庭资产、母亲学历、家庭规模和结构以及子女学业成绩等家庭和个人的因素与学费支出的模式之间均无显著的关系。与高额学费支出显著相关的

因素主要包括家庭是否选择民办学校和子女所在的学段。只有低收入家庭,会在考虑子女成绩的基础之上,考虑是否继续升学以及是否选择民办学校。

表 13-5 家庭教育投入模式的 Logit 回归结果:生均家庭学费支出

	"鸡娃"			"躺平"		
	低收入	中等收入	高收入	低收入	中等收入	高收入
家庭						
家庭资产	1.113 (0.074)	0.971 (0.085)	1.235** (0.099)	0.976 (0.042)	1.046 (0.065)	0.889* (0.044)
母亲学历(对照组为小学/以下)						
初中	1.484+ (0.299)	1.105 (0.307)	0.955 (0.327)	1.295* (0.159)	0.965 (0.202)	1.155 (0.236)
高中	1.601 (0.461)	1.697 (0.571)	0.636 (0.253)	1.033 (0.196)	0.861 (0.223)	1.507+ (0.354)
大学或以上	1.953+ (0.768)	1.064 (0.476)	0.858 (0.327)	0.641 (0.207)	0.953 (0.301)	1.463 (0.341)
非本地户籍家庭	1.223 (0.382)	1.174 (0.350)	1.02 (0.217)	0.992 (0.194)	0.835 (0.194)	1.044 (0.168)
家庭规模	0.935 (0.061)	0.968 (0.095)	0.874 (0.077)	1.001 (0.040)	0.997 (0.073)	1.131+ (0.071)
独生子女	0.88 (0.210)	1.15 (0.311)	0.933 (0.188)	1.182 (0.171)	0.947 (0.197)	1.064 (0.163)
个人						
女生	1.088 (0.195)	1.097 (0.244)	1.328+ (0.227)	1.134 (0.125)	0.881 (0.143)	0.957 (0.116)
民办学校	38.328*** (6.565)	35.738*** (7.887)	104.520*** (19.063)	0.010*** (0.003)	0.019*** (0.007)	0.006*** (0.002)

续表

	"鸡娃"			"躺平"		
	低收入	中等收入	高收入	低收入	中等收入	高收入
学段(对照组为小学)						
初中	3.252*** (0.685)	3.107*** (0.847)	2.647*** (0.453)	0.496*** (0.081)	0.350*** (0.084)	0.469*** (0.079)
高中	14.154*** (3.056)	12.302*** (3.351)	8.767*** (2.010)	0.006*** (0.001)	0.008*** (0.002)	0.008*** (0.002)
班上成绩(对照组为最后几名)						
前几名	4.945* (3.647)	4.039 (5.877)	0.53 (0.426)	0.352* (0.167)	0.422 (0.330)	0.775 (0.426)
中上	5.502* (4.010)	2.764 (3.975)	0.524 (0.419)	0.295** (0.137)	0.304 (0.232)	0.932 (0.504)
中等	4.583* (3.298)	3.11 (4.456)	0.419 (0.335)	0.391* (0.181)	0.339 (0.257)	0.989 (0.531)
中下	3.892+ (3.045)	1.663 (2.437)	0.405 (0.337)	0.458 (0.228)	0.416 (0.329)	1.191 (0.674)
地区						
农村地区	1.145 (0.224)	1.148 (0.296)	0.937 (0.236)	0.971 (0.115)	0.801 (0.151)	0.827 (0.150)
区域(对照组为东部)						
东北	1.687 (0.650)	1.343 (0.583)	0.655 (0.272)	1.175 (0.317)	1.496 (0.507)	2.527*** (0.680)
中部	1.805* (0.429)	1.828* (0.513)	0.871 (0.200)	0.453*** (0.069)	0.701+ (0.146)	0.759 (0.130)
西部	1.102 (0.274)	0.809 (0.244)	0.602* (0.142)	0.89 (0.129)	1.758** (0.380)	1.243 (0.207)

续表

	"鸡娃"			"躺平"		
	低收入	中等收入	高收入	低收入	中等收入	高收入
城市(对照组为三线及以下)						
一线	1.543 (1.198)	1.013 (0.599)	0.945 (0.263)	3.422 (2.856)	3.516* (1.886)	0.86 (0.172)
二线	0.655 (0.178)	1.108 (0.298)	0.947 (0.186)	1.155 (0.176)	0.981 (0.192)	1.27 (0.187)
Pseudo R^2	0.38	0.421	0.515	0.518	0.517	0.543
样本量	5807	2265	3790	5807	2265	3790

表 13-6 为生均家庭校外培训支出模式的 Logit 回归结果。与一般预期不同的是，无论是低收入还是中高收入家庭，是否选择校外"鸡娃"与子女的学业成绩高低均无显著的关系，而与母亲的受教育水平有显著的关系。母亲学历与教育投入模式的关系主要体现在校外培训的投入方面，尤其是中高收入家庭，母亲为大学或研究生学历的家庭选择"鸡娃"的可能性是其他家庭的 2.4—3 倍。另一方面，母亲学历较高的家庭在校外培训方面即便没有非常"鸡娃"，也不太可能选择"躺平"。相对于校内学费支出，家庭对于独生子女的高投入，主要体现在校外培训的投入。同样，高收入家庭对于女孩的高投入，主要体现在校外培训的投入上。而选择民办学校，一定程度上会抑制家庭对校外培训的高投入。就学段来说，高中阶段的家庭反而更可能选择"躺平"。可见不同的学段，"鸡娃"的模式存在差异：小学阶段的差异主要体现在校外，校内高额学费支出的可能性明显低于中学阶段；而初中阶段则开始向校内转移，校内出现高额学费的可能性增加，有更多的家庭选择了民办学校；到高中阶段，子女已经完成了初升高，差异开始转移到了校内，校外的支出明显下降。

表 13-6 家庭教育投入模式的 Logit 回归结果:生均家庭校外培训支出

	"鸡娃"			"躺平"		
	低收入	中等收入	高收入	低收入	中等收入	高收入
家庭						
家庭资产	1.537*** (0.146)	1.349*** (0.111)	1.503*** (0.064)	0.731*** (0.031)	0.786*** (0.039)	0.725*** (0.025)
母亲学历(对照组为小学/以下)						
初中	1.767* (0.440)	1.182 (0.301)	1.256 (0.226)	0.541*** (0.058)	0.806 (0.117)	0.582*** (0.082)
高中	3.481*** (0.995)	1.744* (0.478)	1.347 (0.254)	0.392*** (0.056)	0.536*** (0.090)	0.459*** (0.070)
大学或以上	1.381 (0.626)	3.099*** (0.890)	2.373*** (0.439)	0.439*** (0.096)	0.384*** (0.075)	0.290*** (0.044)
非本地户籍家庭	1.427 (0.396)	1.133 (0.243)	1.1 (0.111)	0.572*** (0.077)	1.148 (0.178)	0.897 (0.082)
家庭规模	0.943 (0.060)	0.993 (0.066)	0.837*** (0.037)	1.046 (0.032)	1.095* (0.049)	1.223*** (0.047)
独生子女	1.497+ (0.341)	1.638** (0.313)	1.610*** (0.162)	0.585*** (0.065)	0.763* (0.099)	0.721*** (0.066)
个人						
女生	1.236 (0.225)	0.947 (0.152)	1.303** (0.106)	0.804* (0.071)	0.786* (0.083)	0.651*** (0.048)
民办学校	0.534 (0.239)	0.663 (0.201)	0.715* (0.096)	1.233 (0.213)	1.189 (0.215)	1.308* (0.153)
学段(对照组为小学)						
初中	1.224 (0.268)	1.139 (0.211)	1.086 (0.107)	1.071 (0.111)	1.198 (0.149)	1.105 (0.100)
高中	0.952 (0.236)	0.559* (0.127)	0.669*** (0.073)	1.752*** (0.238)	2.692*** (0.408)	2.536*** (0.254)

续表

	"鸡娃"			"躺平"		
	低收入	中等收入	高收入	低收入	中等收入	高收入
班上成绩（对照组为最后几名）						
前几名	1.362 (1.050)	0.648 (0.319)	0.925 (0.358)	0.756 (0.231)	0.891 (0.335)	1.231 (0.390)
中上	2.146 (1.611)	0.596 (0.282)	0.915 (0.350)	0.589+ (0.175)	0.883 (0.322)	1.075 (0.335)
中等	1.461 (1.089)	0.568 (0.266)	0.75 (0.287)	0.834 (0.244)	1.02 (0.367)	1.404 (0.437)
中下	1.661 (1.314)	0.362+ (0.196)	0.834 (0.334)	0.827 (0.263)	1.277 (0.493)	1.591 (0.523)
地区						
农村地区	0.502** (0.108)	0.436*** (0.105)	0.443*** (0.070)	1.630*** (0.157)	1.781*** (0.232)	1.718*** (0.195)
区域（对照组为东部）						
东北	4.171*** (1.237)	2.278** (0.671)	1.823*** (0.313)	0.282*** (0.046)	0.373*** (0.080)	0.578*** (0.090)
中部	1.003 (0.273)	1.233 (0.272)	1.215 (0.146)	0.656*** (0.081)	0.628** (0.090)	0.796* (0.084)
西部	1.02 (0.247)	0.972 (0.198)	0.924 (0.102)	0.943 (0.112)	0.802 (0.108)	0.99 (0.098)
城市：（对照组三线及以下）						
一线	0.835 (0.554)	1.525 (0.536)	2.175*** (0.279)	1.449 (0.500)	1.216 (0.321)	0.736* (0.091)
二线	1.724** (0.359)	2.030*** (0.337)	1.795*** (0.167)	0.909 (0.102)	0.761* (0.089)	0.770** (0.066)
Pseudo R^2	0.147	0.141	0.185	0.12	0.111	0.167
样本量	5807	2265	3790	5807	2265	3790

四、本章小结

基于 2019 年 CIEFR-HS 调查数据,本章聚焦于家庭教育投入中不同于一般趋势的"异常值",尤其是低收入家庭中对子女教育高投入的"鸡娃"家庭,以及高收入家庭中对子女教育低投入的"躺平"家庭,分析这些家庭具备怎样的特征。主要的发现如下。

第一,不同收入水平的家庭选择"鸡娃"或"躺平"的特征不同。

(1)由于低收入家庭对子女教育的机会成本更加敏感,因此倾向于选择有条件地"鸡娃"。其中,子女的学业成绩和父母受教育水平是主要因素,而家庭的子女结构等则与是否"鸡娃"之间没有显著的关系。在学费的支出方面,低收入家庭对子女的学业成绩仍然十分敏感,子女的成绩越好,家庭越可能有高额的学费支出。此外,随着学段的上升,家庭的投入大幅增加,尤其是高中阶段的投入。整体上,相对于中等和高收入家庭,低收入家庭"鸡娃"的模式更加具有升学导向。

(2)中高收入家庭倾向于选择以质量代替数量、校外代替校内的方式。与低收入家庭相比,子女的学业成绩和以母亲学历来衡量的父母辈受教育水平与家庭投入模式选择之间的关系相对较弱。尤其是学业成绩,子女在班上成绩排名的好坏并没有使得家庭更多或更少投入其教育。对于高收入家庭而言,家庭的规模、子女结构与投入模式的选择关系更大。独生子女家庭以及女孩家庭更可能选择"鸡娃"。尤其是高收入家庭,对于独生子女和女孩的高投入主要体现在校外培训投入上。

(3)无论是低收入还是中高收入家庭,是否选择校外"鸡娃"与子女的学业成绩高低均无显著的关系,而与母亲的受教育水平有显著的关系。可见,母亲学历与教育投入模式的关系主要体现在校外培训的投入方面,尤其是中高收入家庭,母亲为大学或研究生学历的家庭选择"鸡娃"的可能性是其他家庭的 2.4—3 倍。

第二,除了家庭和个人的因素之外,与"鸡娃"还是"躺平"显著相关的因素主要包括家庭是否选择民办学校和子女所在的学段。

(1)是否有高额学费支出主要与家庭是否选择民办学校相关。在义务教育阶段和高中阶段，民办学校的主要功能都呈现出两极分化的态势。部分民办学校满足家庭的超额需求，部分满足家庭的差异化需求。但整体来说，基础教育阶段家庭选择民办学校都会导致教育支出大幅增加。

(2)不同学段的"鸡娃"模式存在差异。小学阶段的差异主要体现在校外，其校内高额学费支出的可能性明显低于中学阶段。初中阶段开始向校内转移，校内出现高额学费的可能性增加，有更多的家庭选择了民办学校。到高中阶段，子女已经完成了初升高，差异开始转移到了校内，校外的支出明显下降。

第三，从城乡和地区的划分来看，首先，农村地区的低收入和中高收入家庭更加倾向于在校外培训投入上"躺平"。农村地区在校外"躺平"主要是两方面的原因：一是农村地区对于优质教育资源的竞争较城镇地区低，二是农村地区的校外培训市场相对不发达，供给不足。其次，东北部地区的低收入和中高收入家庭整体上更加倾向于选择"鸡娃"。分校内学费和校外培训费来看，东北部地区家庭的"鸡娃"主要体现在校外培训支出上。中部地区的中低收入家庭也有更加"鸡娃"的倾向，区别主要体现在校内学费的支出上。最后，相对于三四线城市和农村地区，一线城市的"鸡娃"只体现在高收入家庭，尤其是高收入家庭的校外培训投入方面。而二线城市的"鸡娃"则相对普遍，低收入和中高收入家庭都倾向于选择"鸡娃"，尤其是在校外培训的投入方面。

第十四章　父母代际和生育早晚如何影响对子女的教育投入？

一、背景

低生育率正在成为中国当前需要关注的重要问题之一。除独生子女政策带来的影响之外,中国也有许多与其他国家相同的低生育率原因:一是结婚和生育年龄的延迟,二是父母为应对激烈的竞争而对子女进行的大量投入所造成的财务约束。尽管经验观察表明,年纪大的父母往往对孩子的投入更多,但并没有得到严格的实证证明。在许多研究中,父母自身的代际往往与生育年龄相互混淆。也就是说,如果不同代际的父母有不同的育儿行为,通常很难确定是因为父母自身代际不同的原因,还是因为生孩子早晚的问题,或者两者都是造成差异的原因。少数几篇涉及这个问题的研究,例如哈密尔顿等人和李将父母的年龄作为父母行为回归的控制变量,发现母亲的年龄对儿童养育教育投入有正面的影响。[1][2] 普莱斯发现晚生晚育的父母与孩子相处的质量更高。[3] 与之前的研究不同,本章基于 2019 年 CIEFR-HS 调查数据,从父母生命历程的角度出发,研究父母生育孩子时的年龄和父母自身的代际如何分别影响他们对子女的

---

[1] HAMILTON L,CHENG S,POWELL B. Adoptive Parents,Adaptive Parents:Evaluating the Importance of Biological Ties for Parental Investment[J]. American Sociological Review,2007,72(1):95—116.

[2] LEE J. Sibling Size and Investment in Children's Education:An Asian Instrument[J]. Journal of Population Economics,2008,21(4):855—875.

[3] PRICE J. Parent—Child Quality Time:Does Birth Order Matter? [J]. Journal of Human Resource,2008,43(1):240—265.

教育投入。

二、数据和分析模型

1. 数据

本章分别关注城镇和农村地区家庭,主要是因为家庭子女教育支出的水平和结构存在较大的城乡差异。如表 14-1 所示,城镇家庭小学、初中、普高、中职阶段家庭生均教育支出水平分别为 6578 元、9199 元、1.2 万元和 6038 元。除了中职之外,农村家庭学前到高中阶段的生均家庭教育支出均远低于城镇地区。从校外教育支出来看,城镇家庭教育支出中校外教育支出占比远高于农村地区,尤其是在小学和初中阶段,城镇家庭达到了 41.2% 和 30.1%,而农村家庭仅为 13.5% 和 9.6%。因此,本章在分析父母生育年龄和代际与子女教育投入的关系时,将对城镇家庭和农村家庭分别进行分析。

表 14-1 学前到高中阶段家庭生均教育支出水平和校外教育支出占比

		平均每生家庭教育支出	其中校外教育支出占比	占家庭总支出比例	样本量
学前	农村	4195	2.0%	8.5%	1209
	城镇	10511	9.2%	9.4%	2157
小学	农村	1905	13.5%	3.7%	2569
	城镇	6578	41.2%	5.1%	3791
初中	农村	3820	9.6%	7.9%	1298
	城镇	9199	30.1%	8.1%	1779
普通高中	农村	7771	5.5%	15.2%	653
	城镇	12347	17.4%	13.0%	1244
中职	农村	7517	2.4%	18.5%	257
	城镇	6038	2.9%	10.0%	359

第十四章 父母代际和生育早晚如何影响对子女的教育投入?

图 14-1 为根据孩子出生时父母的平均年龄与他们出生年份呈现的 1995—2019 年父母生育子女的平均年龄趋势。如图所示，从 1995 年到 2019 年，女性和男性生育子女的年龄逐渐增长。女性生育子女的平均年龄从 26 岁上升到 30 岁，男性的平均年龄从 27 岁上升到 32 岁。尽管自 2011 年以来，由于独生子女政策的放松，更多的父母生育二胎，使得这一上升趋势有所加快，但 1995 年至 2010 年期间，女性的生育年龄已从 26 岁增至 28 岁，男性从 27 岁增至 30 岁。

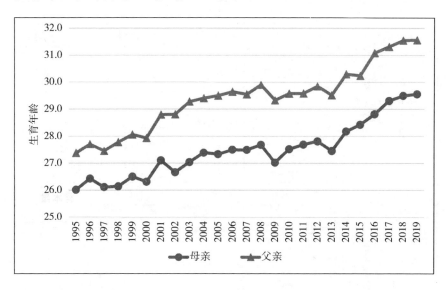

图 14-1　1995—2019 年父母生育子女的平均年龄趋势

表 14-2 呈现了父母的出生年份和生育子女的年龄分布。母亲和父亲的出生年份从 20 世纪 60 年代到 90 年代不等，生育年龄从 25 岁以下到 45 岁以上不等，这为研究父母生命历程对子女教育投入的影响提供了必要的时间跨度。

表 14-2 父母的出生年份和生育子女的年龄

	城镇		农村	
	母亲	父亲	母亲	父亲
出生年份				
1970 年之前	4.4%	8.8%	6.5%	11.3%
1970—1974	14.2%	18.7%	15.8%	20.9%
1975—1979	24.2%	27.2%	22.1%	23.4%
1980—1984	28.6%	26.2%	25.0%	22.9%
1985—1989	21.8%	15.7%	21.3%	16.5%
1990 年之后	6.8%	3.6%	9.3%	5.1%
平均年龄	39	41	39	41
生育子女的年龄				
25 岁之前	29.3%	16.8%	37.1%	23.0%
25—29	39.1%	37.7%	30.8%	32.2%
30—34	20.8%	27.9%	20.9%	26.2%
35—39	8.6%	12.6%	8.7%	13.2%
40—44	1.8%	3.9%	1.8%	4.0%
45 岁以上	0.3%	1.2%	0.7%	1.3%
生育子女的平均年龄	28	30	27	29
样本量	8350	8302	5023	5144

表 14-3 呈现的是根据父母的出生年份和生育子女的年龄分组的城镇和农村家庭在每个子女身上的教育支出。总体上，随着父母出生年份靠后，家庭教育支出在下降。以母亲为例，城镇地区家庭从 1970—1974 年的 9400 元左右下降到 1990 年之后的 7100 元左右，农村地区家庭从 1970—1974 年的 4500 元下降到 1990 年之后的 3600 元左右。然而，观察到的父母年龄和教育支出之间的相关性可能无法反映真实的群体效应，相反可能会与他们的孩子所处的学段相混淆。因为年轻群体父母的孩子更有可能在较低的学段，从而教育投入相应较低。

表 14-3 的第二部分呈现了父母生育子女的年龄与家庭教育支出之间的关系。25 岁至 34 岁之间生育的父母在子女教育上花费最多。35 岁以后生育的父母比年轻父母花费更少。对此的一种解释是,生育年龄大于 35 岁的父母更可能是第二胎。因此,如果父母的教育支出与孩子的出生顺序有关,可能会导致明显的支出减少。

表 14-3 根据父母的出生年份和生育子女的年龄分组的家庭教育支出

(单位:元/生)

	城镇		农村	
	母亲	父亲	母亲	父亲
出生年份				
1970 年之前	6924	7970	5219	5912
1971—1974	9395	9726	4471	9186
1975—1979	9707	9147	3676	9830
1980—1984	8755	8212	3322	7986
1985—1989	7707	7705	3034	7977
1990 年之后	7130	7160	3617	8498
生育子女的年龄				
25 岁之前	6532	4606	3752	3908
25—29	10202	3895	4007	4056
30—34	9447	3702	3307	3422
35—39	7700	2949	3215	2976
40—44	6099	3631	2868	2210
45 岁以上	3127	3603	3016	5300
样本量	8350	8302	5023	5144

2.分析模型

父母对子女的教育投入在很大程度上取决于孩子的年龄和所处的学段,因此我们应该比较年龄相近儿童的父母的教育投入。然而,即使在年龄相近孩子的父母中,年长父母的行为也可能不同于年轻父母,因为他们来自年长的群体而有不同的"代际效应",或因为他们在生孩子时处于不同的人生阶段而有不同的"生命历程效应"。为了厘清代际效应和生命历程效应,需用子女的年龄来控制不同发展阶段子女的教育需求,用父母的年龄来捕捉父母的代际和生育年龄的信息。然而,孩子的年龄、父母的年龄和父母的生育年龄存在共线性,不能同时用于回归分析。因此,需稍微放松三个变量中的一个变量的度量,以保留大部分信息,同时避免多重共线性问题。由于本章主要的兴趣是代际效应和生命历程效应对子女教育投入的影响,我们采用父母的年龄和生育年龄作为主要感兴趣的自变量,采用儿童的学段而不是年龄来代表不同年龄阶段孩子对教育发展的需求。以下是父母子女教育财政支出回归分析的基线模型:

$$\ln(教育支出) = \beta_0 + \beta_1(父母年龄)_i + \beta_2(父母生育年龄)_i + (父母其他特征)_i\alpha + (子女特征)_i\theta + (家庭特征)_i\gamma + (城市层级)_i\delta + (省份)_i\eta + \varepsilon_i$$

其中 $\ln(教育支出)$ 是家庭在每个子女身上的教育支出的对数。β_1 为本章要估计的代际效应,β_2 为生命历程效应。父母的其他特征变量包括父亲和母亲之间的年龄差异、父母是否拥有学士学位或更高学位,以及父母是否有工作。子女特征包括性别、学段和是否为长子。家庭特征变量包括家庭中的子女数量、收入和财富水平。此外,城市层级为一、二、三线城市。标准误 ε_i 聚类在家庭层面。

三、分析发现

1. 描述统计

表 14-4 是回归分析中学前到高中阶段在校生的个人和家庭背景的统计描述。城镇地区家庭平均家庭教育支出为 11612 元,家庭总收入平均为 10 万元,净财富为 114.3 万元,父母为大学及以上学历占比分别为 27.3% 和 26.3%。农村地区家庭平均家庭教育支出为 5840 元,家庭总收入平均为 6.1 万元,净财富为 42.7 万元,父母为大学及以上学历占比分别为 4.2% 和 2.9%。

第十四章 父母代际和生育早晚如何影响对子女的教育投入？

表 14-4 学前到高中阶段在校生的个人和家庭背景

	城镇	农村
教育支出		
家庭教育支出	11612	5840
父母特征		
母亲年龄	38.5	38.7
父亲年龄	40.6	40.8
父母年龄差	2.1	2.1
母亲生育子女年龄	27.6	27.2
父亲生育子女年龄	29.7	29.3
母亲大学及以上	26.3%	2.9%
父亲大学及以上	27.3%	4.2%
母亲工作	73.6%	76.7%
父亲工作	91.9%	95.0%
家庭特征		
家庭子女数量	1.5	1.8
家庭总收入	100217	60676
家庭净财富	1143473	426774
子女特征		
男孩	54.1%	53.3%
非第一胎	23.0%	32.8%
学前	23.6%	19.4%
小学	40.9%	42.0%
初中	19.2%	22.5%
高中	16.3%	16.2%
地区特征		
一线城市	10.3%	0.0%
二线城市	29.7%	0.0%
样本量	7973	4827

2. 回归分析结果

表 14-5 给出了父母年龄和生育子女的年龄与家庭子女教育支出的 OLS 回归结果,其中第 1 和 2 列使用的是母亲的年龄和生育年龄,第 3 和 4 列使用的是父亲的年龄和生育年龄,第 1 和 3 列为城镇家庭样本,第 2 和 4 列为农村家庭样本。在其他父母、家庭和子女的特征保持不变时,母亲的年龄与家庭教育支出呈显著负相关,母亲年龄增长一岁意味着家庭教育支出减少 2.7%,代际效应为负;而母亲的生育年龄则与家庭教育支出呈显著正相关,生育年龄增长一岁意味着家庭教育支出增加 3.1%,生命历程效应为正。农村地区这一关系相反,母亲的年龄与家庭教育支出呈显著正相关,代际效应为正;而生育年龄则与家庭教育支出呈显著负相关,生命历程效应为负。父亲的年龄和生育年龄与家庭教育支出的关系趋势与母亲类似。

表 14-5 父母年龄和生育子女的年龄与家庭子女教育支出的 OLS 回归结果

	母亲		父亲	
	城镇	农村	城镇	农村
父母年龄	−0.027*	0.048**	−0.020	0.043*
	(0.016)	(0.023)	(0.017)	(0.022)
生育子女年龄	0.031*	−0.058**	0.021	−0.049**
	(0.018)	(0.024)	(0.018)	(0.023)
控制变量	√	√	√	√
省份固定效应	√	√	√	√
样本量	7,973	4,827	7,973	4,827
调整的 R^2	0.175	0.151	0.175	0.150

为了更直观地呈现代际效应和生命历程效应,图 14-2 和图 14-3 基于 OLS 回归模型估计不同代际分组的城镇和农村家庭子女教育支出和母亲生育年龄的关系。在估计时,我们将母亲生育年龄限定在 20—40 岁。需注意的是,这个估计方法除母亲的年龄和生育年龄以外,所有控制变量(父母教育水平、家庭收入和财富、子女特征)都固定在城镇样本的平均值上,因此是对不同年龄段和生育年龄的子女教育支出趋势的一个平均估

计。如图14-2所示,在城镇地区,无论母亲本身是哪个代际,母亲较晚生育的家庭对子女教育投入相对于较早生育的家庭更高;同时,母亲本身所处的代际越年轻,家庭对子女教育投入越高。而在农村地区这一关系则相反,母亲较晚生育的家庭对子女教育投入相对于较早生育的家庭更低,而母亲越年轻的家庭对子女的教育投入越低。

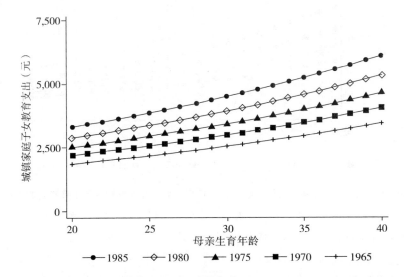

图 14-2　基于OLS回归模型预测的城镇家庭子女教育支出和母亲生育年龄的关系

注:除母亲的代际和生育年龄以外,所有控制变量(父母年龄和教育水平、家庭收入和财富、子女特征)都固定在其样本平均值上。

从生命历程效应来看,晚生晚育的父母通常工作经验更多,因而其收入相对于年轻的父母更高,工作更稳定、有保障,从而使得他们能够为孩子提供更多更好的教育和支持。[①] 城镇地区父母生育年龄和家庭子女教育支出之间的关系符合这个规律:不论是哪个年龄段的父母,晚生晚育的父母更倾向于加大对子女教育的投入。而农村地区则相反,晚生晚育的

---

① LEUNG M, GROES F, SANTAEULALIA-LLOPIS R. The Relationship between Age at First Birth and Mother's Lifetime Earnings: Evidence from Danish Data[J]. PLOS ONE, 2016, 11(1): e0146989.

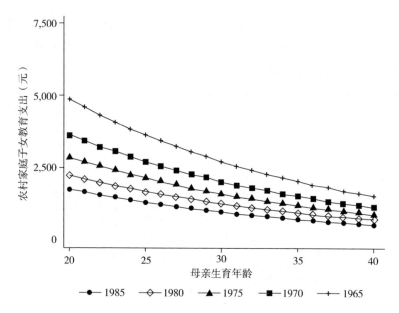

图14-3 基于OLS回归模型预测的农村家庭子女教育支出和母亲生育年龄的关系

注：除母亲的生育年龄以外，所有控制变量（父母年龄和教育水平、家庭收入和财富、子女特征）都固定在其样本平均值上。

父母相对于年轻父母对子女的教育投入更低。可能的原因之一是城镇父母和农村父母选择晚生晚育的原因存在差异。例如，城镇地区因为自身教育和职业发展需要而选择推迟生育，而农村地区则可能由于资源约束而晚生晚育。那么，这两类群体对子女教育投入方面将会存在较大的差异。

从代际效应来看，样本中父母的出生年份从20世纪60年代横跨到90年代，这是中国社会和经济急剧转型的时期，不同群体的父母成长的社会和经济环境也发生了巨大变化。相对于年轻的父母，年龄大的城镇父母对子女的教育投入更低。可能的原因是，城镇地区年轻一代父母从自己的父母那里获得了更多的教育投资，积累了较高的人力资本，因而对子女的教育投入也更多。而年龄较大的父母，从自己的父母那里获得的教育投资较少，因而对子女的教育投资较少。此外，越是经济发达的城镇

第十四章 父母代际和生育早晚如何影响对子女的教育投入？

地区,面临的优质教育资源和升学机会的竞争越激烈,从而促使年轻一代的父母不断增加对子女教育的投入,提升其在升学考试中的竞争力。在农村地区这一关系则相反,相对于年轻的父母,年龄越大的父母对子女的教育投入越高。可能的原因之一是 2000 年以来我国公共财政对教育的投入力度不断增加,尤其是针对贫困地区、农村地区的义务教育、学前教育和中等职业教育,缓解了低收入家庭教育支出的负担。此外,尽管义务教育免费、高中教育普及和大学扩招增加了接受高中教育和升入大学的机会,但是升入重点普通高中和精英大学的竞争加剧,城乡学生之间的升学机会差距迅速扩大。从教育投入成本收益的角度考虑,农村地区年轻一代父母可能会倾向于减少对子女基础教育阶段额外的投入。

表 14-6 用家庭子女教育支出占家庭总收入比例作为结果变量,估计父母年龄和生育子女年龄的关系,可以看到类似的趋势。在控制了其他父母、家庭和子女的特征的情况下,城镇家庭的母亲年龄与家庭教育支出占比呈显著负相关,而生育年龄则与家庭教育支出占比呈显著正相关。农村地区这一关系则相反,母亲的年龄与家庭教育支出占比呈正相关,而生育年龄则与家庭教育支出占比呈显著负相关。父亲的年龄和生育年龄与家庭教育支出占家庭总收入比例的关系趋势与母亲类似。

表 14-6 父母年龄和生育子女的年龄与家庭子女教育支出占家庭总收入比例的 OLS 回归结果

	母亲		父亲	
	城镇	农村	城镇	农村
父母年龄	−0.007*** (0.002)	0.003 (0.003)	−0.005** (0.002)	0.004 (0.003)
生育子女年龄	0.007*** (0.002)	−0.007** (0.003)	0.004* (0.002)	−0.008** (0.003)
控制变量	√	√	√	√
省份固定效应	√	√	√	√

续表

	母亲		父亲	
	城镇	农村	城镇	农村
样本量	7,973	4,827	7,973	4,827
调整的 R^2	0.584	0.554	0.582	0.554

父母出生的年代和成长环境的巨大变化,可能会导致他们在生育和养育子女方面做出不同的选择。例如,同样是25岁生孩子,不同代际的父母对子女教育投入是否相同?表14-7的回归在表14-5基线回归的基础上增加了父母年龄和生育年龄的交互项。从交互项的结果来看,城镇样本的交互项显著为负,而农村地区并不显著。这意味着,在城镇地区,在同样的年龄生育子女,年轻一代的父母对子女的教育投入更高。结合图14-1呈现的整体生育年龄推迟的趋势,随着时间的推移,城镇家庭对子女的教育投入会越来越高。相对来看,农村则没有类似的倾向。

表14-7 父母年龄和生育子女的年龄与家庭教育支出的OLS交互回归结果

	母亲		父亲	
	城镇	农村	城镇	农村
父母年龄	0.076*** (0.026)	0.083** (0.035)	0.033 (0.022)	0.015 (0.030)
生育子女年龄	0.188*** (0.034)	−0.004 (0.045)	0.108*** (0.031)	−0.090** (0.037)
年龄*生育子女年龄	−0.004*** (0.001)	−0.001 (0.001)	−0.002*** (0.001)	0.001 (0.001)
控制变量	√	√	√	√
省份固定效应	√	√	√	√
样本量	7,973	4,827	7,973	4,827
调整的 R^2	0.180	0.151	0.582	0.554

第十四章 父母代际和生育早晚如何影响对子女的教育投入?

四、本章小结

本章基于2019年CIEFR-HS数据,分析了父母的年龄(代际效应)和生育子女的年龄(生命历程效应)如何影响他们对子女的教育投入。结果发现,城镇和农村家庭的代际效应和生命历程效应呈现出相反的趋势。在城镇地区,年轻父母对子女的教育投入更多。而在控制了收入和教育水平之后,父母生孩子时的年龄越大,对子女教育投入就越多。这与塞耶等人的观点一致,他们发现欧洲和北美的年轻一代父母与老一代父母相比,在养育孩子上投入了更多的时间和金钱。[1] 城镇地区的结果表明,导致低生育率的两个原因——生育年龄的延迟和对子女教育投入的增加——可能会相互加强降低总生育率的趋势。也就是说,一方面,生育延迟降低了父母生育另一个孩子的可能性。另一方面,由于晚生晚育导致父母在单个孩子身上投入更多,减少生育另一个孩子可用的资源,从而进一步降低生育的可能性。

在农村地区,代际效应和生命历程效应则与城镇地区相反,年轻父母对子女的教育投入更少。父母生孩子时的年龄越大,对子女教育投入就越少。本章提出了两个有待检验的解释。第一,农村地区父母代际效应为正的可能原因是2000年以来我国公共财政对教育的投入力度不断增加,尤其是针对贫困地区、农村地区的义务教育、学前教育和中等职业教育,缓解了低收入家庭教育支出的负担。然而,由于升入重点普通高中和精英大学的竞争加剧,城乡学生之间的升学机会差距迅速扩大,农村地区年轻一代父母有可能会因为教育投入的成本收益并不乐观而倾向于减少对子女基础教育阶段额外的投入。第二,农村地区父母生命历程效应与城镇地区相反的可能原因是城镇父母和农村父母选择晚生晚育的原因存在差异。例如,城镇地区父母因为自身教育和职业发展需

---

[1] SAYER L, GAUTHIER A, FURSTENBERG F. Educational Differences in Parents' Time with Children:Cross-National Variations[J]. Journal of Marriage and Family,2004,66(5):1152—1169.

要而选择推迟生育,而农村地区父母则可能由于资源约束而晚生晚育,这两类群体对子女教育的投入方面将会存在较大的差异。农村地区父母有别于城镇地区父母的生育和教育投入选择,值得在未来的研究中进一步探索。